사례로 읽는

사이코드라마

이지연　김주현

박영story

서문

▶▶▶

　　아직도 20여 년 전 첫 사이코드라마 경험이 생생하다. 사이코드라마가 무엇인지도 모른 채 주인공을 자원해 경험했고 그 시점을 시작으로 내 삶의 주인이 되기 시작했다. Moreno가 이야기한 자발성과 창조성이 어떻게 사람을 변화시키고 생존하게 하는지 체험했고 매 순간 놀라웠다. 대학원을 진학해 이 현상을 설명하고 싶어 사이코드라마를 주제로 석사 박사 논문을 썼다. 강의를 하면서 사이코드라마에 대한 나의 언어가 필요했으나 책으로 담고자 하는 데 많은 망설임과 두려움이 있었다. 2021년 현재, Moreno가 창시했던 사이코드라마는 한 세기가 지나는 동안 여러 나라에서 많은 사람들에 의해 확장되고 응용되어 왔다. 사이코드라마에 대해 정리하고자 할 때 한 우주를 정리해내야 할 것 같아 엄두를 내지 못했다. 다만 출판된 사이코드라마 관련 책으로 강의하면서 나의 경험과 부합되는 현상을 전달하는 데 어려움이 있어 오랜 망설임 끝에 준비하게 되었다. 다행인 것은 Moreno가 자신이 뿌린 사이코드라마가 시대의 모습으로 생존하길 바랄 것이며, 나의 무대도 사람들의 진실을 펼쳐나갈 수 있다면 따뜻하게 격려할 것이라는 믿음이 있다. 이 책은 내가 이해한 사이코드라마를 글로 펼치는 무대이다.

　　사이코드라마가 좋아 10년을 드라마에 빠져 있었고, 대학원 상담 공부를 10년 더 병행했다. 현장에서 청소년, 일반 성인, 특수 집단을 만나오는 동안 한국사이코드라마소시오드라마 학회의 사이코드라마 전문가 수련, 상담심리 석·박사 과정, 개인 상담을 위한 사례개념화를 중심으로 상담 수련을 했다. 따라서 나는 주인공, 내담자를 만나는 현장에서 사이코드라마와 여러 상담 이론을 연결하며 이해해 왔고 실제와 통합해 왔다. 사람과 사람이 만나 삶을 탐구해가는 진실의 극장에서는 이런 배움의 역사를 가진 나의 모습 그대로 주인공을 만나게 된다. 드라마에서 주인공을 이해하고 함께 나아가는 과정은 수없이 많은 선택의 순간을 맞는다. 주인공을 어떻게 이해하는지, 어떠한 접근과 개입을 해야 하는지, 집단을 어떻게 이끌어가야 하는지 등 매 순간 나는 내가 삶으로 경험해 온 모든 배움을 조합하여 선택하고 나아간다. 이런 이유로 사이코드라마를 설명하기 위해 나의 디렉팅 사례를 가지고 왔다. 사이코드라마를 강의하면서 사이코드라마 경험이 없는 수강생들에게 책으로 전하는 사이코드라마가 얼마나 난해하게 들리는지 체험했다. 조금이나마 생생함을 전달하고 싶은 마음에 사례로 풀어가는 방식을 도입하였다. 참여자의 정보를 보호하기 위해 사례 동의를 받고 각색과 축약을 하였음을 밝힌다. 또한 지면을 빌어 자신의 경험을 내어주신 주인공께 진심 어린 감사의 마음을 전한다.

　이 책의 구성은 사이코드라마를 이론적으로 설명하기에 앞서 사례를 먼저 제공한다. 한 호흡으로 읽어나간다면 조금이나마 현장감 있게 실연 과정을 그려볼 수 있게 되리라 생각한다. 그리고 진행하면서 디렉터로서 했던 선택의 순간을 마크하여 왜 그러한 선택을 했는지, 디렉터의 정신화 과정과 기준이 되었던 연구 및 상담 이론을 기술하였다. 이것은 내가 디렉터로 성장하는 과정에서 갈급했던 욕구, 매번 주인공과의 만남에서 즉흥적으로 벌어지는 새로운 상황마다 무엇을 선택해야 하는지 기준이 필요했다. 배운 대로 따라 하기 급급했던 초보에서 주인공과 진정한 만남이 이루어지는 변화를 비교하면 그 차이는 나의 선택에 대한 이유를 설명할 수 있게 된 것이다. 하지만 주인공과 디렉터인 나, 그리고 관객이 현장에서 만들어가는 사이코드라마는 늘 이 세상에 단 하나밖에 없는 것이다. 같은 주제라도 주인공이 다르거나 디렉터가 다르거나 혹은 집단 구성원이 바뀌면 같은 사이코드라마가 되지 않는다. 즉 그들과 그 현장에서 그 주제로 그 시점, 그 장소, 그 집단과 함께했기 때문에 그 순간의 사이코드라마가 창조된 것이다. 다시 말하면 주인공, 디렉터, 집단, 시간과 장소, 현재의 자발성 등 수많은 요소 중 하나라도 조합이 달라지면 또 다른 사이코드라마가 펼쳐진다는 사실이다. 지금-여기 창조해나가는 '살아있는 삶' 그 자체이다. 그럼에도 사이코드라마를 하나의 사례를 들어 설명하고자 하는 것은 사람이라는 존재가 고유하면서도 보편적 속성을 가지고 있기 때문이다. 사람의 개별 삶의 이야기는 다르나 우리가 소통하고 교감할 수 있는 보편적 정서, 유기체의 존재 방식, 심리 작용 등 현상을 설명할 수 있는 보편적 개념들이 명명되고 연구되어 왔다.

이 책은 하나의 사례를 풀어가며 그 사례를 진행한 과정에 대해 설명한다. 그리고 개입 방식을 선택하였던 기저에 깔린 개념과 이를 타당화하기 위한 필자들의 연구, 이론을 덧붙였다. 하지만 이 설명이 절대성을 가진 정답이라 주장하는 것은 아니다. 다만 사이코드라마라는 거대한 우주에서 필자가 만났고 구현하며 이해했던 것을 소박하게 설명하고자 하였다.

이 책을 읽는 독자 중 사이코드라마에 대한 호기심을 가진 독자라면 강렬한 정서적 경험만 강조되어 홍보되는 사이코드라마가 총체적 관점으로 설명될 수 있는 분야라는 맛보기가 되길 바란다. 디렉터를 꿈꾸는 사람에게 디렉팅 과정에 적용해 볼 만한 작은 영감을 전할 수 있길 바란다. 마지막으로 책이라는 도구로 더 깊게 사이코드라마를 전달할 힘을 가진 전문가분들께는 저의 부족함에 대한 이해와 더불어 더 창조적인 저술을 기대해본다.

지금-여기 참만남을 꿈꾸며,
저자 인사 김주현

목차

1장

사이코드라마
사례 읽기

<성폭력 트라우마 사례 진행 흐름>

1. 워밍업

(1) 〈활동1〉 기초워밍업
(2) 〈활동2〉 사회측정학 스펙트로그램
(3) 〈활동3〉 색깔 연상으로 만나기
(4) 〈활동4〉 2인 역할 놀이

2. 실연

(1) 주인공 선정
(2) 주인공 면담
(3) 〈장면1〉 가족조각
(4) 〈장면2〉 부부갈등과 성
(5) 〈장면3〉 성폭행 트라우마 직면하고 빠져나오기
(6) 〈장면4〉 보호받고 싶었던 잉여현실 펼치기

3. 나누기

(1) 현장 집단 나누기
(2) 회기 후 돌아보기 – 주인공 소감문

1 워밍업

1 〈활동1〉 기초 워밍업

- 신체 스트레칭, 목소리 내어보기, 긴장된 몸 이완시키기
- 천천히 걸으며 지금-여기 공간에 집중하고 집단원 관계 맺기
- 소시오메트리 척도 질문으로 집단의 상태 확인

2 〈활동2〉 사회측정학–스펙트로그램

척도 질문: (자발성 측정) 몸과 마음의 상태는 어떠신가요? 이제 바닥에 이 공간을 가로지르는 가상의 선이 이렇게(디렉터는 바닥 선을 걸어 보여줌) 지나가고 있습니다. 시작점이 0점, 가운데 50점, 제가 선 여기를 100이라 한다면, 지금-여기 사이코드라마 주인공으로 참여하고 싶은 몸과 마음의 상태는 몇 점인지 그 위치에 가서 서 보시겠어요?

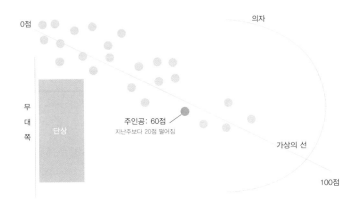

D(디렉터): 자신의 점수는 몇 점인지, 왜 그런지 나눠주실 분 있으신가요?

구성원A: 50점이고요. 어제 잠을 잘 못 자서 몸이 피곤해서 50점이고요, 그래도 사이코드라마에 대한 기대가 있어 50에 섰습니다.

구성원B: 저는 사람들 앞에서 연기하는 것이 부담스럽습니다. 하지만 관객으로 열심히 참여하겠습니다. 점수는 30점.

구성원C: 80점입니다. 사이코드라마에 대해 관심이 많았고 그래서 기대가 됩니다.

　　사회측정학 중 스펙트로그램을 통해 파악한 구성원들의 자발성 상태는 사이코드라마에 대한 호기심과 기대감도 있으나 주인공으로 참여하고 싶은 에너지는 전체적으로 낮음. 사이코드라마 자체에 대한 두려움과 역할 행위에 대한 집단의 부담감이 확인됨. 구성원의 3/4이 자발성 50% 이하로 표현함. 자발성을 올리기 위해 이를 처리할 수 있는 활동 필요.

3 〈활동3〉 색깔 연상으로 만나기

디렉터 개입 타인에게 공감받는 경험을 제공하여 집단에 대한 신뢰를 높이고 노출에 대한 저항을 낮춰, 역할 놀이에 대한 구성원들의 행위 자발성 올리기

진행 (디렉터) 여러 개의 빈의자에 다양한 색의 천을 하나씩 씌움.

　　눈을 감고 '나의 마음'에 집중해 봅시다. 나는 지금 어떤가요? 떨리기도 하고 설레기도 하고 부담스럽기도 하고 다양한 마음일 수 있습니다. 그렇다면 그 마음에서 지금보다 단 1점이라도 마음이 편안해지거나 에너지가 올라가거나 긍정적인 쪽으로 영향을 줄 수 있는 것을 떠올려 보세요. 그리고 떠오른 그것과 유사한 색깔의 천이 씌워진 의자를 찾아 이동해보세요.

　　▶ (이동 후) 왜 자신은 거기에 섰는지 그 색은 무엇을 상징하는지 잠시 이야기 나누어 보겠습니다.

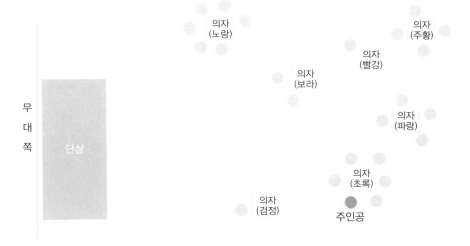

- 구성원1 : 저는 빨간색을 원래 좋아합니다. 운동화도 빨간색인데 빨간색은 저에게 열정을 생각나게 합니다.
- 구성원2 : 노란색은 따뜻함을 연상시켰습니다. 좋아하던 여행을 못 가고 있는데 따뜻한 해변에 늘어지게 누워있고 싶습니다.
- 구성원3 : 넓은 바다를 바라보고 싶습니다. 파란색은 저에게 제 이야기를 다 들어주는 바다를 떠올리게 했습니다.
- 구성원4 : (주인공) 연두색은 파릇파릇한 나뭇잎입니다. 숲을 걸으면 제 마음이 편해지고 에너지가 찹니다.
- 구성원 5 : 보라색은 제게 치유의 색입니다. 뭔가 잘 설명할 수 없는데 보라색이 저에게 그런 느낌을 줍니다.
- 구성원 6 : 주황색은 왠지 모르게 에너지를 줍니다.
- 구성원 7 : 검정색은 지금 제 마음인데요, 그냥 조용히 있고 싶은 마음? 침묵?

4 〈활동4〉 2인 역할 놀이

디렉터 개입 옆에 있는 분과 짝지어 보세요. 요즘 어떻게 지내고 있는지 5분 정도

서로 대화를 나누도록 합니다. 상대방이 하는 이야기를 들으며 현실적으로 대처하고 있는 모습 이면에 드러나지 않은 진짜 마음이 무엇일까 공감하며 들어주세요.

진행 2인 짝짓고 서로의 이야기를 들어줌 → 가위바위보 → 이긴 사람 역할 선택 ①속마음 역할 또는 ②주인공(나) → 진 사람은 이긴 사람이 선택하지 않은 역할 자동 부여 → 2인 역할 놀이(주인공은 자리에 앉음. 속마음 역할은 주인공의 숨겨둔 마음이 되어 독백하기) → 디렉터가 2인 역할극에 개입하여 확장하기

▶ 역할을 바꾸어 같은 방법으로 발표

▶ 모든 팀의 발표 후 전체 소감 나눔

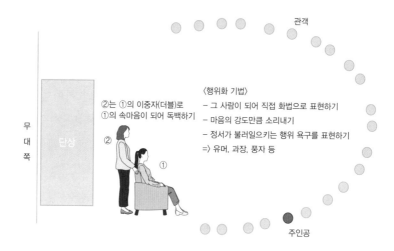

진행 예시

D(디렉터): 상대의 이야기를 잘 들으셨지요? 내가 만약 짝꿍이라면 어떤 감정을 느끼고 있을까요? 그리고 그 감정은 누구와의 상호작용으로 생긴 것일까요?

②: (①의 마음을 떠올리며) 직장 상사에게 화가 나 있는 것 같습니다.

D(디렉터): (빈의자를 앞에 두고) 그 사람이 이 의자에 앉아 있다고 생각하고 ①의 속마음이 되어 그 강도가 드러나도록 (빈의자를 두드리며) 상사에게 말씀해주세요.

②(①의 속마음 역할): 야! 진짜 너무 하는 거 아냐? 한두 번도 아니고, 내가 그렇게 만만해? 내가 호구로 보이지?

①: (앉아서 ②가 대신 표현해주는 대사를 듣고 있음) 얼굴이 상기되고 굳어짐.

D(디렉터): (몸의 표현에 집중, 호구라는 단어에서 ①의 얼굴이 상기되는 것을 관찰함/더블 기법으로 ②의 감정을 공감함) 내가 만만하게 보이나? 호구인가? 화가 느껴지셨군요. 화는 어느 만큼일까요? 느껴지신 강도만큼 함께 소리 한번 질러 볼게요.

①②: (함께) 야~~~~~~~~~~~~~~~~~~~

D(디렉터): 바타카를 두드릴 수 있게 빈의자를 앞에 가져간다.

①②: (함께) 야~~~~~~~~~~~~~~~~~~~~~ (의자 두드리기)

⭐ 역할을 바꾸어 같은 방법으로 발표

①(②의 속마음 역할): 엄마가 방문 그렇게 닫지 말라고 했지! 사춘기가 무슨 유세야? 말대답 따박따박 지가 혼자 다 큰 줄 알아 이그! 이럴 땐 꼭 지 아빠 닮아서~~

②: (앉아서 ①이 대신 표현해주는 대사를 듣고 있음) **지 아빠 닮았다는 대사에 피식 웃는다.**

D(디렉터): (앉아 있는 ②에게 다가가) 아이고, 피식 웃음이 나셨네요. (② 다시 웃음) (①을 보며) 속마음님! 아이에게 속상하신 거예요? 남편님께 속상하신 거예요?

①: 말하다 보니 아이가 아니라 남편이 꼴 보기 싫네요.

D(디렉터): 그렇죠? 빈의자에는 남편님이 앉아 계십니다. (②를 보며) 직접 말씀하실 수 있습니다.

②: (자리에서 일어나며) 아, 그럼 제가 직접 할게요. (집단원 웃음)

②: (빈의자를 보며) 당신이 나에게 함부로 하니까 아이가 저렇게 버릇없게 굴잖아! 맨날 술 먹고 늦게 들어오고. 아이는 나 혼자 키우냐!

D(디렉터): (집단원을 보며) 아이고, 독박 육아에 힘드신 동네 사람들~ 이런 마음을 나도 경험해 본 적이 있다고 하시는 분들, 우리 함께 대나무 숲

으로 가 볼까요? 임금님 귀는 당나귀 귀다~ 속풀이 하듯이 내 맘대
로 안 되는 가족들 사이에서 화병 난 마음들 이곳에 털어봅시다. 크
게 외쳐주세요~

집단원 일동: 야~~~~~~~~~~~~

★ 모든 팀의 발표 후 전체 소감 나눔

직장 동료와의 갈등, 가족 갈등, 부부 싸움, 대인관계와 성격, 시댁 문제, 결
혼 문제, 학업에 대한 불안과 부담, 앞으로의 진로 고민 등 다양한 에피소드 등장

◦ 2인 역할 놀이 소감문 ◦

우리는 둘러 앉아 2명씩 조를 이뤘고, 5분간 서로 지금 마음 상태에 대해서 나눴다.
그리고 디렉터 좌측 선생님들부터 상대의 이야기를 듣고 느꼈던 감정을 상대가 되
어 이야기해보는 시간을 가졌다. 현실감 있게 역할극을 하시는 선생님들을 보며 웃
음이 나기도 하였고, 내 차례가 다가옴을 느끼며 긴장이 되기도 하였다. 점차적으로
내 차례가 가까워짐에 따라 내 머리는 급속도로 하얘졌으며, 나에게 이야기를 나눠
줬던 선생님의 말이 기억이 나지 않았다. 많은 선생님들 앞에서 역할 연기를 한다는
것은 나에겐 부끄러움과 어려움을 주는 일이었다. 역할 연기를 통해 얻을 수 있었던
것은 요즘 삶을 대하는 선생님들의 마음을 들을 수 있었다는 점과, 이것이 많은 공감
과 위로가 되었다는 것이다.

주인공을 정하기에 앞서 여러 색깔의 천을 걸어두고 지금 기분을 표현하게 하고 두
명씩 짝지어서 현재 심리상태를 이야기하게 하고 그것을 본인의 입이 아닌 파트너
를 통해 의자를 내려치는 행동을 하며 대신 감정 전달을 표현해 보았다. 나의 마음
을 표현하는 것조차 익숙하지 않고 어렵게 생각하고 있었는데 파트너가 대신 이야
기 해주니 여러 가지 감정이 복합적으로 느껴졌고 새로웠다.

2 실연

D^{Director}디렉터, P^{Protagonist}/주인공, A(엄마)^{Auxiliary ego}/(엄마) 역할의 보조자아

1 주인공 선정

D: 2인 역할극을 하면서 보니 우리네 삶이 녹록지 않네요. 다양한 인간관계, 갈등들, 원치 않았던 사건 사고와 '관계의 어려움'을 겪으며 우리도 모르게 접히고 누르고 외면한 나 자신의 삶이 있었을 것입니다. 사이코드라마에서는 나 자신을 펼치고 지금보다 조금이라도 자발적으로 나아갈 힘을 찾고자 하는 시간이 될 것입니다. 사이코드라마 주인공으로 나오는 것에는 용기가 필요하겠지만 나 자신을 위해서 나에게 집중하고 공감하고 격려해 보는 시간을 선물하는 것은 어떨까요? 주인공을 하고 싶은 분이 있으시면 이 의자(무대에 빈의자 3개)로 나와 앉아 주시기 바랍니다. (10여 초의 집단 침묵, 고개를 숙이거나 집단을 둘러보는 다양한 비언어적 표현들이 관찰됨)

P: (결심한 듯 걸어 나와 앉음)

D: 또 있으신지 잠시 기다리도록 하겠습니다. (추가 희망 없음) 자, 그러면 먼저 나오신 선생님을 주인공으로 드라마를 진행하도록 하겠습니다.

2 주인공 면담

D: 망설임 없이 나오셨는데 지금 기분은 어떠신가요?

P: (큰 숨을 내쉼) 사실 한 번은 꼭 치러야 한다고 생각해서 나왔는데 어 생각보다..

D: 긴장되시죠. (네) 심호흡 한 번 하실까요? (심호흡 2번) 말씀 중에 한 번은 꼭 해야 한다고 말씀하셨는데...

P: 네. 이것에 대해서 오랜 시간 고민을 했고 저의 성장을 위해선 꼭 다루어야 하는 주제라고 생각이 들어서... (몸의 긴장도가 높아지고 눈의 초점이 흐려짐)

D: (잠시 기다림) 이것이라는 것은 무엇을 말하는 것일까요?

P: 6살 때... 제가 성폭행을 당했습니다. (왈칵 쏟는 눈물과 떨리는 몸)

D: (잠시 더 정서에 함께 머묾. 눈물이 진정되지 않고 감정에 더 빠져듦) 지금 몸 상태는 어떠신가요?(지금-여기 신체 감각을 인식하도록 개입) 머리에서 발끝까지 몸에 주의를 기울이면서 말씀해보실래요?

P: 눈물이 나고, 심장이 터질 것처럼 쿵쾅거리고...

D: 발끝의 감각을 느껴보세요. (눈물이 계속 쏟아짐) 일어나실 수 있으신가요? (네) 자, 우리 이 공간을 좀 천천히 걸어보지요. (주인공과 함께 공간을 한 바퀴 천천히 걸음) 심호흡도 해 보시고... (조금씩 안정화) 한 바퀴 더 돌아봅시다. (한 바퀴 더 돌고 눈물이 멈추는 것이 관찰되어 자리에 앉음) 자, 어려운 이야기 꺼내셨는데 주변을 한번 둘러보시겠어요? 어떤 것 같나요?

P: (눈으로 집단원을 한 바퀴 둘러봄) 네, 괜찮습니다. 이 집단에서 말해도 될까, 안전할까 사실 많이 고민했었는데... 잠을 편하게 잔 적이 없고 제가 한 번은 꼭 다루어야 할 주제라고 생각하기 때문에 디렉터를 믿고 나왔습니다.

D: 그렇군요. 쉽지 않은 주제인데 워밍업할 때 주인공의 에너지가 떨어지는 것 같았는데 주인공을 하겠다는 마음을 다지고 있었나 보네요. (네)... 음... 6살 때 성폭행을 당했다는 말씀을 하셨는데 상황을 더 설명해주실 수 있나요?

P: 6살 때 (어디서?) 부모님이 일꾼들 급식을 하는 일을 하셨는데 식당 한편에 방이 있었어요. 밤에 부모님이 일 때문에 나가셨는데 잠을 자고 있을 때 그 사람이 방에 들어왔어요. (어떤 행동을 했나요?) 제 뒤에 누워서 바지를 내리고 자기 거를 제 엉덩이에 비비고 만지고... (삽입이 있었나요?) 아니요. (사

정이 있었나요?) 네...

D: 그때 느껴지던 감각은 어떠했나요? 냄새... 촉감...

P: 끈적끈적하고 이상한 냄새가 나고 너~무 싫었는데 말을 할 수가 없었어요.

D: 이런 일이 얼마나 자주 있었나요? 이런 상황을 부모님은 알고 계셨나요?

P: 여러 번 있었는데, 엄마에게 '저 아저씨 싫다'고 했는데 엄마는 '네가 이뻐
  서 그런다'라는 (울음을 터트림)

D: ... 아이가 얼마나 무서웠을까. (등을 토닥이며 잠시 머묾) 여러 번이라 하셨
  는데 어떻게 끝이 나게 되었나요?

P: 저희가 이사를 가게 되면서...

D: 음... 그렇군요. (잠시 기다림) 어려운 이야기해 주셨는데 이 장면을 우리가
  함께 들어가 만나보게 될 거예요. 괜찮으시겠어요? (네)
  자, 들어가기 전에 잠시 자기 소개 좀 부탁드릴게요. (어떤...) 이름이랑 누
  구랑 살고 있는지, 무엇을 하면서 사는지

P: 네 저는 ○○구요. 나이는 **, 아이들이 있는데 장애가 있는 아이가 있어요.
  현재는 이혼한 상태고 직장 다니고요.

D: 그러면 아이들은 선생님과 살고 있는 건가요?

P: 네, 제가 아이들을 키우고 현재는 친정에 들어가서 살고 있어요.

D: 경제적인 것은 어떻게 해결하고 있는지요? 본인이?

P: 친정 도움이 있어 경제적으로는 어렵지 않습니다. (집단원들 부러운 목소리,
  웃음. 긴장이 좀 내려감)

D: 남편분과는 이혼하셨다고 했는데 이혼한 지는 얼마나 되셨어요?

P: *년쯤 되었는데... (어떤 이유로 이혼했는지) *째 아이가 장애를 가지고 있는
  데 남편이 한량 같은 사람이라 혼자 너무 애쓰고 살았고 애를 넷 키우는
  것 같았어요.

D: 부부관계는 어떠하셨나요? 혹시 어렸을 때 기억이 부부관계에 영향을 미
  치기도 했나요?

P: 네, 그랬던 것 같아요.

D: 자, 그러면 사이코드라마 경험이 있으시다고 했으니 우리 말보다 장면으

로 상황을 탐색해나간다는 것은 알고 있으시죠? (네) 일어서 보시겠어요?
우선 내 역할을 뽑아주세요. 그리고 자녀들, 남편 역할.

P: (집단원 중에서 본인 역할 1명, 아이 3명, 남편 1명을 뽑음)

3 〈장면1〉 가족조각

D: 가족조각을 만들어보려고 합니다. 아이 3명과 남편 그리고 나 4명의 관계
를 조각으로 나타내는 것인데요, 친밀한 정도의 관계를 거리로 표현하거
나 가족구성원의 대표적인 이미지를 조각으로 만들어주시면 됩니다.

→ 장애를 가진 아이는 엄마보다 큼. 엄마 허리를 꼭 부여잡고 붙어 있음.
→ 나머지 두 아이들은 엄마의 다리를 붙잡고 해달라고 조르는 모습
→ 남편은 등 돌려 선 채로 외면하고 저 멀리 있음.

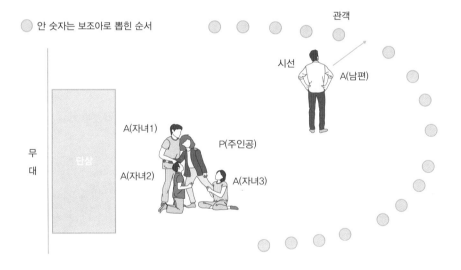

D: 가족조각을 만드셨는데 각 조각상이 대표적으로 하는 말을 한 문장 정도
주신다면 어떤 말이 있을까요? 첫 번째 만드신 가족 조각상 어깨에 손을
얹으시고

P: (첫 번째 아이 조각상 위에 손을 얹고) 엄마 나 버리지 마~

D: 나머지 조각들에게도 대사를 하나씩 준다면

P: 엄마 나 이것 좀 해줘... 다리를 잡은 아이들은 둘 다 그러는 것 같아요.

D: 네, 남편은요.

P: 아무 대꾸가 없어요.

D: 저렇게 뒤로 돌아 서 있는 모습이 맞습니까? (네) 자, 주인공이 어머니 조각 상으로 들어가시고 그 상황을 경험해 보도록 하겠습니다.

(주인공 더블 역할하는 보조자아가 빠져나오고 주인공이 엄마 조각상으로 들어간다)

자, 아이들 각자의 말을 반복하시면 되겠습니다. 엄마 나 버리지 마! 보여 주세요~

A(아이들): 엄마 나 버리지 마!, 엄마, 나 이것 좀 해줘~

P: 여보~. 여보! 여기 좀 봐~

→ 남편을 부르지만 돌아보지 않음. 3명의 자녀들은 자신의 필요를 엄마에게 반복적으로 표현함. 남편을 부르는 목소리가 커지지만 남편은 뒤를 돌아 보지 않고 외면하는 장면을 확대. 남편을 돌려세우려 가고 싶어 하지만 아이들에게 발목과 몸을 붙들려 조금도 다가갈 수 없음. (행위화 5분) 온 힘을 쓰고 나아가려 하지만 점점 소진되고 지친 마음과 꿈쩍하지 않는 남편을 봄. 남편과 육아에 소진되고 있는 주인공의 삶이 드러남.

D: 지금 느껴지는 대로 내가 원하는 것을 말해요! (더블 목소리로 촉진) 여보!

P: (울음을 터트림) 나도 너무 지쳐~ 제발~ 여보~ (자신을 붙잡고 있는 아이들 손을 떼어내며) 나 좀 내버려 둬. 제발 떨어져. 제발~ 아빠한테 가!

(잉여현실 표현하기) → 아이들을 떼어내어 아빠에게 보내는 행위화

→ 장애를 가진 자녀의 손을 떼어내며 망설임과 눈물, 절규

(장애를 가진 자녀 역할) 나에게 하나의 작은 역할이 주어졌다. 난 선생님의 자녀가 되었다. 선생님의 옷깃을 붙잡았고, 엄마라고 불렀다. 그 순간 나는 정말 선생님의 아이가 되었다. 엄마가 나를 버릴까 두려운 마음이 올라왔고, 절대 이 옷깃을 놓치면 안 된다는 생각이 일었다. 엄마라고 부르는 나의 목소리는 진심이 담기기 시작했고, 이러한 나의 마음이 선생님의 아이로서 느끼는 감정인지, 나의 엄마를 향한 마음인지 혼동되었다. 진짜 엄마와 오버랩되기도 하였다. 내가 붙잡고 있는 엄마의 어깨가 무거워 보였지만, 손을 놓을 수 없었다. 손을 놓으면 내가 버려질 것만 같았다. 이것은 나에게 새로운 경험이었다.

(다른 자녀 역할) 아이로 잠시 보조자 역할에 참여하였다. 엄마를 붙잡고 싶은 마음이 내 마음속으로 들어왔다. 내가 살 길은 오직 엄마의 옷자락이라도 붙잡고 있어야 한다는 간절함이 '엄마 가지 말라'는 대사에 묻어 나왔다. 이런 작업 시간을 통해 오히려 에너지의 수준이 올라감을 느꼈다.

4 〈장면2〉 부부 갈등과 성

D: 아빠의 역할 말고 남편으로서는 어떤가요?

→ 원치 않는 성관계를 요구하는 남편, 아이들의 필요에 둘러싸여 엄마의 역할에 지쳐갈 때 남편은 술을 마시고 와서 아내에게 잠자리 원하는 일이 반복, 끔찍하게 느껴지고 싫었음. 자기 이야기를 들어주지 않으면 아이들을 깨우겠다고 함. 아이들 사이에서 아내를 억지로 빼내는 남편의 모습 재연.

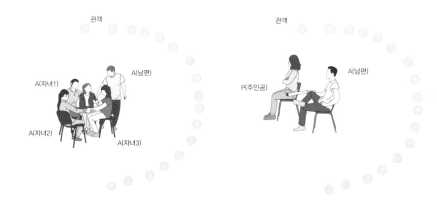

술 냄새, 뒤에서 껴안기 등 주인공도 술을 마시지 않으면 관계가 잘되지 않음. 뒤돌아있는 아내를 안을 때 장면, (인터뷰 초기 성폭행 당시 가해자가 '제 뒤에 누워서 바지를 내리고 자기 거를 제 엉덩이에 비비고 만지고...'를 하였다는 단서, 성폭행 당시 감각이 부지불식간 트라우마 상황을 재활성화하는 트리거 자극이 될 수 있다는 가설을 세우고 장면으로 확대, 바타카로 남편의 음경을 상징화하고 주인공의 뒷부분에 닿도록 장면화) 주인공이 소스라치게 놀라고 싫어함.

→ 남편에 대해 현실에서 표현하지 못했던 주인공의 숨겨진 마음을 온몸으로 표현함.

P: (자신을 껴안고 놓지 않는 남편 힘으로 떼어내기) 싫다고~ 하지 말라고~저리 가!!!
D: 남편에게 하지 못했던 말 있지요? 여기서 다 해봅시다.
P: (빈의자를 바타카로 두드리며 활성화된 분노의 크기만큼 소리치며 표현함) 남편의 무능함, 성관계가 힘들었던 것, 아빠로서의 역할을 등한시했던 것, 아이들을 양육하는 일이 온전히 본인 몫이었던 것에 대한 원망, 분노, 절망 등을 쏟아냄.

D: 아까 남편과 앉아 있을 때, 떠오른 장면이 있었죠. (바타카가 몸에 닿을 때의 몸의 반응과 얼굴 표정에서 성폭행 장면이 떠올랐을 것으로 추측함)

P: 네...

D: 이제 그 장면으로 들어가 볼 거예요. 자리에 잠깐 앉아주세요.

→ 성폭행 장면 관련 추가 인터뷰

D: 역할을 뽑아주세요. 엄마, 아빠, 그리고 가해자.

장면을 떠올려보세요. 하루 중 언제였을까요? (밤) 방을 꾸며주세요. (가해자로 뽑힌 집단원에게) 도와주실 수 있는지요? (네) 역할을 하다 힘드시면 언제든지 말씀해 주세요. (가해자 역할로 뽑힌 집단원은 여자이며 주인공과 개인적 신뢰감이 있는 사람으로 보였음)

P: 여기가 창문이고 방문은 여기예요. 창문이 작고 캄캄함 밤이었는데 저는 이렇게(문을 등지고) 누워 있었어요.

D: 장면에 들어가면 그때는 못했지만 지금-여기 어떻게 하고 싶은지에 집중하고 하고 싶은 대로 행동할 수 있어요. 다만 실제적으로 보조자아를 가격하거나 실제 손가락을 꺾거나 다치게 않게, 감정 표현은 (바타카와 의자를 가져감) 여기에 할 수 있어요. (네)

(주인공에게 천을 주며) 허리에 두르시겠어요? 바지를 상징하는 것입니다.

→ 장면 재연

(불을 끔) 가해자가 조용히 들어온다. 들어오는 순간 아이(주인공)는 반사적으로 몸을 오므리면서 눈을 질끈 감고 떠는 반응을 보인다. 주인공의 입을 막는다(말하지 못했던 상황 상징-디렉터). 가해자는 주인공의 이불 밑으로 손을 넣어 바지(허리에 묶은 천)에 손을 댄다. 천천히 힘을 주며 강제로 당겨내리기. 주인공의 몸이 움츠러들고 긴장한 상태로 얼어있다.

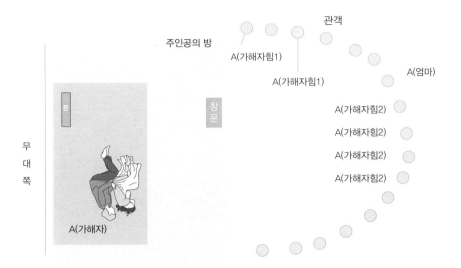

D: ○○야(지금-여기 6살) 어떻게 하고 싶어... 손가락 움직여 봐. 움직일 수 있
니? 그래... 그렇게 네 몸에 느껴지는 감각을... 어떻게 하고 싶은지 몸으
로 보여줘.

→ 바지를 내리는 장면, 움직일 수 없던 장면의 확대. 주인공이 움직일 수 없
는 강도만큼 보조자아(동성-가해자힘1)를 2명 더 불러 주인공 위에 눕힘.

D: 어떻게 하고 싶어. 어떻게 하고 싶어! (주인공의 행위화 촉진)

P: 주인공이 벗어나기 위해 몸부림침.

D: 소리 내! 소리!

P: 저리 비켜!!!!! 개새끼야! 저리 꺼지라고~!!!

D: (주인공 더블) 저리 꺼지라고~ 없어지라고~

P: (자신의 입을 막고 있는 천을 떼어내기 위해 온 힘을 씀) 저.리. 꺼. 져~
(입을 막은 천을 떼어내며 소리가 터짐) 저리 꺼져! 저리 꺼지라고~~~~~

P: (자신을 누르고 있는 보조자아 2명-성인 남성의 힘을 상징-을 필사적으로 밀어냄. 그리
고 자기 바지(천)를 잡고 있는 가해자의 손을 자신의 몸에서 떼어냄) 꺼져! 꺼져! 죽
여버릴 거야~~~~~~~~~~~~~~

D: (보조자아와 주인공의 안전을 위해 사람을 천으로 변경. 주인공의 몸 전체가 덮이도록

천의 네 귀퉁이를 보조자아 4명이 눌러 잡고 주인공이 나오지 못하도록 함)

P: (온 힘을 다해 천을 손과 발, 온몸으로 밀어내는 행위화. 자신의 몸을 덮은 천에서 빠져 나옴. 이글거리는 눈과 거친 숨소리)

D: (분노 표현을 위해 갑티슈를 내어줌)

P: (갑티슈 뜯기, 화장지 뭉치 갈기갈기 찢으며 온 힘이 소진될 때까지 소리치고 몸부림. 모든 힘이 소진되고 늘어지며 깊은 슬픔의 정서로 가라앉음)

D: 떠오르는 사람이 있나요?

P: 엄마요.

6 〈장면4〉 보호받고 싶었던 잉여현실 펼치기

D: (앞에서 뽑았던 어머니 역의 보조자아) 어머니 나오세요. 딸이 할 말이 있다네요.

P: (단상에 걸터앉아 있는 상태로 엄마(A/보조자아)를 올려다 보며) 엄마, 나... 나... 저 아저씨 싫어...

D: 엄마와 딸 역할교대하세요.

딸(A): 엄마, 나 저 아저씨 싫어.

엄마(P): 왜? 왜, 무슨 일인데? 아저씨가 너 이뻐서 그런 거잖아.

　　　　왜 말을 안 해!(화가 느껴짐-주인공이 역할교대로 엄마 역할을 하고 있으나 주 인공 스스로 말하지 못한 자기 자신에 대한 비난, 화가 묻어나오는 것으로 이해 됨. 인터뷰에서 주인공이 '저 아저씨 싫다'는 말 이외의 정보를 엄마에게 말하지 못한 사실이 있음.)

D: 다시 역할교대하세요. (주인공을 보며) 엄마가 어떤 일이 있었는지 진짜 모르는 모양이네. ○○야 말하지 못했던 거 있지... 이제 엄마한테 말해 보는 거야. 엄마한테 너무 말하고 싶었잖아.

P: 엄마... 엄마... 저... 아저씨... 저 아저씨가... 나 만졌어~!!!! (소리가 커짐)

D: 어떻게 만졌는지 엄마한테 확실하게 알려줘.

P: 어... 아저씨가 나 싫다는데 바지 막 억지로 내리고 비비고 이상한 냄새났어.

D: 역할교대하세요. (엄마에게 보호받지 못했던 잉여현실 접근)

나(A): 엄마, 아저씨가 나 만졌어...

D: 앉아있는 나(A)를 가해자가 뒤에서 껴안고 있게 연출함.

엄마(P): 이 개자식아! 떨어져! 안 떨어져? 야~~~~~~ (바타카로 의자 치며 분노 정서 표현)

떨어져 이 개자식아! 내 딸한테서 떨어지라고~~~~~~

D: (충분한 분노 행위화 후) 어떻게 하실래요?

엄마(P): (나(A)에게 다가가 붙어 있는 가해자를 온 힘으로 떼어내는 행위화)

(거머리처럼 붙어있는 가해자를 딸에게서 떼어냄. 그리고 딸을 껴안음) 아이고... 우리 딸... 얼마나 힘들었어... 얼마나 무서웠어... 엄마가 그것도 모르고... (눈물) 엄마가 미안해...

D: (눈물이 가라앉을 때까지 충분한 시간) 역할교대하세요.

엄마(A): 아이고, 우리 딸 얼마나 힘들었어... 엄마가 미안해...

P: (엄마한테 안기며 눈물이 쏟아짐)

D: ○○야, 엄마한테 다 이야기해... 얼마나 무서웠는지... 하고 싶은 말 다 해.

P: 엄마, 나 너무 무서웠어...

엄마(A): 그래, 그래, 얼마나 무서웠을까? 우리 딸... (등을 쓸어주며) 엄마가 미안해... 엄마가 우리 딸 지켜줄게...

D: (주인공의 몸의 에너지가 다 빠지고 이완되며 늘어짐) 어머니, 어머니가 딸을 잘 받아주세요. (주인공 뒤로 가서 뒤에서 앉아 주인공이 늘어지는 것을 몸으로 받아 안아 줌) 몸에 힘을 다 빼고 엄마 품에 기대 보세요. 등 뒤로 편안하게 기대고 등 뒤로 전해지는 따뜻한 느낌... (주인공이 가슴을 폄) 심호흡을 하세요. 큰 숨이 몸을 관통하도록... (큰 숨을 여러 번 쉼 - 앞 문을 열어 시원한 공기가 들어오도록 함) 이 느낌을 잘 기억하세요.

P: (숨을 고르게 쉬고 잠이 쏟아지는 것 같음)

D: 누워봅시다. 몸이 엄청 늘어질 거예요. (단상에 천을 깔고 주인공을 눕힘-엄마의 팔베개를 하고 누움-이불을 덮듯 천을 덮어줌) 엄마 품에서 푹 쉬어 보세요~집단원들도 5분간 쉬도록 하겠습니다. (누워있는 동안 주인공 옆에 앉아 있다가 뻗어 나온 손이 차가워질까 하여 손을 잡아 다독임)

→ 주인공과 엄마 역할의 보조자아가 누운 상태로 충분히 회복의 시간이 되었는지 표정과 '몸의 긴장 상태'를 확인 후 실연 단계를 마무리함. 전체 5분간의 쉬는 시간을 가진 후 나누기 자리로 정돈하여 앉음.

3 나누기

1 현장 집단 나누기

D: 지금부터 나누기 시간을 갖도록 하겠습니다. 모두 의자를 둥그렇게 하고 자리에 앉아 주시고 우선 자신이 맡았던 역할을 털어주세요. 특히 대립자 역할을 해주신 남편, 가해자 역할하셨던 분들... 역할이 힘드셨을 텐데... 너무 감사드립니다. 모두 자신의 몸에서 역할을 털어 본인으로 돌아오시기 바랍니다.

자, 나누기 시간은 주인공에 대해 조언과 충고는 하지 않습니다. 타인에게 들은 이야기도 하지 않습니다. 다만 주인공 드라마를 함께 참여하는 과정에서 내 자신의 어떤 경험이 떠올랐거나 접촉되었던 느낌, 정서들이 있다면 그것을 나누어 주시면 되겠습니다. 타인의 이야기가 아닌 나를 함께 나누어 주시는 것입니다. 먼저 주인공 소감을 들죠. 지금 기분이 어떠세요?

P: 멍하고... 온몸이 쑤셔요. 그런데 한결 마음이 가볍고... 이 집단에서 이야기할 수 있을까, 끝나고 집단원 얼굴을 어떻게 볼지 걱정했는데 생각보다 아무렇지 않네요. 큰 숙제를 한 것 같고 후련합니다.

D: 한동안 몸이 쑤실 수 있어요. 장면이 자꾸 떠올라 잠을 못 주무신다고 했었는데 오늘은 늘어지게 숙면 취하실 수 있으면 좋겠네요.

(집단을 보며) 나누기해 주실까요?

집단: (침묵)

D: 주제가 무거울수록 나의 공감이 너무 가볍게 들리진 않을까 어떻게 마음을 전할 수 있을까 조심스러워지죠.

집단: *(끄덕끄덕)*

집단원1: 저는*(목소리가 떨림)* 너무... 주인공의 용기가 대단하다고 느껴집니다. 저도 성추행 경험이 있는데 주인공만큼 그런 일이 아니었는데도 이렇게 이야기하고 나누기 어려운데 용기 있게 자신을 드러낼 수 있는 주인공이 너무 대단한 것 같습니다. *(이후 본인의 성추행 경험 나눔)*

집단원 2: ○○씨가 이 주제로 드라마를 하려고 마음 준비를 할 때 조마조마 했는데*(눈물이 터짐)* 이 마음을 어떻게 전해야 할지 모르겠어요.

D: 말이 어려우시면 몸으로 표현해 주셔도 됩니다.

집단원2: 나와서 주인공을 따뜻하게 껴안아 줌*(서로 눈물 흘림)*

집단원3: 저도 ○○씨의 이야기를 듣고 알고 있었는데 제가 가해자로 뽑힐 줄은 몰랐습니다.

P: 친해서 믿고 맡길 수 있었습니다.

집단원3: 저도 그런 생각이 들어서 역할을 더 열심히 했고요. 오랜 기간 고민하고 털어보려고 노력하는 ○○에게 너무 애썼다고 전하고 싶습니다.

집단원4: 아, 저는 남편 역할을 하면서 *(집단원 웃음)* 여러 가지 생각이 들었습니다. 나는 가족들에게 어떤 아빠인지 그런 반성도 하게 되고... 사실 남자라 민망하고 어려운 주제여서 힘들었는데 드라마의 힘을 느끼게 된 것 같습니다.

집단: *(침묵)*

D: 성과 관련한 이슈는 사실 대부분의 여자분에게 있는 경험인 것 같습니다. 저도 성과 관련한 이슈가 많았고 주인공을 여러 번 했었는데 폭력적인 첫 경험에 대해 분노가 올라오기까지 몇 년의 시간이 걸렸어요. *(디렉터 자기노출)* 되게 강해 보이고 이겨내야지 했는데 제 스스로 제가 여성으로서 상처를 받았다는 것을 외면했던 시간들이었던 것 같아요.
나누기까지 함께 해주신 분들 모두 감사드립니다.

여러분이 용기 있다 말씀하신 것처럼 주인공이 어려운 이야기를 꺼내셨지요. 집단에서 비밀 유지에 대한 약속이 있다는 것을 잘 알고 계실 것입니다. 여기서 주인공이 내어놓은 이야기들은 모두 이 자리에 두고 나가시고 잊어버리시면 됩니다. 이 무대 밖, 현실 세계에서는 사이코드라마 경험에 대해 자신이 어떠한 것을 느꼈다는 것을 나누는 것은 괜찮지만 개인 정보가 포함된 이야기라든가, '누가 어떠한 일을 겪었다더라', '주인공이 어떻더라'라는 이야기는 하지 않아야 한다는 것을 다시 한번 강조드립니다. 비밀 유지에 대한 원칙을 지킨다는 것은 결국 이 사이코드라마 자리를 안전하게 지키는 것이고, 언젠가 우리가 이 주인공 자리에 설 수 있도록 만드는 힘이 될 것이기 때문입니다. 주인공의 마지막 소감 듣겠습니다.

P: 감사합니다. 모두가 함께해 주셔서 가능했던 드라마였다고 생각합니다.

② 회기 후 돌아보기-주인공 소감문

아... 얼마나 기다렸던 순간인지 모른다. 나의 이야기를 정리하며 어디서부터 다시 잡아야 하는지, 많은 시간이 걸렸다. 처음 사이코드라마를 접한 뒤 밀려오는 허망함에 힘들었다. 내가 하려는 것이 맞는 것인지에 대해 자신에게 계속 되뇌었다.

주인공을 하기 위해 많이 생각했다. 내가 이 집단을 믿고 어디까지 오픈을 해야 될지, 그냥 묻어둘지, 가만히 있을지를……

하지만, 나에게 꼭 한 번은 넘어야 할 산이었다. 이 기억을 박살 내야지 내가 살 것 같았다.

디렉터를 믿고 따르기로 결심하고, 아침부터 상기된 나의 얼굴을 보며 계속 다짐했다. '이 집단은 날 충분히 이해할 거야. 여기서부터 시작하자, 그동안 잘 버텼으니 이제 물꼬를 트자, 나 자신을 믿자.' 처음 말 한마디 시작하기 어려웠다. 디렉터의 질문이 무엇인지 즉각 반응하기 어려웠다. 나의 이야기가 시작되자마자 전쟁을 치른 느낌이다. 한순간에 많은 것들이 지나갔다. 아, 이런 거였구나. 내 안의 두려움과, 공포심과, 원망들이 쏟아져 나왔다. 소리를 너무 질렀던 것 같다, 너무 많이 운 것 같다, 벌거벗은 느낌이다.

역할을 정할 때는 아무 생각을 못 했다. 디렉터가 어떻게 진행할지 몰라 즉흥적으로 역할을 정했고, 가해자를 정할 때 순간의 망설임이 있었다. 실연을 할 텐데, 남자라면 힘들 거라 생각해 찰나에 옆에 있던 친한 지인으로 정했다. 나의 이야기를 잘 아는 사람이었기에 조금은 편할 거란 생각이 들었다. 진행 내내 정신 없이 흘러간 것 같다. 최대한 나의 감정을 표출하고 싶었다. 남편에 대한 원망과 아이들에 대한 부담감, 상처에 대한 압박이 밀려왔다. 늘 머릿속으로만 그렸던 장면이었는데, 이것을 행동으로 표출하니, 가슴이 터질 것 같았다.

며칠을 앓았다. 온몸은 몽둥이로 맞은 것처럼 쑤시고, 머리는 멍한 느낌이었다. 그래도, 그 순간이 몇 년 만에 편하게 다가왔다. 원 없이 실컷 울고, 발버둥 쳤던 나의 모습을 느낄 수 있었다. 사이코드라마는 씻김굿과 같다는 말이 떠올랐다. 나를 위해 기꺼이 시간을 준 집단원들에게 고맙다. 어찌 보면 상관없는 이에게 시간을 쏟는다는 것은 귀한 일이라 생각한다.

무엇보다도 이야기하기 힘든 걸 꺼내놓도록 해준 디렉터님께 감사하다. 이분이 남자였다면 가능했을까? 끝난 뒤 누워있는 나의 손을 따뜻하게 잡아준 이가 누구일까 궁금했는데, 디렉터여서 한 번 더 놀랐다. 너무 눈물이 났다. 나를 가장 따뜻하게 위로해주고, 위로받았다. 그 순간을 잊지 못할 것 같다. 마무리 이야기 나눌 때 역시, 디렉터의 자기 개방이 나에겐 또 다른 배려로 다가왔다. 순간 안심이 되었고, 편안했다.

이후, 집단원들과 저녁을 먹었다. 모처럼 많은 인원들이 모여 함께했다. 이런 적 없었는데……. 모두들 말은 안 했지만, 따뜻한 눈빛들이 감사하다. 이곳에서 내가 원했던 것은 충분한 위로였는데, 함께한 이들 모두 나에게 힘을 주었다.

2장

―

사례로 읽는
사이코드라마 이론

<사례의 사이코드라마 집단(group)>

1. 사이코드라마 구성

20여 명, 남·여 혼합, 일반 성인

(1) 주인공(protagonist)

(2) 디렉터(director)

(3) 보조자아(auxiliary ego)

- 관객 중 주인공의 텔레에 의해 뽑힌 역할 시연자

①주인공의 이중자아(Duble) ②엄마 ③남편 ④자녀들 ⑤성폭력
가해자

- 관객 중 디렉터의 도움 요청으로 시연 진행을 도운 보조자

⑥성폭력 가해자의 압박감(2인), 이불 귀퉁이(4인)

- 전문적으로 훈련된 보조자(없음)

(4) 관객(audience): 주인공과 디렉터를 제외한 집단원

(5) 무대(stage): 일반 강의실 & 1단 단상

1 사이코드라마 구성

1 주인공(Protagonist)

사이코드라마의 창시자 Moreno(1972)는 사이코드라마를 극적인 방법으로 진실을 탐구하는 과학으로 정의하였다. 사이코드라마는 주인공의 이야기를 즉흥연극적인 방법으로 실연해 나가는 가운데 주인공의 진실을 찾아 나간다. 주인공은 곧 그 이야기의 주인이며 극적 실연은 주인공이 들려주는 이야기를 장면화하며 행위하는 과정이다. 따라서 사이코드라마는 주인공이 없으면 성립되지 않는다. 주인공이 들려주는 이야기에는 주인공의 미해결된 욕구, 바람, 꿈, 좌절, 상실, 미련, 사랑, 상처, 실존 등 삶에서 현실적 이유로 펼치지 못한 주인공의 내적 진실이 있다. 사이코드라마는 주인공의 자발성과 창조성을 발휘하지 못하게 막는 장애물을 발견하고 이해하며, 접혀있는 삶을 드러내 표현함으로써 지금-여기의 내적 세계를 재구성한다. 그리고 그 경험을 통해 앞으로 삶을 창조적이고 실존적 주체로 살아나갈 힘을 얻는다.

주인공을 선정하는 가장 기본적인 방법은 주인공 스스로 사이코드라마를 해보고 싶다는 의지를 가지고 무대 위 주인공 자리에 나오는 것이다.

D: 2인 역할극을 하면서 보니 우리네 삶이 녹록지 않네요. 다양한 인간관계, 갈등들, 원치 않았던 사건 사고와 '관계의 어려움'을 겪으며 우리도 모르게 접히고 누르고 외면한 나 자신의 삶이 있었을 것입니다. 사이코드라마에서는 나 자신을 펼치고 지금보다 조금이라도 자발적으로 나아갈 힘을 찾고자 하는 시간이 될 것입니다. 사이코드라마 주인공으로 나오는 것에는 용기가 필요하겠지만 나 자신을 위해서 나에게 집중하고 공감하고 격려해보는 시간을 선물하는 것은 어떨까요? 주인공을 하고 싶은 분이 있으시면 이 의자(무대에 빈의자 3개)로 나와 앉아 주시기 바랍니다. (10여 초의 집단 침묵, 고개를 숙이거나 집단을 둘러보는 다양한 비언어적 표현들이 관찰됨)

P: (결심한 듯 걸어 나와 앉음)

D: 또 있으신지 잠시 기다리도록 하겠습니다. (추가 희망 없음) 자, 그러면 먼저 나오신 선생님을 주인공으로 드라마를 진행하도록 하겠습니다.

사례처럼 주인공이 사전에 도전을 결심하고 자리로 나올 경우는 주인공의 자발성이 높은 경우이다. 자신의 절실함이 클수록 자발성이 높고, 사이코드라마를 여러 번 경험했거나, 집단을 안전하게 느끼고 디렉터를 신뢰할 때 주인공이 무대에 오를 가능성이 높아진다.

D: 망설임 없이 나오셨는데 지금 기분은 어떠신가요?

P: (큰 숨을 내쉼) 사실 한 번은 꼭 치러야 한다고 생각해서 나왔는데 어 생각보다..

D: 긴장되시죠. (네) 심호흡 한 번 하실까요? (심호흡 2번) 말씀 중에 한 번은 꼭 해야 한다고 말씀하셨는데...

P: 네. 이것에 대해서 오랜 시간 고민을 했고 저의 성장을 위해선 꼭 다루어야 하는 주제라고 생각이 들어서... (몸의 긴장도가 높아지고 눈의 초점이 흐려짐)

사례의 주인공은 자신의 성장을 위해서 꼭 다루어야 하는 주제라는 인식을 가지고 사이코드라마에 도전하였다.

D: (잠시 기다림) 이것이라는 것은 무엇을 말하는 것일까요?

P: 6살 때... 제가 성폭행을 당했습니다. (왈칵 쏟는 눈물과 떨리는 몸)

D: (잠시 더 정서에 함께 머묾, 눈물이 진정되지 않고 감정에 더 빠져듦) 지금 몸 상태는 어떠신가요?(지금-여기 신체 감각을 인식하도록 개입) 머리에서 발끝까지 몸에 주의를 기울이면서 말씀해보실래요?

P: 눈물이 나고, 심장이 터질 것처럼 쿵쾅거리고...

성폭행이라는 트라우마는 오랜 시간이 지나도 주인공의 현재 삶에 긴장, 눈물과 떨림, 터질 것 같은 심장으로 드러났다. 삶에서 의도하지 않는 불특정 순간에 끊임없이 되살아나 주인공의 자발성을 누르고 움츠러들게 했을 것이다. 주인공은 이 경험을 재구성해 저당 잡힌 삶을 흘려보내고 앞으로 나아가고자 하는 절박함으로 사이코드라마 주인공으로 나왔다. 그러나 때론 주인공이 첫 초대에 나오지 않거나 반대로 여러 명이 희망하는 경우도 생긴다. 이런 경우는 주인공을 선정하는 과정에 디렉터의 진행 개입이 필요하다.

주인공이 나오지 않을 경우

주인공이 나오지 않는 경우는 우선 기본적으로 워밍업이 충분치 않았음을 고려해야 한다. 디렉터는 이를 타개하기 위해 워밍업 시간을 다시 가질 필요가 있다. 이럴 때 워밍업의 초점을 맞추기 위해 집단의 역동을 파악하고 디렉터 자신의 마음을 살펴봐야 한다. 초보일 때는 주인공이 나오는 시간이 굉장히 길게 느껴지고 애가 탄다. 집단원이 고민을 하거나 마음의 준비를 하는 시간임을 못 보고 불필요한 개입을 하거나, 본인이 상황을 견디기 힘들어 주인공을 찍어서 권하는 실수를 저지르기도 한다.

처음 사이코드라마를 참여하는 사람들은 본인이 원치 않는 상황에서 타인의 의사에 따라 강요된 주인공을 하게 되는 것은 아닌지 두려움을 토로한다. 그 두려움으로 인해 눈 마주침을 하지 않고 고개를 떨구거나 집단 구성원과의 만남을 회피한다. 더 나쁜 상황은 주인공을 피하고 싶은 마음에 부지불식간 다른 구성원에게 나가보라며 압력을 가하는 현상이 생기기도 한다. 그러나 이런 현상에서 디렉터가 중심을 잘 잡지 않으면 결과적으로 집단 모두의 안전감을 헤쳐 사이코드라마에 중요한 치료 요인인 집단의 신뢰를 형성하지 못하고 과정 내내 그 대가를 치르게 될 수도 있다.

기본적으로 주인공 삶의 이야기는 자발적 개방 의사를 통해 이루어져야 한다. 디렉터의 필요에 의해 주인공을 선정해서는 안 되며, 이 필요가 주인공이 아니라 디렉터 자신을 위한 선택은 아닌지 더 세심히 알아차려야 한다. 또한 사이코드라마가 주인공의 자발성과 창조성을 가치로 여기는 접근임을 고려했을 때, 자발성과 창조성은 결국 주인공이 자발적 행위 경험을 통해 얻게 되는 것임을 기억해야 한다. 주인공이 나오기까지 침묵도 집단의 지금-여기 자발성을 존중하는 마음으로 수용하고 기다려야 한다. 혹여 사이코드라마에 주인공이 나오지 않는 경우라면 사이코드라마를 해야 한다는 조바심을 내려놓고 집단의 욕구를 재점검해야 한다. 대부분의 경우 집단에 대한 안전감과 디렉터에 대한 신뢰가 형성되지 않았기 때문에 망설임이 길어진다. 이런 마음을 디렉터가 알아차리고 집단 초기 신뢰감 형성 과정을 위한 촉진을 위해 노력해야 한다.

주인공이 나오지 않을 때 집단 구성원들의 현재 마음을 나눈다. "지금 주인공이 나오지 않는 이 순간을 여러분은 어떤 마음을 경험하고 계신지요?" 침묵에 대해 집단원들은 불안과 긴장을 토로한다. 침묵을 견디기 어렵다거나 이런 상황에 자신은 늘 참지 못하고 나오는 성격이라거나 그냥 고민하고 있었다거나 주인공 생각이 없다 등 다양한 마음이 노출된다. 자신의 마음을 전하는 과정에서 긴장감이 해소되고 자발성이 올라간다. 망설임에서 결심으로, 경직된 몸을 움직여 나누기 도중 해 보겠다고 나오는 사람도 생긴다.

또 다른 방법은 자신의 절실함을 느낄 수 있도록 돕는 것이다. "여기 주인공 의자가 있습니다. 만약에 내가 주인공을 한다면 어떤 주제를 다뤄보고 싶은지 주인공 의자에 앉아 간단히 말씀해 주십시오. 혹은 떠오르는 몇 개의 단어만 나열하셔도 좋습니다. 그조차 표현하고 싶지 않은 분은 이 자리에 나와 잠시 앉아 이 의자가 어떤 느낌을 주는지만 경험하고 들어가시면 됩니다." 집단원이 한 명씩 다뤄보고 싶은 화두를 꺼낼 때 인간의 삶에 대한 보편성을 확인하고 안도하게 된다. 그리고 자신의 절실함을 들여다보면 자신의 행위하고자 하는 욕구를 만날 수 있다. 생각보다 주인공 의자에 앉아 관객을 바라보는 것이 덜 부담스러울 수도 있다. 그리고 가장 중요한 것은 자석처럼 끌어당기는 의자에서 몸을 일으켜 보는 행위 자체가 자발성을 살리기도 한다.

여러 명 주인공을 희망할 때

이런 경우는 주인공 선정 과정이 필요하다. 가장 기본적인 방법은 집단원 텔레로 주인공을 선정하는 방법이다. 주인공을 희망하는 사람들이 각자 자신이 하고 싶은 드라마 주제를 간단히 소개한 후 모두 의자를 뒤로 돌려 앉는다. 집단원은 주인공의 주제를 듣고 자신의 텔레에 따라 주인공이 되었으면 하는 사람 뒤에 가서 선다. 가장 많은 선택을 받은 사람이 주인공이 된다.

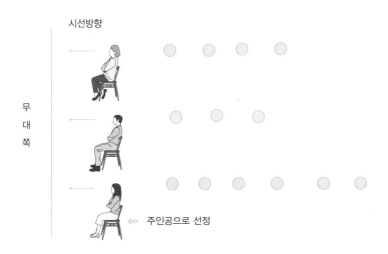

또 다른 방법은 주인공을 희망하는 사람들끼리 의논해서 결정하게 하는 방법, 가위바위보로 선택하는 방법 등 여러 희망자 중 한 명을 선정하는 다양한 방법을 사용할 수 있다. 그러나 어떤 방법이든 필연적으로 선정되지 못한 사람이

생기기 때문에 나왔다 들어가는 집단원의 마음을 세밀하게 살펴야 한다. 선정 과정에서 선택받지 못한 상황이 버림받음이나 집단원의 거절로 받아들여 마음의 상처를 받는 경우도 발생하기 때문이다. 이를 보완하기 위해 선정되지 못한 주인공과 자신을 선택해 준 집단원들을 둘러앉게 하고 잠시 이야기를 나누는 시간을 갖기도 한다. 시간이 많지 않을 경우는 디렉터가 직접 공감과 지지의 마음을 전달하기도 한다.

사이코드라마는 집단 치료이기 때문에 집단원의 세밀한 마음을 놓칠 경우 드라마 진행 과정에서 생각지 못한 저항이나 집단 관계의 훼손으로 주인공의 마음이 다칠 수 있다는 점을 염두에 두어야 한다.

이런 이유로 필자는 집단원이 택하는 방식을 택할 때는 사이코드라마가 집단 치료이기 때문에 집단이 함께 참여하고 공감하는 밀도가 높을 때 서로에게 더욱 치료적일 수 있다는 설명을 덧붙인다. 여러 집단원이 공감하는 주제가 선정되는 것이 서로를 보호할 수 있는 면도 있다는 점을 전달한다. 또한 단회기 사이코드라마가 아닌 경우에는 다음 세션의 기회를 언급하고 주인공을 해 보겠다고 나온 용기와 자발성을 격려한다.

한편 지금까지 설명한 선정 방식은 주인공이 직접 주인공에 대한 참여 희망을 전제로 하는 선정 방식을 소개한 것이다. 그러나 사이코드라마가 여러 분야에서 활용되면서 주인공 선정을 현장의 참여 자발성이 아닌 다른 방식으로 진행하기도 한다. 의료 현장에서는 치료의 목적을 가지고 처방적으로 접근될 때, 주인공의 임상적 특성을 고려하여 집단을 구조화하고 사전에 주인공을 선정하여 진행하는 경우도 있다. 혹은 특정 주제를 가진 사이코드라마를 위해 집단 특성에 맞는 주인공을 스크리닝하여 받거나, 주인공 희망자가 있는지 사전에 신청을 받아 주인공 신청이 있는 경우에만 집단을 열기도 한다. 교육 현장에서는 교육적 목적을 위해 참여 집단에서 주인공을 모두 경험해보게 하는 구조화 프로그램을 제공하기도 한다. 사법 현장에서는 강제 교육 이수의 형식으로 제공되어 비자발적 참여자의 집단으로 운영되기도 한다. 이는 무엇을 목적으로 사이코드라마를 실연하느냐에 따라 참여자가 다르고 참여자 개인 특성과 상황에 따라 자발성 차이가 발생하기 때문에 주인공 선정 방식도 이에 따라 적절히 변형되어 운영되고 있다고 이해할 수 있겠다.

사이코드라마 명칭에 있어서도 심리극, 사회심리극, 드라마 치료, 정신극, 정신역할극, 정신치료극에서부터 역할극, 역할놀이, 교육 연극, 연극치료까지 그 경계가 혼재되어 있다. 그럼에도 사이코드라마라 할 때는 극적 방법, 역할 행위, 정신과 내면의 변화 요소를 필수적으로 가지고 있고 그 이야기의 주인이 있다. 말을 물가로 데려갈 수는 있으나 마시게 할 수는 없다는 속담처럼 주인공 자리까지 나오는 방법은 여러 경로가 있으나 실연의 행위 주체는 결국 주인공이기 때문에 주인공이 되고자 하는 자발성을 어떻게 살릴 수 있는지에 주목해야 한다.

2 디렉터(Director)

디렉터는 집단을 운영하며, 주인공의 이야기를 풀어나갈 수 있도록 연출, 조력, 지지한다. 또한 주인공의 진실을 탐구하는 과정을 동행하며 주인공을 이해하고 진실에 다가갈 수 있도록 현상을 분석하고, 치유와 변화를 경험하는 장이 되도록 이끈다.

디렉터는 현장에서 제공되는 주인공의 이야기를 듣고 주인공의 핵심 진실을 극적 방식으로 탐구해 나가는 장면을 연출한다. 주인공의 생생한 경험을 위해 장면을 구성하고, 등장인물을 뽑고, 역할들의 상호작용 대사와 행동을 제공하는 연출가의 역할을 한다. 그러나 디렉터의 연출력은 디렉터가 그려내는 장면 연출이 아니라 최대한 주인공의 내면 세계를 그대로 현장에 불러내는 것이다. 마치 주인공의 마음을 비춰주는 마술 거울처럼 주인공의 내면에 새겨진 기억을 찾아 집단과 함께 지금-여기 드러내어 구현한다. 따라서 디렉터는 조력자이며 주인공의 더블(이중자아)이다. 조력하는 디렉터는 주인공이 사이코드라마적 삶의 주인이 되도록 실연 과정 내내 주인공의 선택을 묻고 궁금해하며, 이를 존중하여 반영한다. 장면에 등장한 역할들의 대사는 역할교대를 통해 주인공의 기억에서 나온 대사를 찾아 보조자아에게 제공한다.

하지만 디렉터가 얻는 정보는 주인공이 하는 말에만 의존하지 않는다. 사이코드라마에서는 말보다 몸의 행위에서 드러난 정보를 따라간다. 언어로는 거짓,

가장, 외면, 불일치를 말할 수 있으나 몸은 행위에 몰입해 있을 때 주체는 있는 그대로 진실하게 드러낸다. 몸은 주인공도 의식하지 못하는 세계까지 이끌기도 한다. 디렉터의 인터뷰는 행위 경험을 할 수 있는 정보를 얻는 것에 가깝다.

　　디렉터의 분석가 역할은 주인공이 쏟아내는 정보에서 길을 찾아갈 때 빛날 수 있는 것이다. 담화 과정에서 행위적 과정으로 이끌기 위해 필요한 정보와 불필요한 정보를 구별한다. 주인공이 쏟아내는 정보에서 주인공의 진실에 더 다가갈 수 있는 핵심적 표현들을 '그럴 수밖에 없었던' 생존이라는 맥락 안에서 퍼즐 맞추듯 분석해 나간다. 디렉터의 분석은 진단하고 규정하기 위한 분석이 아니라 주인공의 고유성을 오롯이 이해하기 위한 분석이다. 혼돈 속에서 결정체를 찾아내듯 주인공이 핵심 정서, 욕구를 발견하고 그의 행위 욕구와 잉여현실로 나아간다. 디렉터는 과정 내내 공감과 지지의 태도를 견지한다. 그리고 주인공의 딱 반 발 앞에서 그의 망설임과 막힘이 무엇인지 알아차려, 그 순간 필요한 자발성을 웜업하며 함께 헤쳐나간다.

○ **주인공 면담** ○

D: 망설임 없이 나오셨는데 지금 기분은 어떠신가요?

P: (큰 숨을 내쉼) 사실 한 번은 꼭 치러야 한다고 생각해서 나왔는데 어 생각보다..

D: 긴장되시죠. (네) 심호흡 한 번 하실까요? (심호흡 2번) 말씀 중에 한 번은 꼭 해야 한다고 말씀하셨는데...

P: 네. 이것에 대해서 오랜 시간 고민을 했고 저의 성장을 위해선 꼭 다루어야 하는 주제라고 생각이 들어서... (몸의 긴장도가 높아지고 눈의 초점이 흐려짐)

D: (잠시 기다림) 이것이라는 것은 무엇을 말하는 것일까요?

P: 6살 때... 제가 성폭행을 당했습니다. (왈칵 쏟는 눈물과 떨리는 몸)

D: (잠시 더 정서에 함께 머묾. 눈물이 진정되지 않고 감정에 더 빠져듦) 지금 몸 상태는 어떠신가요?(지금-여기 신체 감각을 인식하도록 개입) 머리에서 발끝까지 몸에 주의를 기울이면서 말씀해보실래요?

P: 눈물이 나고, 심장이 터질 것처럼 쿵쾅거리고...

D: 발끝의 감각을 느껴보세요. (눈물이 계속 쏟아짐) 일어나실 수 있으신가요? (네) 자, 우리 이 공간을 좀 천천히 걸어보지요. (주인공과 함께 공간을 한 바퀴 천천히 걸음) 심호흡도 해 보시고... (조금씩 안정화) 한 바퀴 더 돌아봅시다. (한 바퀴 더 돌고 눈물이 멈추는 것이 관찰되어 자리에 앉음) 자, 어려운 이야기 꺼내셨는데 주변을 한번 둘러보시겠어요? 어떤 것 같나요?

P: (눈으로 집단원을 한 바퀴 둘러봄) 네, 괜찮습니다. 이 집단에서 말해도 될까, 안전할까 사실 많이 고민했었는데... 잠을 편하게 잔 적이 없고 제가 한 번은 꼭 다루어야 할 주제라고 생각하기 때문에 디렉터를 믿고 나왔습니다.

사례의 주인공은 자발성이 높은 주인공이다. 주인공 자리에서 나올 때 참여자는 대부분 긴장을 느낀다. 하지만 주인공이 내쉰 큰 숨은 그것과 조금 다른 무엇인가 결심한 무거움이 담겼다. '긴장되시죠.' 주인공의 긴장을 공감한다. 이러한 무거운 긴장은 해소하지 않으면 드라마 진행을 붙잡는 장애물이 될 수 있기에 몸의 긴장을 낮추기 위한 심호흡을 제안했다.

모든 정보는 주인공에게서 나온다. 주인공이 사용하고 있는 단어 하나도 세심하게 듣고 그것을 징검다리 삼아 더 깊이 들어가야 한다. '한 번은 꼭 치러야 한다', '이것'이라는 단어를 디렉터가 그대로 돌려주며 물었다. 주인공이 사용한 단어는 주인공의 세계로 들어갈 수 있는 징검다리이다. 주인공이 사용한 단어가 아닌 디렉터가 해석하거나 변형된 명칭을 사용하였을 때 주인공은 디렉터가 자신의 이야기를 잘 듣지 않는다고 느끼거나 디렉터가 사용한 단어에 따라 자신을 넘겨짚거나 판단하는 것으로 받아들일 가능성이 높아진다. 주인공은 지금까지 스스로 명명해 왔던 언어적 상징을 사용하여 자신을 표현한다. 그러므로 디렉터는 주인공이 사용하는 표현을 잘 듣고 드라마 과정에서 주인공의 내면으로 들어갈 문을 발견하면 그 단어를 열쇠로 꺼내 들 수 있어야 한다.

또 하나는 몸이 전하는 것을 잘 들어야 한다. 높아지는 긴장도, 눈의 초점이 흐려지는 것, 떨리거나 눈물이 쏟아지는 것 등 비언어적인 표현, 몸의 현상들은 아주 중요한 표현이다. 몸의 반응은 언어적 회로를 쓰지 않는 우뇌적 반응이다.

주인공조차도 언어적으로 명명해본 적 없는 자동적 기억의 파편일 수도 있고, 스스로 조절하고 싶지만 할 수 없었던 경험을 들려주는 단서이기도 하다.

디렉터는 치료자의 역할을 한다. 사례의 주인공은 성과 관련한 트라우마를 가지고 있다. 트라우마가 유기체의 몸과 마음에 어떤 현상으로 드러날 수 있는지 지금껏 연구된 이론들을 알고 있다면 주인공이 장면에서 보이는 몸의 반응들을 더 세밀하게 알아차리고 대처할 수 있을 것이다.

트라우마는 몸의 기억과 몸의 기억을 처리하기 위한 이차적 인지 과정이 복잡하게 얽혀있다. 몸으로 행위하는 사이코드라마는 몸의 기억을 만나는 강력한 방법이기도 하지만 행위적 과정에서 재트라우마를 겪지 않도록 특히 유념해야 한다. 트라우마 상황을 접근할 때 통제되지 않는 자동적 반응으로 빠져들지 않도록 몸의 감각을 인식하도록 돕는 것이 도움이 된다. 발의 감각을 느끼게 하거나 함께 걷는 개입은 디렉터가 트라우마 상황에 대한 치료적 관점에서의 개입이라고 할 수 있겠다.

마지막으로 디렉터는 집단의 리더 역할을 한다. 사이코드라마는 집단 치료이다. 주인공의 이야기를 실연하지만 집단이 함께하는 과정임을 늘 인식해야 한다. 집단은 보조자아로 참여하기도 하고 관객이 되어 주인공의 이야기를 듣고 보고 상호작용하는 실재적 관계 대상이다. 주인공은 이들 앞에서 자신의 이야기를 드러낸다. 장면에 몰입해 있다가도 어느 순간에 집단원이 의식되고 그들의 반응이 접촉되고 영향을 받는다. 사이코드라마 중에 나가는 집단원, 하품하거나 잠을 자는 집단원을 보고 자발성이 떨어지는 경우가 발생하기도 한다. 집단원도 주인공의 실연 장면에 드러난 정서와 행동, 참여의 상호작용으로 내면 세계가 열리는데, 보조자아를 하다 비슷한 경험으로 굳어버리거나, 관객의 경우는 장면을 보기가 힘들어 나가기도 한다. 어떤 집단원은 강렬한 정서를 받아내기에 자신의 몸이 너무 피곤해 있거나 야근으로 쏟아지는 잠을 이기지 못하기도 한다. 중요한 것은 보이지 않는 이들 사이의 정신 현상을 디렉터가 알아차리는 것이다. 자발성이 떨어지는 순간을 알아차리고 요인을 제거하거나 서로를 이해시켜 다시 웜업하여 나간다. 만약 저항으로 계속 진행이 어려운 경우는 잠시 멈춰 주인공 인터뷰, 집단 나누기를 하고 치유 공동체의 연결감을 회복하고 집단을 운영해야 한다.

사례에서 필자는 집단이 주인공으로 참여하는 것에 대한 두려움이 보였다는 것과 주인공이 60의 자발성이지만 그 전 회기의 80에서 떨어졌다는 것을 기억했

다. 관찰자의 모습으로 자신이 비춰질 수 있다는 위협적인 상황은 아닌지, 주인
공의 자발성이 내려간 요인이 혹 집단에 대한 걱정은 아닌지, 다른 요인이 있는
지 확인할 필요가 있었다. 주인공에게 집단을 바라보고 잠시 머물러 마음이 어떤
지 집단의 관계를 점검하였다.

> D: (중략) 자, 어려운 이야기 꺼내셨는데 주변을 한번 둘러보시겠어요? 어떤 것 같
> 나요?
> P: (눈으로 집단원을 한 바퀴 둘러봄) 네, 괜찮습니다. 이 집단에서 말해도 될까, 안전
> 할까 사실 많이 고민했었는데… 잠을 편하게 잔 적이 없고 제가 한 번은 꼭 다루어
> 야 할 주제라고 생각하기 때문에 디렉터를 믿고 나왔습니다.

사례의 주인공은 집단원을 둘러보고 괜찮다고 말한다. 집단의 안전감은 반드
시 확보되어야 할 요소이다. 그것을 위해 디렉터는 사이코드라마에서 워밍업 단
계에 공을 들인다. 서로를 노출해도 안전하고 위협적이지 않다는 경험이 되도록
프로그램을 구성하고 운영한다. 주인공이 말한 '괜찮다'는 이러한 만남들이 포
함되어 생긴 믿음일 수 있겠다. 그리고 디렉터를 믿고 나왔다는 말을 덧붙인다.

사이코드라마는 집단 치료이면서 디렉터 영향이 크다. 집단이 진실하게 서로
를 만나고 관계를 맺을 수 있도록 집단응집력을 높였다 하여도 디렉터에 대한 믿
음이 형성되지 않으면 주인공 결심이 쉽지 않다. 워밍업 프로그램을 운영하지만
그 과정에서 집단원의 말과 행동을 디렉터가 어떻게 수용하고 대처하는지 인격
적 면면이 그대로 노출한다.

주인공이 지각하는 사이코드라마 치료 요인에 대한 개념도 연구(2012a, 김주현,
이지연)를 보면 주인공이 디렉터에 대한 신뢰감을 형성하는 데 여러 이유가 발견
된다. 집단에 참여하기 전부터 타인에게 들은 디렉터에 대한 평판에 더해 관객으
로만 참여하며 주인공을 어떻게 대하는지, 집단을 잘 이끌어가는지 디렉터의 디
렉팅을 여러 번 확인한 끝에야 주인공 결심을 했다는 것이다. 인상적이었던 것
은 디렉터의 나이, 성별, 인상, 목소리, 자세, 말투 등도 디렉터에 대한 신뢰를 형
성하는 데 영향을 주고 있었다. 이렇게 본다면 디렉터의 자체가 주인공에게 끌리

는 존재여야 한다는 것이고, 이러한 점이 Moreno가 이야기한 텔레 현상으로 이해해 볼 수 있겠다. 어쨌든 디렉터는 사이코드라마 실연 과정에서 집단의 영향을 적절하게 다룰 수 있는 역량을 갖추어야 한다. 그것이 전문적 영역과 개인적 영역에까지 이르고 있다는 것을 인식하고 전문성뿐만 아니라 인간적 자질을 수련하는 것 또한 디렉터의 책무라 할 수 있다.

만약 집단에 대한 믿음이 확인되지 않았음에도 사례와 같은 주제를 다루었을 경우 주인공은 집단원 앞에서 재트라우마를 겪는 상황이 발생할 수 있다. 처음엔 괜찮았는데 행위화 과정에서 집단의 반응으로 주인공의 심경이 변화될 수도 있다. 드라마가 끝난 후에 나누기 과정에서 집단이 자신의 아픔을 공감하고 함께하지 않았다고 확인된다면 집단 안에서 혼자 발가벗겨진 수치심으로 더 큰 상처를 받게 된다. 집단의 안전감이 확보되지 않았을 경우는 차라리 사이코드라마 실연을 미루는 것이 낫다.

한 번은 초등학교 학급 프로그램에서 역할 놀이에 자극을 받고 자신의 따돌림에 대한 이야기를 내어놓았다. 하지만 학급 집단은 서로에게 관심이 없고 다른 사람의 이야기에 마음이 닫혀 있었다. 집단 발달로 보자면 초기 상황이고 학급이 지속적인 어려움을 겪고 있던 차였다. 거기다 전학 온 지 얼마 되지 않은 상황으로 주인공을 하고 싶은 개인의 자발성은 높았으나 집단은 아직 관계가 형성되지 않았다. 잠깐의 빈의자 기법을 활용하여 표현을 시도하였으나 집단은 여전했고 집단을 워밍업 시키기엔 더 많은 만남의 시간이 필요했다. 만약 계속 진행했을 경우 주인공은 지금-여기에서도 집단의 외면, 소외감을 재경험할 수 있는 상황이었다. 선택은 개인 사이코드라마로 더 깊게 들어가지 않고 대체 프로그램을 제공하였다. 각자의 개인 작업으로 자신의 마음을 살피고 이것을 전체에게 발표하며 '나만 아픈 것이 아니었구나'를 간접 체험하는 시간으로 마무리하였다.

디렉터는 집단 리더자로서 집단 구성원을 책임져야 한다. 그러기 위해서는 사이코드라마에 참여한 집단원들의 변화, 집단 내 구성원 간의 상호작용, 집단이므로 일어날 수 있는 상호작용을 면밀히 인식하면서 집단의 발달, 역동의 흐름 안에서 상황에 적절히 대처하고 이끌어갈 수 있는 집단 리더자의 역량을 갖추어야 한다.

3 보조자아(auxiliary ego)

Moreno(1964)는 '한 사람을 또 다른 사람에게로 끌어당기는 감정의 복합체, 상대방의 실재적인 속성들에 의해 일어나는 감정들의 복합체'로 텔레 관계를 설명하였다. Moreno는 텔레에 따라 개인 간 신경증(대인 신경증)이 발생하는 것을 발견하고 치료를 위해 서로에게 치료자 역할을 할 수 있다고 보았다.

보조자아는 Moreno가 창안한 단어로 주인공이 사이코드라마에서 자신의 문제를 탐구해 나가는 과정에서 도움을 주는 사람을 말한다. 보조자아는 주인공의 텔레에 의해 뽑힌다. 사이코드라마가 극적 방법으로 주인공의 진실을 탐구해 나가기 때문에 대부분 주인공의 내면 세계에 그려진 대상 이미지를 상기시키는 사람에게 역할 참여를 부탁한다.

사례에서 주인공은 자신의 남편 역할로 집단의 한 남성을 뽑았다. 주인공이 남편 역할로 뽑았다는 것은 집단원이 가지고 있는 남성이라는 실재적 속성을 가진 면이 반영되었다. 또한 이 남성이 가진 기혼사실(드러나진 않았지만 기혼이었다), 성격, 외모, 말투 등 주인공에게 남편의 역을 부탁하고 싶은 어떤 속성들이 느껴져서 선택했으나 그렇다고 보조자아가 남편은 아니다. 그리고 남편 역할을 하게 된 보조자아는 주어진 남편 역할을 하지만 주인공이 그의 아내는 아니다. 즉 주인공도 보조자아도 역할 이전의 실재적 속성을 포함해, 새롭게 부여된 역할을 맡고 지금-여기에서 서로의 중요한 역할로 상호작용한다. 그 결과 역할 상호작용에 몰입되고 이제껏 표현되지 않았던 새롭고 창조적 관계를 세워나가는 과정을 경험하며 자신의 역할을 확장해 나가는 것이다.

집단원4: 아, 저는 남편 역할을 하면서 (집단원 웃음) 여러 가지 생각이 들었습니다. 나는 가족들에게 어떤 아빠인지 그런 반성도 하게 되고... 사실 남자라 민망하고 어려운 주제여서 힘들었는데 드라마의 힘을 느끼게 된 것 같습니다.

보조자아의 선정 과정에서 주인공은 자신의 대상 이미지를 상기시키는 사람이 없어 선택을 망설이는 경우도 있다. 더구나 평소에 타인의 도움을 요청해 보지 않았던 주인공이라면 보조자아의 선정 과정에도 그런 모습이 드러난다. Moreno의 '자발성의 원칙'에 따라 새로운 상황에 적절하게 대처하는 것을 기억한다면, 도움을 요청해보지 못한 주인공은 도움을 요청하는 역할을 새롭게 해 볼 필요가 있다. 따라서 디렉터는 주인공의 자발적 선택 과정을 기다려 도움을 요청하는 새로운 경험 기회를 제공한다. 만약 선정 과정에서 자발성이 계속 떨어진다면 디렉터의 적절한 개입도 필요하다. 유머를 사용하거나 자발적 보조자아 참여를 그룹에 부탁하거나 디렉터의 텔레로 도움을 요청할 수 있다. 그럼에도 대부분 어느 정도 기다려주는 시간이 있다면 주인공은 스스로 용기를 내어 보조자아를 선택한다.

◦ 나누기 중 ◦

집단원3: 저도 ○○씨의 이야기를 들어서 알고 있었는데 제가 가해자로 뽑힐 줄은 몰랐습니다.

P: 친해서 믿고 맡길 수 있었습니다.

집단원3: 저도 그런 생각이 들어서 역할을 더 열심히 했구요. 오랜 기간 고민하고 털어보려고 노력하는 ○○에게 너무 애썼다고 전하고 싶습니다.

◦ 2인 역할 놀이 소감문 ◦

역할을 정할 때는 아무 생각을 못 했다. 디렉터가 어떻게 진행할지 몰라 즉흥적으로 역할을 정했고, 가해자를 정할 때 순간의 망설임이 있었다. 실연을 할 텐데, 남자라면 힘들 거라 생각해 찰나에 옆에 있던 친한 지인으로 정했다. 나의 이야기를 잘 아는 사람이었기에 조금은 편할 거란 생각이 들었다.

사례에서는 개인적인 친밀도를 가진 여성을 선택하였는데, 소감문을 보면 선택은 순간적인 찰나의 선택이었음을 확인할 수 있다. 선택을 위해 판단과 평가를 위한 사고 과정이 동반되었다기보다는 즉시적 감과 같은 것이고, 이러한 감정들의 복합적 작용들을 텔레 현상으로 이해할 수 있겠다.

D: (중략) 우선 내 역할을 뽑아주세요. 그리고 자녀들, 남편 역할.
P: (집단원 중에서 본인 역할 1명, 아이 3명, 남편 1명을 뽑음)

때로는 부탁을 받은 관객이 여러 이유에서 역할 참여를 원치 않을 수 있는데, 원치 않는다면 거절할 수 있다. 이 과정에 디렉터는 서로의 자발성 상태를 이해하고 수용할 수 있도록 마음을 연결하고 의사를 전달할 수 있도록 도울 필요가 있다. 그러나 집단응집력이 형성된 집단에서 대부분은 역할 부탁을 받았을 때 도움이 되고자 하는 마음으로 나온다.

처음 사이코드라마를 참여하는 사람들은 보조자아 역할을 배우처럼 연기를 잘해야 하는 것으로 이해하고 부담을 느낄 때가 있다. 이럴 때 보조자아는 역할 행동과 대사를 주인공이 다 보여주기 때문에 그걸 보고 따라 하면 된다는 설명과 하는 도중에 어려우면 언제든 의사를 표시해 달라는 것을 안내한다. 집단 구성원은 모두가 동등하며 필요에 의해 쓰이는 수동적 존재가 아니라 스스로의 자발성에 의해 변화 과정에 참여하는 주체이다. 따라서 보조자아의 역할로 참여하는 사람 또한 자신의 욕구나 상황을 이해받고 그 선택이 존중되어야 한다.

◦ 〈장면1〉 가족조각 ◦

D: 가족조각을 만들어보려고 합니다. 아이 3명과 남편 그리고 나 4명의 관계를 조각으로 나타내는 것인데요, 친밀한 정도의 관계를 거리로 표현하거나 가족구성원의 대표적인 이미지를 조각으로 만들어주시면 됩니다.

→ 장애를 가진 아이는 엄마보다 큼. 엄마 허리를 꼭 부여잡고 붙어 있음.
→ 나머지 두 아이들은 엄마의 다리를 붙잡고 해달라고 조르는 모습
→ 남편은 등 돌려 선 채로 외면하고 저 멀리 있음.

D: 가족조각을 만드셨는데 각 조각상이 대표적으로 하는 말을 한 문장 정도 주신다면 어떤 말이 있을까요? 첫 번째 만드신 가족 조각상 어깨에 손을 얹으시고

P: (첫 번째 아이 조각상 위에 손을 얹고) 엄마 나 버리지 마~

D: 나머지 조각들에게도 대사를 하나씩 준다면

P: 엄마 나 이것 좀 해줘... 다리를 잡은 아이들은 둘 다 그러는 것 같아요.

D: 네, 남편은요.

P: 아무 대꾸가 없어요.

D: 저렇게 뒤로 돌아 서 있는 모습이 맞습니까? (네) 자, 주인공이 어머니 조각상으로 들어가시고 그 상황을 경험해 보도록 하겠습니다.

(주인공 더블 역할하는 보조자아가 빠져나오고 주인공이 엄마 조각상으로 들어간다) 자, 아이들 각자의 말을 반복하시면 되겠습니다. 엄마 나 버리지 마! 보여주세요~

A(아이들): 엄마 나 버리지 마!, 엄마, 나 이것 좀 해줘~

사례는 가족조각 기법을 적용하였다. 주인공의 내면에 그려진 가족 구성원들의 이미지를 조각상으로 표현하는 것이다. 조각들 간의 거리, 인간 관계에서 느껴지는 심리적인 느낌(아이가 엄마의 허리와 다리를 붙잡는 것으로 상징화), 바라보고 있는 시선 처리 등으로 가족의 역동이 표현되었다. 현실에서 조각의 모습과 똑같은 객관적 사실로서의 실사화된 조각이라기보다 주인공이 내면에 가지고 있는 대상 이미지, 심리적 상태를 조각한다. 즉 주인공 내면의 주관적 진실을 상징화한 것이다.

사이코드라마는 객관적 사실을 규정하고 알려주는 것이 아니라 주인공의 주관적 진실에 다가가 있는 그대로 표현하고, 그 힘을 바탕으로 자신의 삶을 창조하며 살아가도록 돕는 무대이다. 주인공이 느끼고 있는 고통이 100이라면, 사이코드라마에서의 진실은 지금-여기의 상태 100이 진실이다. "나라면 그런 상황은 50 정도인데 너는 정상이 아니야, 이상해. 고쳐야 해."라고 하는 것이 아니라 주인공이 체감하는 100의 고통을 온전히 공감하고자 노력한다. 그리고 주인공이 겪고 있는 100이라는 감각을 만들어낸 맥락적 상황을 탐구해 가는 것이다. 따라

서 보조자아의 역할 정보도 주인공의 내적 이미지를 최대한 잘 드러낼 수 있도록 하기 위해 그 답을 주인공에게서 들어야 한다. 그런 의미에서 주인공은 자신의 텔레를 통해 보조자아를 뽑고, 디렉터는 보조자아의 역할 참여 방법을 알려주며 보조자아를 돕고 자발성을 독려한다.

보조자아가 역할 참여를 할 때 디렉터는 보조자아의 자발성을 높이고 참여할 수 있도록 역할 정보를 제공해야 한다. 역할 정보는 전술했듯이 주인공에게서 얻는다. 이때 역할교대라는 기법을 사용한다. 가족조각에서는 대사를 주고자 하는 인물 뒤에 서서 어깨에 손을 올려놓게 하고 그 인물이 되어 대사를 말하도록 요청한다. 이때 주인공이 "'엄마 나 버리지마'라고 할 것 같아요"라고 설명한다면 "직접 화법으로 보여주세요"라고 재요청한다. 직접 화법은 아주 중요하다. 그 역할이 되어야만 적절한 정보를 제공할 수 있는데, 말의 속도, 억양, 크기, 말투뿐만 아니라 그 말에 담긴 정서와 욕구까지 드러난다.

"엄마~ 나 버리지 마~"

이 대사에 울음이 섞일 수도 있고, 겁먹어 위축된 목소리가 있을 수 있고, 화가 묻어날 수도 있다. 무엇이 진실인지는 주인공밖에 모르기 때문에 주인공이 그 역할이 되어 보여주도록 요청하는 것이다. 디렉터는 충분한 표현이 되지 않았다고 느껴지면 이 대사를 한 번 더 반복해주기를 요청한다. 보조자아가 보여주는 모습을 보고 따라 할 수 있도록 보여달라는 말을 덧붙이면 효과적이다. 디렉터도 이때 주인공이 보여주는 정보를 민감하게 듣고 역할 인물을 입체화하여 그려본다. 그리고 장면 진행 중 보조자아가 다른 대사를 사용하거나 대사가 가진 감정, 행동이 달라지면 디렉터의 개입이 필요하다. 이때는 디렉터가 보조역할의 이중자아로 목소리를 내어 보조자아가 맡은 역할을 재상기시키고, 주인공의 제시한 역할을 재연할 수 있도록 기법적으로 조력해야 한다.

사이코드라마 시연 중에는 보조자아가 자신의 모습으로 빠져 주인공이 알고 있는 역할이 아닌 자기 자신으로 주인공과 상호작용하게 될 때도 있다. 이런 경우 주인공의 몰입이 깨지거나 극의 진행이 주인공이 아닌 보조자아의 극으로 변질되어 버릴 수 있다. 이런 상황은 주인공도 보조자아도 치유적 경험이 되지 못한다. 하지만 이런 현상에 빠지는 것은 보조자아의 잘못이라기보다 디렉터의 개입이 필요한 순간이 왔다고 인식하면 된다. 즉 디렉터가 주인공의 세계와 달라지고 있다는 것을 민감하게 알아차리고 다시 길을 잡아가는 책임은 디렉터 몫이라는 것이다.

○〈장면4〉보호받고 싶었던 잉여현실 펼치기 ○

D: (앞에서 뽑았던 어머니 역의 보조자아) 어머니 나오세요. 딸이 할 말이 있다네요.

P: (단상에 걸터앉아 있는 상태로 엄마(A/보조자아)를 올려다 보며) 엄마, 나... 나...
　　저 아저씨 싫어...

D: 엄마와 딸 역할교대하세요.

딸(A): 엄마, 나 저 아저씨 싫어.

엄마(P): 왜? 왜, 무슨 일인데? 아저씨가 너 이뻐해서 그런 거잖어.
　　　　왜 말을 안 해! (화가 느껴짐-주인공이 역할교대로 엄마 역할을 하고 있으
　　　　나 주인공 스스로 말하지 못한 자기 자신에 대한 비난, 화가 묻어나오는 것
　　　　으로 이해됨. 인터뷰에서 주인공이 '저 아저씨 싫다'는 말 이외의 정보를 엄
　　　　마에게 말하지 못한 사실이 있음)

D: 다시 역할교대하세요. (주인공을 보며) 엄마가 어떤 일이 있었는지 진짜 모르는
　　모양이네. ○○야 말하지 못했던 거 있지... 이제 엄마한테 말해 보는 거야. 엄마
　　한테 너무 말하고 싶었잖아.

P: 엄마... 엄마... 저... 아저씨... 저 아저씨가... 나 만졌어~!!!! (소리가 커짐)

이 실연 장면은 엄마 역할로 뽑힌 보조자아, 디렉터, 주인공이 등장한다. 주인공(딸)이 엄마를 올려다보며 자신의 몇십 년 전 기억도 가물가물한 대사를 옮겼다. '저 아저씨 싫어.' 이 순간 디렉터는 역할교대를 적용한다. 만약 역할교대를 하지 않았다면 보조자아(엄마 역할)는 자신이 생각한 역할을 할 것이다. 주인공의 시연 과정을 보며 마음이 아팠다면 주인공을 안아 위로할 수도 있다. 혹은 무슨 소리냐며 더 설명을 요구하거나 다그칠 수 있다. 아니면 어떻게 해야 할지 몰라 아무 말도 하지 못하고 그냥 서 있을 수도 있을 것이다.

이것은 주인공의 말을 듣고 엄마로서 반응하는 것이 아니라 엄마라면 했을 법한 반응을 상상하거나 역할에서 빠져나온 자신이 되어 상호작용을 하게 된다. 때론 보조자아의 자발적 반응이 시너지를 일으킬 때도 있다. 화해가 되는 어떤 상황에서 무심결에 아이의 머리를 쓰다듬어 주는 엄마의 손길이나 그 엄마 역할에서 했을 법한 대사지만 듣지 못했던 말을 부지불식간에 할 수 있다. 이것이 적절했다면 더 좋은 치유적 경험이 될 수도 있다.

그러나 사이코드라마가 끝난 후 주인공은 '우리 엄마가 진짜 그랬을까?'라고 되물을 수 있다. 그 순간 엄마가 했을 법하다는 타당화 과정이 빠졌기 때문이다. 엄마 역할로 들어가 주인공 입에서 나온 대사, 몰입의 상황에서 그 역할에 들어간 주인공 자신이 뱉은 말을 찾는다. 주인공이 그 역할에서 진실로 느끼게 된 반응을 찾아 보조자아에게 주었을 때 자신이 돌려받은 그 말이 생생하고 진실되게 다가오는 것이다.

역할교대는 타이밍이 아주 중요하다. 사례에서의 역할교대 시점은, 6살 그 때가 지금-여기서 재현되고 있는 바로 이 순간이다. 지금-여기 6살이 된 주인공이 알고 있는 엄마를 소환해야 하는 시점이다. 역할을 바꾸고 주인공이 엄마 역할로서 말을 한다. '아저씨가 너 이뻐서 그런 거잖어.' 그리곤 튀어나온 '왜 말을 안 해!'

주인공이 엄마 역할이 되어 뱉은 '왜 말을 안 해!'라는 말에 묻어난 정서는 주인공의 잉여현실로 우리를 인도했다. 엄마에게 자신이 경험한 것을 너무나 말하고 싶었던 아이, 그러나 말하지 못해 접혀버린 순간을 간직한 주인공이다. 디렉터는 주인공이 잉여현실, 엄마에게 자신이 겪은 일을 말하고 도움을 받고 싶었던 갈망-그 행위 욕구를 할 수 있도록 다시 역할교대를 하였다. 보조자아는 엄마 역할로 돌아가 6살 딸의 아픔을 들어주는 새로운 엄마 역할로 섰다.

이렇게 보조자아는 주인공의 세계에 몰입할 수 있도록 주인공의 주변 인물, 중요 인물, 공상적 인물 등의 역할을 한다. 그리고 그 경험에서 보조자아 또한 성장한다. 다음은 보조자아 경험에 대한 소감문이다.

장애를 가진 자녀 역할

나에게 하나의 작은 역할이 주어졌다. 난 선생님의 자녀가 되었다. 선생님의 옷깃을 붙잡았고, 엄마라고 불렀다. 그 순간 나는 정말 선생님의 아이가 되었다. 엄마가 나를 버릴까 두려운 마음이 올라왔고, 절대 이 옷깃을 놓치면 안 된다는 생각이 일었다. 엄마라고 부르는 나의 목소리는 진심이 담기기 시작했고, 이러한 나의 마음이 선생님의 아이로서 느끼는 감정인지, 나의 엄마를 향한 마음인지 혼동되었다. 진짜 엄마와 오버랩되기도 하였다. 내가 붙잡고 있는 엄마의 어깨가 무거워 보였지만, 손을 놓을 수 없었다. 손을 놓으면 내가 버려질 것만 같았다. 이것은 나에게 새로운 경험이었다.

다른 자녀 역할

아이로 잠시 보조자 역할에 참여하였다. 엄마를 붙잡고 싶은 마음이 내 마음속으로 들어왔다. 내가 살 길은 오직 엄마의 옷자락이라도 붙잡고 있어야 한다는 간절함이 '엄마 가지 말라'는 대사에 묻어 나왔다. 이런 작업 시간을 통해 오히려 에너지의 수준이 올라감을 느꼈다.

보조자아는 연기가 아니라 역할을 하는 것이다. 실재적 나와 주어진 역할이 보조자아의 내면에서도 변화의 촉진제가 되기도 한다. 보조자아는 역할 참여 후 자신이 실연한 그 역할을 현실의 자신도 하고 있다는 보고를 할 때가 많다. 자녀로 뽑힌 사람은 자신에게도 비슷한 경험이 있다고 토로하고 엄마 역할을 한 사람은 자신이 그런 엄마였다고 미안함에 눈물을 흘린다. 주인공 더블로 뽑힌 보조자아는 본인이 주인공과 함께 체험하고 해결해나간 것 같아 주인공을 하지 않아도 되겠다는 체험도 나눈다. 사례에서 남편 역할을 했던 참여자는 자신의 모습을 반성하게 되었다. 이렇게 보조자아로 참여하는 것은 자신에게도 치유적 경험이 된다.

한편 보조자아의 자발성이 특히 떨어지는 역할들이 있다. 성폭력 가해자나 도덕적으로 지탄받는 사람의 역할 등은 주인공도 보조자아 역할을 부탁하는 것을 어려워하기도 하고 실제 일반 참여자가 소화하기 힘들 수 있다. 이 사례의 가해자 역할이 그렇다. 필자의 경우는 일반 참여자로 사이코드라마 집단에 참여했을 때 성폭력 가해자 역할을 디렉터의 요청으로 종종 하곤 했다. 사이코드라마 역할 훈련을 통해 역할과 나 자신을 분리해 소화할 수 있었고 디렉터와 진행 호흡을 잘 맞출 수 있었던 까닭이다. 주제에 따라서 주인공을 보호하고 사이코드라마 진행의 안전성과 효과성을 갖추기 위해 때로는 전문적 훈련을 한 보조자아를 구조적으로 마련하고 사이코드라마 집단을 운영하는 디렉터도 있다.

필자의 경우는 사이코드라마가 집단 치료라는 의미, 텔레 현상의 가치, 주인공 중심이라는 특성을 고려하여 주인공의 텔레로 보조자아를 선정하는 방식을 선호한다. 집단이 보조자아로 참여하며 얻을 수 있는 변화 기회는 집단 리더자인 디렉터로서 디렉팅의 수월함보다 더 중요하게 여기는 치유 요인이기 때문이다. 또한 디렉터나 전문 연기를 하는 스태프가 주인공의 내면 세계에 그려진 역할 이미지를 주인공보다 더 잘 알 것이라고 생각하지 않는다. 따라서 집단 치료인 사이코드라마에서 주인공은 텔레로 보조자아를 뽑고, 디렉터는 보조자아가 역할을 할 수 있도록 조력하는 것을 기본으로 하여 필요한 상황을 보완해 나가는 융통성을 가질 필요가 있다.

이제까지 보조자아의 역할은 주변 인물이나 공상적 인물 역할을 설명하였으나 그 외에도 주변 사물, 신체, 마음의 부분, 추상적인 개념 등 역할의 다양함은 상상력만큼이나 무궁무진하다. 마술적 상상력을 동원하면 바다와도 대화하고, 공기가 되어 자유롭게 흘러가기도 하며 나의 신체의 소리를 들을 수도 있다. 디렉터가 주인공의 내면 세계를 현실에 구현해 낼 때 상상 속 색채, 분위기, 자연물 등 장면의 그 모든 것을 역할로 부여하여 지금-여기 무대를 창조해 낼 수 있다. 디렉터는 이런 창조적 과정에 예술적 역량을 발현하기도 한다.

마지막으로 보조자아는 디렉터의 사이코드라마 진행을 돕는다. 사례에서 주인공의 압박감을 느끼게 하기 위해 주인공의 몸 위에 누웠던 참여자 2인과 주인공의 빠져나올 수 없는 신체 감각을 재연하기 위해 천의 네 귀퉁이를 온 힘을 써 잡아주던 4인의 경우가 그렇다. 주인공의 몰입을 위해 음악이 필요할 때 자발적으로 음악을 찾아 들려주는 관객, 주인공에게 화장지나 물을 가져다 주는 참여자 등 한 주인공의 삶을 펼쳐낼 수 있도록 보조자아들은 온 마음으로 사이코드라마에 함께한다.

관객은 집단원 중 디렉터와 주인공 그리고 보조자아를 뺀 나머지를 이르는 것으로 이해된다. 연극 공연을 떠올렸을 때 무대를 지켜보는 집단이 떠오르기 때문일 것이다. 하지만 사이코드라마의 관객은 주체적 참여자로서의 집단(group)이다. 집단에서 누구나 주인공이 될 수 있고 누구나 보조자아가 될 수 있는 열린 체계로서 함께 작업에 참여하고 있는 사람이다. 사이코드라마는 현장에서 극으로 만들어가면서 즉흥극 형식으로 집단원 모두가 참여하고 있다. 그리고 실연 과정에 보조자아로 참여하더라도 역할 시연이 끝나면 관객으로 돌아갔다가 다시 역할 참여를 할 수 있으며 여러 역할을 맡을 수도 있다. 관객이라 하여 아무런 역할을 하지 않는 사람들로 분리하기보다 집단이라는 의미로 받아들일 필요가 있다.

디렉터에 따라 집단이라는 요소를 사이코드라마의 변화 과정에 중요 요소로 인식하는 정도가 다르다. 집단의 치유적 힘을 어떻게 인식하고 있느냐에 따라 사이코드라마에서 집단 구성원의 참여를 반영하는 데 차이가 생긴다. 주인공이 바다에서 유영하는 자신을 꿈꾸며 자유를 그리던 드라마가 있다. 디렉터는 주인공 혼자 바다를 헤엄치는 장면을 만들 수 있다. 혹은 바닷속 이미지를 좀 더 살릴 수 있는 여러 동식물 보조자아를 몇 명 뽑을 수도 있다. 아니면 집단원 모두가 이 공간 전체를 바다로 상징화하고 물, 동식물 그 무엇이든 이 공간에 있을 것 같은 자기 연상의 그 무엇이 되길 요청할 수 있다. 디렉터가 집단의 연결성을 치유적 요인으로 보았다면 집단원 모두가 하나의 꿈 장면의 역할을 맡아 춤추고 반짝거리고 자유롭게 유영하며 새로운 대상과 만나는 장면으로 확장할 수 있다.

사이코드라마가 끝나고 집단 나누기를 한다면 경험의 차이가 보고될 것이다. 혼자 유영하는 장면에서는 자유로우나 고독한 자신을 만날 수 있다. 보조자아가 등장했다면 그 역할들과 상호작용에서 자신의 대상 경험을 재연할 수도 있을 것이다. 전체가 유영하는 장면에서 주인공은 집단의 연결감을 행복하게 느꼈던 경험을 보고할 수 있다. 아니면 반대로 집단 내 압력과 답답함을 보고할 수도 있다. 무엇이 나올지는 장면에 몰입한 주인공의 반응을 따라가는 것이다. 만약 주인공이 외로움과 고독으로 자신의 생기를 잃어가던 주인공이라면 집단이 함께 만든

바닷속은 만물의 연결감을 느끼게 해 주는 치유적 경험이 될 수 있다.

또한 집단의 입장에서도 구성원 모두가 바다의 그 무엇이 되어 자신을 표현하고 체험할 수 있던 경험이 생긴 것이다. 이런 경험이 집단 참여 내내 열린 체계에서 자발적으로 동참할 수 있는 구성원으로서의 관객과 객석으로 분리된 연극 관객과는 무척 다른 위치에 있다. 집단 요소가 시너지를 주지 않는다면 사이코드라마는 집단 치료가 아닌 개인 치료와 별반 다르지 않을 것이다.

5 무대(stage)

무대는 사이코드라마가 실연되는 장소로서 Moreno 시대의 건축 설계는 치료상의 필요에 따라 둥근 형태와 수직 차원을 두고 있다. Moreno는 비엔나의 공원 큰 나무 아래서 아이들과 스토리텔링을 하며 극적 놀이를 했던 경험에서 사이코드라마의 극적 행위를 하는 공간, 원형 무대의 모델을 고안하였다. 아이들에게 동화를 들려주는 그곳에서 아이들과 함께 동화의 나라로 빨려 들어가며 자신도 모르게 더 높은 곳으로 올라가 앉으며 생성되는 동심원의 아이들. 자연스럽게 만들어지는 원형적 형태, 그 자체로부터 모델을 택하였다(Moreno, 1947).

그러나 현대의 사이코드라마 무대는 사람들이 있고 행위할 수 있는 공간이면 어디든 가능하다. 오히려 관객과 무대가 분리된 극장 구조보다 하나의 홀로 활동이 안전하고 집단원의 의사소통이 편안하며 외부로부터 방해받지 않는 공간을 활용한다. 사이코드라마에서 무대는 공간 구조에 대한 의미보다 역할 시연을 통한 치유의 공간으로서의 의미가 더 크다. 공간의 구조가 집단의 만남과 치유적 활동을 더 잘 도울 수 있는 형태라면 더욱 효과적이겠으나 그렇다고 하여 무대 구조가 없다고 사이코드라마를 할 수 없는 것은 아니다.

디렉터는 참여자들이 공간을 사용하는 데 있어 사전에 배치 구조를 고려할 필요가 있다. 외부와 연결되는 문은 실연 도중 집단원이 나가고 들어오는 움직임으로 드라마가 방해받지 않도록 동선을 고려해 무대 위치를 잡는다. 또한 외부에서 안을 지나치며 볼 수 있는 개방된 창문은 피한다. 여러 활동 소리가 새어 나가 외부인의 찾아오거나 참가자의 자기 노출 내용이 불특정 다수에게 전달될 수 있는 공간도 지양한다. 공간을 구성하는 구조물이 힘에 의해 망가질 수 있는 부분은 없는지 체크하고 대체 방법을 마련한다. 불을 켜고 끌 수 있도록 전기 스위치의 위치를 고려하고, 햇빛이 참여자의 시선을 방해한다면 블라인드를 미리 조절할 필요도 있다. 이렇게 세밀하게 공간을 점검하는 것은 사이코드라마가 진행이 방해받아 집단의 자발성이 떨어지는 경우의 수를 줄이기 위해서다.

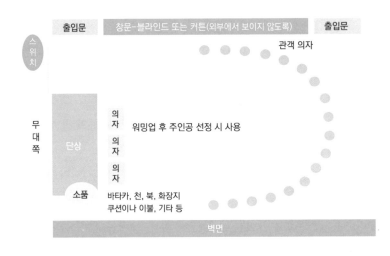

사례의 공간은 일반 강의실이다. 신발을 신고 활동하며, 의자는 칠판을 보고 반 원으로 배치한 강의실 구조이다. 사이코드라마를 하다 보면 주인공의 행위에서 바닥에 눕게 되는 상황들이 연출될 때가 있다. 신발을 신고 활동하는 공간에서 누울 수 있는 공간을 염두에 두지 않으면 행위화에 많은 제약이 따른다. 여기서 단상을 누울 수 있는 공간으로 고려하여 무대 쪽으로 배치하였다. 사이코드라마 실연 중 외부인의 출입이 없는 곳이고 복도 쪽으로 창문이 없어 원치 않는 노출을 막을 수 있으며 집단원의 출입은 사전에 뒤쪽 문을 사용하도록 안내하였다. 집단원이 처음 공간을 접한다면 워밍업을 통해 공간을 탐구하도록 돕기도 한다. 공간의 낯선 느낌뿐만 아니라 배치된 빈의자, 소품이나 조명, 가구의 색도 공간 분위기에 영향을 주기 때문에 다양한 놀이 과정에서 새로운 것들과 만나 탐색해 보는 접근도 도움이 된다.

Moreno(1972)는 무대 공간을 삶 자체에 대한 현실 테스트를 넘어서는 삶의 확장이며, 최대한 다차원적이고 유연한 생활공간을 제공한다고 설명하였다. 또한 사이코드라마의 무대는 참여자들의 상상력에 의해 지금-여기 재연되고 재창조된다.

사례에서 단상은 주인공이 어릴 적 방의 모습을 재연하였다. 이 공간은 주인공의 과거 기억에 있으나 지금-여기 주인공에 의해 구현된다. 문과 창문의 위치, 자신이 누워있는 장소, 그 공간에 홀로 있으며 문을 등지고 누워있다. 장면의 이미지를 주인공이 몸을 움직여 문과 창문, 이불 등의 공간을 가리키고 소품을 배치하며 현재의 강의실이 주인공의 6살 생활공간으로 변해간다. 집단원도 함께 몰입해 들어간다. 사이코드라마의 공간은 과거의 모습을 재연했으나 지금-여기 삶 자체로 다시 열게 한다. 과거가 아닌 현재의 경험으로 체현되고 재연을 넘어 주공의 나아가고 싶었던 행위를 시도하며 삶을 확장해나간다.

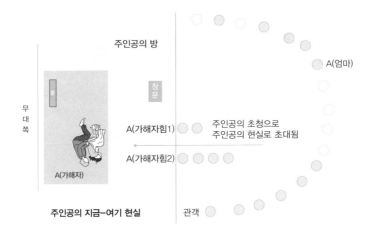

최헌진(2010)은 무대를 '지금 이곳(here/now)'이라 칭하고, 삶이 이루어지는 생의 한 가운데서 모든 과거, 미래를 떠나 이 순간에 이루어지는 우주적 공간 혹은 삶의 시공간을 상징적으로 형상화하는 요소로 설명하였다.

주인공이 창조한 무대는 자세한 설명보다 '무대' 자체를 보여주는 것으로 주인공이 존재한 순간의 진실을 더 잘 보여준다. 문을 등지고 누운 주인공이 차마 볼 수 없었던 두려움과 가해자의 다가옴을 느꼈을 등 뒤의 서늘함이 오롯이 무대에서 드러나는 것처럼 말이다. 무대는 우리를 주인공의 세계로 초대한다. 현실이 아니지만 현실이 된다.

2. 사이코드라마 과정

(1) 집단구조화

　　사례 회기 구조

(2) 사이코드라마 과정 이론

　　홀랜드 사이코드라마 커브

(3) 워밍업 단계 디렉팅

　　기초워밍업

　　사회측정학 스펙트로그램

　　색깔 연상으로 만나기

　　2인 역할 놀이

(4) 실연 단계 디렉팅

　　주인공의 사이코드라마 경험 과정

　　패러다임 모형

(5) 나누기 단계 디렉팅

2 사이코드라마 과정

1 집단구조화

사례 회기 구조

→ 집단: (폐쇄 집단) 자기 성장과 사이코드라마 전문가 발달을 위한 일반 성인
　　 2명을 제외하고 20여 명 대부분 사이코드라마 참여 경험이 없음
→ 총 12회기
→ 사례 기술: 6회기

월 (집단 발달 단계)	1일 워크숍(3마당)		
	1마당(150분)	2마당(150분)	3마당(150분)
	- 기초 워밍업 - 전 회기 나누기 및 교육	- 심화 워밍업	- 행위화와 실연
첫째 달 (초기 단계)	1회기 집단구조화 사회측정학과 집단 만남	2회기 역할 놀이와 자발성 역할 훈련	3회기 사이코드라마
둘째 달 (과도기 단계)	4회기 전 회기 나누기와 교육 사이코드라마 과정 이론 패러다임 모형	5회기 비블리오드라마	6회기 **사이코드라마(본 사례)** 　 **워밍업** / **실연** / **나누기**
셋째 달 (작업 단계)	7회기 전 회기 나누기와 교육 사이코드라마 치료요인 치료요인 활성화	8회기 사이코드라마	9회기 사이코드라마
넷째 달 (종결 단계)	10회기 전 회기 나누기와 교육 자기 성장과 전문가 발달	11회기 소시오드라마	12회기 디렉팅 역할 경험 및 집단 종결 나누기

본 사례의 집단은 폐쇄 집단(프로그램 중에 다른 구성원을 추가로 받지 않는 구조)으로 월 1회, 3회기를 묶어 하루 집중 집단으로 운영하였다. 4번의 워크숍으로 총 12회기 진행되었고 기술된 사례는 6회기이다. 자기 성장과 사이코드라마 전문가 디렉팅 역량 향상에 대한 관심을 가지고 구성된 일반 성인 집단이다.

사이코드라마는 한 사람의 주인공이 등장하여 2-3시간 진행된다. 구성원의 특성이나 프로그램의 의도, 현장 상황에 따라 진행 시간을 달리 기획할 수 있으나 기본적으로 150분 내외를 고려한다. 따라서 하루 워크숍을 진행하면 교육 시간으로 볼 때 오전 1회, 오후 2-3회로 집단 프로그램을 구성하여 진행한다. 물론 단회기로 끝내거나 오후만 1-2회기, 또는 숙박을 하면서 하루 4회기까지 진행하는 경우도 있다. 프로그램의 구조는 집단의 목적, 기관의 의뢰, 예산, 교육 효과, 현실적 상황 등 여러 요소를 고려하여 제안되기 때문에 다양한 형태가 존재한다. 전문가가 프로그램을 의뢰받을 경우 현실적 상황에 맞게 구성하면서 최대의 프로그램 효과를 낼 수 있도록 기획하는 것이라면 그중 '집단' 요소는 중요 요소로 고려해야 한다.

집단에 참여하는 사람들의 인구학적 특징, 성별 구성, 나이, 프로그램 목적, 집단 상호작용에서 고려해야 할 특징들이나 프로그램 시간 등 집단을 운영할 때 집단 내 상호작용과 역동에 영향을 미칠 수 있는 요인들에 대해 세심하게 살피고 구조화 단계에 반영해야 한다. 예를 들어 학교폭력에 대한 교육 프로그램이라면 가해자와 피해자가 섞여 있는지, 참여 학생의 나이와 성별은 어떻게 구성되어 있는지, 자발적인지 비자발적 참여 집단인지, 기관의 의뢰 사유는 무엇인지, 현재 보이는 현실적 어려움이나 증상들은 무엇인지, 프로그램 시간은 어떻게 되는지, 프로그램 사전 준비와 사후에 참여 집단원들에게 일어날 수 있는 상황에 대한 이해와 사전 조치들은 필요하지 않은지 등 사이코드라마 사전 실행 사후 과정에서 프로그램의 긍정적 효과를 방해할 수 있는 요소들을 제거하거나 보완, 대체할 수 있는 점들을 준비하는 것 또한 전문가의 역량이라 할 수 있다. 그중 프로그램 회기 구성도 집단의 상호작용에 큰 영향을 주는데 단회기로 끝나는 집단보다 여러 회기를 진행하는 집단에서 좀 더 복잡한 현상이 일어난다.

본 사례는 전문가 교육 집단으로 일반 성인 집단이며 상담 역량 강화를 목적으로 하는 집단이다. 장기간 같은 구성원으로 반복적 작업이 가능한 구조로 기획되었다. 같은 구성원으로 장기간 집단이 운영될 경우는 회기 진행 후 집단의 변화되는 상호작용에 민감해야 한다. 사이코드라마가 끝난 후 주인공은 현실로 돌아가 생활하면서 자신의 경험을 의미화하며 새로운 생각과 감정들을 갖게 된다. 집단원들은 주인공의 사이코드라마에 동참하였고 그 과정에서 여러 자극에 노출된다. 실연을 끝낸 주인공은 어떤 경험을 하는지, 관객으로서 참여한 집단원들은 어떤지 그리고 그 모든 것들은 최종 집단응집력에 어떤 영향을 주고 있는지 살펴야 한다. 회기 진행 후 일정 기간이 지나 다시 모일 때는 지난 회기와 다른 집단 분위기에 놓여있다. 다음 회기까지 개별적으로 또는 그룹(하위 그룹) 내부지불식간 이루어진 집단의 언어적, 비언어적 상호작용은 미묘한 반향을 일으킨다. 때론 다른 구성원에게 촉진 자극이 되어 접촉하지 못했던 자신의 주제를 알아차리고 주인공으로 나올 수 있도록 돕기도 하지만 반대로 안전성이 훼손된다면 주인공 경험 욕구는 사그라들고 집단 작업에 대한 두려움과 불안, 갈등이 일어나기도 한다.

주인공 경험은 아주 강렬하다. 경험 후 주인공의 삶은 과거, 현재의 통합 과정을 치열하게 치르고 있지만 집단원은 주인공과 나눔을 하던 그 순간의 몰입된 공감을 여전히 같은 강도로 유지하고 있지 않다. 그런 상황에서 지난 회기에 대해 무심히 나눈 일상적 대화가 주인공에게는 자신의 삶을 대상화하여 평가하고 공감을 상실한 건조한 해석으로 전달될 수 있다. 이럴 경우 주인공 참여자는 뜨겁게 체험했던 집단의 지지나 나눔에 대해 그 진실성을 의심하고 주인공 참여에 대한 자신의 행동을 평가절하하는 등 부정적 이차 정서들이 생겨날 수 있다. 이렇게 숨겨진 집단의 역동은 다음 회기 운영에 복잡한 영향을 준다. 집단 역동의 부정적 상호작용은 다시 긍정적이고 서로에게 치유적 관계로 다시 '웜업' 되어야 한다.

집단에 참여한 사람들은 너무나 다양하다. 이 다양성이 집단에 위기를 가져오기도 하지만 이를 발견하고 집단에서 안전하게 다룬다면 오히려 집단 작업에 대한 신뢰감을 더욱 강화할 수 있다. 집단 구조가 안전하고 서로의 신뢰와 지지가 자유롭게 흐를 수 있다면 오히려 단회기 프로그램보다 여러 회기로 구성된 프로그램의 효과는 더 크다. 그런 까닭에 집단 역동을 민감하게 알아차리고 적절히 운영할 수 있는 디렉터 역량이 필요하다.

이 책 1장에 소개된 사례는 20여 명의 일반 성인 남녀가 여러 회기를 반복적으로 만나는 폐쇄 집단으로 사이코드라마 전문가 역량 발달을 목적으로 기획된 프로그램 중 6회기를 읽기 사례로 제시하였다.

집단은 발달 단계가 있는데, 집단의 구성-초기-과도기-작업-종결의 흐름을 갖는다(Corey & Corey, 2007). 총 12회기 구조를 집단의 발달 단계 관점으로 이해하면 다음과 같다.

첫째 달은 집단의 초기 단계로 주저함과 숨겨진 주제가 있고 신뢰감 형성, 목표의 확인과 명료화라는 회기 목표를 가지며 집단 구성원의 만남과 서로에 대한 워밍업이 이루어지는 단계라 할 수 있다. 집단원의 사회측정학적 만남, 사이코드라마가 갖는 극적 특성을 즐겁게 맛볼 수 있도록 역할 놀이와 자발성 훈련으로 웜업 후 사이코드라마를 진행하였다. 초기 단계의 안전감과 신뢰 관계 형성 그리고 사이코드라마의 극적 방식에 대한 저항감을 줄이기 위해 역할 놀이를 배치하였다. 역할 놀이는 제안된 인물로 들어가 간접적인 역할 경험을 할 수 있어서 사적 자기 노출에 대한 두려움이 큰 집단에서 진입 장벽을 낮추는 데 효과적이다. 또한 역할 놀이에 대한 즐거움을 경험할 수 있는 장점이 있고, 간접적이지만 자연스럽게 역할에서 묻어나는 구성원들의 특성을 역할 놀이 안에서 발견할 수 있다. 이러한 단서는 이후 사이코드라마와 연결되는 단서가 된다.

둘째 달은 집단의 과도기 단계로 첫째 달의 사이코드라마 경험에 대해 제출된 소감문을 중심으로 질문과 교육을 진행하여 사이코드라마에 대한 막연한 두려움에서 치료적 변화 요인을 이해하고 도전할 수 있도록 구조화하였다. 과도기의 집단은 여러 걱정과 망설임, 저항과 불안이 공존하는 단계이다. 사이코드라마에서 일어나는 현상에 대한 이해를 기반으로 비블리오드라마를 통해 은유적으로 개인의 주제를 접촉할 수 있도록 계획하였다. 본 사례는 과도기 집단 발달 단계였으나 집단의 불안감을 보완하는 주인공의 개인적 특성-높은 자발성, 이전 사이코드라마 경험과 본 집단에서 이루어졌던 5회기까지의 회기 진행이 긍정적으로 경험되었기 때문에 성폭력이라는 무거운 주제를 다룰 수 있었다고 판단한다.

셋째 달은 집단의 작업 단계로 집단이 안정화되면서 본격적인 작업을 시도할 수 있는 단계로 들어섰다. 사이코드라마의 강렬한 정서에 대한 이해를 중심으로 사이코드라마 2회기를 진행하였다. 워밍업 시간이 줄어들고 높아진 자발성으로 타인에게 집중되었던 시선을 자신에게 돌려 자기 작업과 집단 과정 참여에 적극성이 발현된다.

마지막 달은 집단의 종결을 맞는 단계이다. 본 집단 참여자들의 집단 참여 욕구는 자기 성장과 사이코드라마 전문가, 상담 전문가로서 발달에 대한 의지를 공유한 집단이다. 따라서 집단의 종결 단계에 자기 성장을 기반으로 한 전문가 발달의 동기 부여에 대한 목적을 이루고 변화 동기를 다지는 과정으로 종결의 의미를 두었다. 앞으로 나아갈 바에 대한 비전과 희망을 집단의 공통된 이슈로 보고 소시오드라마를 통해 전문가 발달에 대해 다루었다. 그리고 집단 성과에 대한 나눔과 이별에 대한 준비 및 행위 퍼포먼스를 통해 현실 세계로 돌아가 자발성과 창조성을 발휘하는 삶에 대한 희망을 고취하였다.

디렉터가 집단의 발달 단계에서 보여주는 집단응집력의 변화 흐름을 이해하는 것은 사이코드라마의 핵심 개념인 자발성의 발현과 변화를 민감하게 감지할 수 있도록 돕는다. 집단을 운영하는 리더로서의 디렉터는 집단을 이해하며 자신의 개입을 적절히 조절해 나가야 한다. 집단 작업에 대한 구성원의 응집력은 주인공 등장, 집단원의 역할 참여, 나누기 진정성 등 모든 과정에 치유의 깊이를 달리 할 수 있다.

위의 집단은 매월 1회(3회기) 워크숍 후 다음 달 워크숍 전까지 일어나는 참여자들의 변화와 복잡한 마음을 살피고 돌볼 수 있는 장점이 있다. 즉 집단이 단회기가 아닌 연속 집단으로 다음 달 프로그램까지 시간을 확보할 수 있었기 때문에, 이를 십분 살려 사이코드라마 마무리의 나누기 시간에서 하지 못한 미해결 마음들과 현실의 변화 현상을 치유적으로 확장해 나갈 수 있다. 전 월에 있었던 경험에 대한 인지적 이해를 도울 수 있는 교육이나 피드백, 새로운 행위에 대한 의미화 작업은 다음 단계의 작업을 깊게 들어갈 수 있도록 돕는다.

사이코드라마를 막 끝낸 주인공은 아직 현실 세계로 온전히 돌아온 것을 실감하지 못하는 상황이 종종 발생한다. 사이코드라마의 나누기 단계는 집단원들이 들려주는 보편적인 아픔의 공감, 주인공에 대한 수용과 이해, 공감을 나눈다. 따라서 담화적 집단 상담에서 충분한 시간을 가지고 대인관계적 갈등이나 성격적 부딪힘, 자기 이해 등을 타인과 도전하고 직면하며 서로 피드백하는 방식의 접근을 짧은 사이코드라마 나누기 단계에 도입하는 것은 무리가 있다. 집단원 앞에서 홀로 자신을 모두 노출한 주인공은 자신을 다시 보호하고 방어할 수 있는 자아 상태로 돌아오는 시간이 필요하다. 따라서 본 집단의 구조를 잡을 때 단회기의 사이코드라마 마무리 단계의 나누기는 수용, 공감, 나눔 정도의 접근으로 회기를 마무리하였다. 그리고 한 달의 시간을 보낸 후 다시 만난 오전 회기에 미진했던 나누기와 궁금증을 인지적으로 해소할 수 있도록 과정 정리, 요약, 교육 등의 시간을 따로 배치하였다. 이러한 구조는 4번의 만남이 가능했던 본 프로그램의 과정에서 사이코드라마 집단의 효과성을 더 높일 수 있었던 구조화 예시라 할 수 있겠다.

2 사이코드라마 과정 이론

Hollander(Carl E. Hollander, 1969)는 「홀랜더의 사이코드라마 커브(Hollander's curve of psychodrama)」에서 워밍업(warming up), 행위화(enactment), 통합(integration)의 3단계로 사이코드라마 현상을 설명하였다.

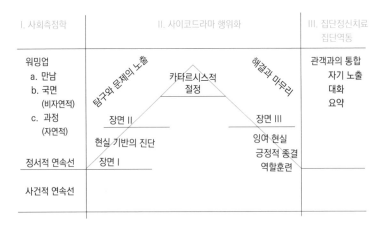

Hollander의 사이코드라마 커브(1969)

Hollander는 a.만남-나 자신과의 만남, 나와 집단 구성원과의 만남-에서 b.(워밍업)국면-자발성 측정, 신체를 활성화할 수 있는 게임이나 운동 등 의도적으로 상호작용을 촉진하여 c.과정- 앞의 워밍업 흐름을 통해 집단원 간 자연적으로 생기는 사회측정학적 관계에서 집단의 욕구가 확인되고 주인공이 등장한다. Moreno는 워밍업을 '자발성의 조작적인 표현(Moreno, 1953)'이라고 하였으며, 오래된 상황에 대한 새로운 반응과 새로운 상황에 대한 적절한 반응이라 하였다. 집단이 처음 만나 낯설고 서로에 대해 긴장이 되어 있는 상황에서는 집단원의 자발성 발현이 억제된다. 따라서 디렉터는 의도적인 워밍업 활동을 제공하여 낯설고 위축되는 (오래된) 상황에서, 처벌과 비난 없이 자신의 삶을 실험적으로 도전하고자 주인공으로 나서는 새로운 반응을 위해 워밍업 단계를 거친다.

사이코드라마 행위화 단계에서는 주인공이 등장하여 자신의 사적 이야기를 장면으로 풀어낸다. 처음은 현실에 기반한 장면으로부터 출발하여 문제를 노출하고 탐구한다. 더 나아가 주인공의 핵심 경험을 풀어 카타르시스 절정에 이른 후 해결과 마무리 과정으로 넘어간다. 장면을 통해 주인공의 잉여현실이 실현되고 긍정적 종결, 역할 훈련을 통한 자기 확장을 꾀한다.

관객과의 통합을 이루는 세 번째 단계는 자기노출, 대화, 요약으로 집단정신치료, 집단 역동 관점에서 집단원들이 나누기(sharing), 집단의 대화와 토론, 요약의 경험을 하는 단계로 사이코드라마 과정의 여러 경험과 감정들을 집단이 함께 나누고 의미화하며 자신의 경험을 이해, 정리하는 단계로 볼 수 있다. 사이코드라마 진행은 대부분 이러한 3단계-워밍업(준비단계), 행위화/실연(행위 단계), 나누기(마무리 단계)의 구조에서 주인공의 정서, 인지, 관계, 행위의 변화와 체현을 꾀한다.

3 워밍업 단계 디렉팅

본 사례는 기초 워밍업으로 신체의 이완과 마음의 안전감을 확보하는 간단한 신체 활동 후 주인공 참여에 대한 집단원의 자발성을 사회측정학의 방법 중 스펙트로그램으로 측정하였다.

〈활동1〉 기초 워밍업

- 신체 스트레칭, 목소리 내어보기, 긴장된 몸 이완시키기
- 천천히 걸으며 지금-여기 공간에 집중하고 집단원 관계 맺기
- 소시오메트리 척도 질문으로 집단의 상태 확인

〈활동2〉 사회측정학-스펙트로그램

척도 질문: (자발성 측정) 몸과 마음의 상태는 어떠신가요? 이제 바닥에 이 공간을 가로지르는 가상의 선이 이렇게(디렉터는 바닥 선을 걸어 보여줌) 지나가고 있습니다. 시작점이 0점, 가운데 50점, 제가 선 여기를 100이라 한다면, 지금-여기 사이코드라마 주인공으로 참여하고 싶은 몸과 마음의 상태는 몇 점인지 그 위치에 가서 서 보시겠어요?

디렉터는 사회측정학적 기법 중 스펙트로그램을 활용해 지금-여기의 집단원의 상태를 점검하였다. 스펙트로그램은 위의 예시처럼 바닥에 가상의 선, 스펙트럼을 따라 좋아하는 것이나 느낌의 정도를 표현하는 것인데, 스펙트로그램의 결과 집단 구성원의 70% 정도가 50점 아래에 포진되는 것을 확인할 수 있다. 집단의 자발성을 저해하는 요인이 무엇인지 파악하기 위해, 각자의 위치에서 자신이 준 점수는 몇 점이고 그 이유는 무엇인지 집단에게 자신을 노출할 수 있도록 하였다. 이때 디렉터는 상황을 살피며 자신을 노출하거나 하지 않을 수 있다는 자기 선택권에 대한 경험을 위해 디렉터가 지목하거나 전부 의무적으로 나누기보다 자발적 참여자를 기다리는 편이 좋다.

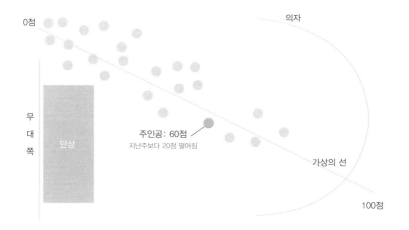

D(디렉터): 자신의 점수는 몇 점인지, 왜 그런지 나눠주실 분 있으신가요?

구성원A: 50점이고요. 어제 잠을 잘 못 자서 몸이 피곤해서 50점이고요, 그래도 사이코드라마에 대한 기대가 있어 50에 섰습니다.

구성원B: 저는 사람들 앞에서 연기하는 것이 부담스럽습니다. 하지만 관객으로 열심히 참여하겠습니다. 점수는 30점.

구성원C: 80점입니다. 사이코드라마에 대해 관심이 많았고 그래서 기대가 됩니다.

몇 명이 이야기를 하는 동안 집단원들의 반응을 잘 관찰한다. 어떤 나눔에 동조하고 있는지, 공감하는 이슈와 이를 표현하는 방식에 대해 디렉터가 민감하게 알아차리고 이후의 집단 과정에서 일어날 수 있는 상황들에 대해 '~일 수 있다'는 가설을 유추해 볼 수 있겠다.

또한 집단의 언어적, 비언어적 표현에 집중한다. 스스로 가상의 선에 몸을 움직여 배치해 나갈 때 누가 먼저 움직이는지, 어떤 사람을 중심으로 대화가 이루어지며, 대화체에서 풍기는 관계 방식, 무리를 짓는지 홀로 서 있는지, 선택과 결정에 있어서 타인의 말이나 행동을 어느 정도 반영하는지, 집단원 간의 거리, 자발적 자기 노출 등 짧은 시간에 무심결에 노출되는 많은 관계 단서들을 잘 포착하고 보유한다. 본 사례에서 확인된 집단원들의 이슈는 사이코드라마 주인공에 대한 두려움, 극적 방법에 대한 부담감, 정서 표현에 대한 두려움, 현재 피곤한 몸의 상태 그리고 다른 집단의 부정적 기억 등이 노출되었다.

5명 정도가 60점 이상이며 계속 진행할 경우 주인공이 나올 수도 있다. 그러나 집단의 분위기가 관찰자의 역할에 머물고 싶어 하는 경우, 그 집단 앞에서 자신을 노출하는 것은 주인공에게도 안전하지 않다. 척도 질문을 통해 드러난 집단의 상황은 사이코드라마의 극적 방법에 대한 부담감, 정서 표현에 대한 두려움, 집단 내 자기 노출에 대한 부정적 기억이 집단의 참여 자발성을 떨어뜨리고 있음을 알 수 있으므로 이를 개선할 수 있는 워밍업을 시도하였다.

〈활동3〉 색깔 연상으로 만나기

디렉터 개입 타인에게 공감받는 경험을 제공하여 집단에 대한 신뢰를 높이고 노출에 대한 저항을 낮춰, 역할 놀이에 대한 구성원들의 행위 자발성 올리기

진행 (디렉터) 여러 개의 빈의자에 다양한 색의 천을 하나씩 씌움.

눈을 감고 '나의 마음'에 집중해 봅시다. 나는 지금 어떤가요? 떨리기도 하고 설레기도 하고 부담스럽기도 하고 다양한 마음일 수 있습니다. 그렇다면 그 마음에서 지금보다 단 1점이라도 마음이 편안해지거나 에너지가 올라가거나 긍정적인 쪽으로 영향을 줄 수 있는 것을 떠올려 보세요. 그리고 떠오른 그것과 유사한 색깔의 천이 씌워진 의자를 찾아 이동해보세요.

▶ (이동 후) 왜 자신은 거기에 섰는지 그 색은 무엇을 상징하는지 잠시 이야기 나누어 보겠습니다.

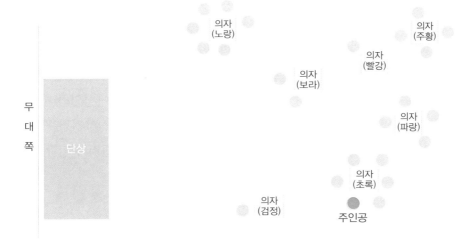

- 구성원1 : 저는 빨간색을 원래 좋아합니다. 운동화도 빨간색인데 빨간색은 저에게 열정을 생각나게 합니다.
- 구성원2 : 노란색은 따뜻함을 연상시켰습니다. 좋아하던 여행을 못 가고 있는데 따뜻한 해변에 늘어지게 누워있고 싶습니다.
- 구성원3 : 넓은 바다를 바라보고 싶습니다. 파란색은 저에게 제 이야기를 다 들어주는 바다를 떠올리게 했습니다.
- 구성원4 : (주인공) 연두색은 파릇파릇한 나뭇잎입니다. 숲을 걸으면 제 마음이 편해지고 에너지가 찹니다.
- 구성원 5 : 보라색은 제게 치유의 색입니다. 뭔가 잘 설명할 수 없는데 보라색이 저에게 그런 느낌을 줍니다.
- 구성원 6 : 주황색은 왠지 모르게 에너지를 줍니다.
- 구성원 7 : 검정색은 지금 제 마음인데요, 그냥 조용히 있고 싶은 마음? 침묵?

사례는 색을 촉진 매체로 활용하여 긍정적 정서를 의도적으로 연합하여 연상된 것을 집단원과 나누는 자기 노출 경험을 의도하였다. 색은 사람들의 심상을 자극하고 자신의 경험 안에서 상징화된 이미지를 접촉시킬 수 있다.

색채심리는 대뇌 전체의 작용으로 발생하는 지각된 이미지와 정서적 감정을 통합한 것으로, 환경과 경험의 영향으로 날씨, 풍습이나 관습, 종교, 민족, 국가마다 다르고 개인마다 다르기도 하지만 이러한 제한을 넘어 공통되는 색에 대한 느낌, 즉 보편적 정서를 바탕으로 한 색채의 의미도 있다(정은주, 김정훈, 2015).

필자의 경우 사이코드라마 워밍업에서 색을 사용하는 것은 구성원의 개개인을 분석하고 진단하기 위한 것이 아니라 색에 대한 개인의 고유한 경험을 노출하면서도 색이 주는 보편적 정서를 타인과 자연스럽게 공유하면서 친밀감을 느낄 수 있기 때문이다.

사례의 그룹별 나누기에서 볼 수 있듯이 노란색의 태양과 따뜻함, 연두색의 숲과 편안함, 파란색의 바다와 넓고 수용적 느낌, 보라색의 치유와 특별함, 주황색의 에너지는 개별적이면서도 보편성을 갖는다. 또한 그룹의 결속을 보면 1인이 선택한 빨간색과 검은색의 경우 색이 주는 의미뿐만 아니라 집단에서 개별적으로 고립되거나 분리되어있는 상황도 함께 확인할 수 있는데 집단 리더자가 관계 측면에서 유념해야 할 지점이기도 하다(이후 집단 프로그램 과정에 빨간색을 선택했던 집단원은 분노의 감정에 대한 이슈, 검은색을 선택했던 집단원은 두려움에 대한 이슈를 보고하였다). 소그룹 나누기를 할 때 2인이 되지 않는 경우 그들을 다시 그룹으로 묶어 나눔할 수 있도록 해야 한다. 사례에서는 빨간색과 검은색을 선택한 집단원이며 집단이 친밀해지는 과정에서 소수자라 하더라도 소외되지 않도록 한다. 또한 소그룹이 너무 큰 경우는 같은 주제의 소그룹을 다시 그 안에서 나누어 집단 전체의 나누기 시간이 비슷해지도록 배치할 필요가 있다.

사례의 주인공은 연두색을 선택하였다. 마음이 편해지고 에너지가 찬다는 나누기를 하였고 집단의 나눔을 보면 쉼, 치유, 들어줌(말하고 싶음)이라는 심상을 연상하는 것을 볼 때 주인공의 자발성을 느낄 수 있고 집단은 만남을 통해 자신을 타인에게 노출하면서 관계를 맺어가고 있음을 알 수 있다.

대부분 워밍업은 신체와 마음의 이완을 돕는 활동을 위주로 진행된다. 만남이 이루어진다는 것은 나와 다른 것에 열려 있어야 한다. 시선을 들어 관심의 대상을 바라보고 마음으로 느끼며 상호작용을 한다. 사람마다 만남을 위한 자기 개방 속도가 다르고 상호작용을 시도하는 방식도 다르다. 다르다는 것 자체가 낯설고 두려운 것이 아니라 호기심과 새로움에 대한 도전이 되도록 해야 한다. 그러기 위해서는 닫힌 몸과 마음의 경계와 긴장을 풀 수 있도록 몸의 스트레칭과 가벼운 움직임으로 시작할 수 있다.

몸과 정서는 긴밀하게 연결되어 있다. 주먹을 들어 상대를 때리는 포즈를 취하면 그 동작과 연결된 정서와 상황이 떠오른다. 의자에 앉아 몸을 늘어뜨리고 심호흡을 한다면 앞의 반응과 다른 느낌과 정서가 묻어날 것이다. 이렇게 몸은 정서를 동반하는 기억을 가지고 있기 때문에 몸을 충분히 웜업하면서 자연스럽게 자신을 표현하고 드러내는 것에 대한 경계를 풀 수 있다.

또한 집단원의 긴장이 어디에서 기인하는지 살펴 해소될 수 있도록 적절히 제안한다. 공간이 낯설다면 공간을 천천히 돌아다니며 자신을 둘러싼 공간의 구조와 분위기를 만난다. 이를 사회측정학의 기법 중 밀링(milling)이라 하는데, 사회측정학적 선택과 결합하여 집단을 웜밍업하는 데 쓰인다. 낯선 사람들을 만나는 과정을 단계적으로 조금씩 밀도를 높여가도록 만날 수 있도록 한다. 처음은 공간을 돌아다니다 만난 사람과 가벼운 목례를 하고 조금 더 공간을 걸어다니다 만난 사람과 눈인사를 하고 그다음은 하이파이브, 악수와 같은 신체 접촉 인사로 조금씩 만남의 밀도를 높여나가는 것이다. 몸 움직임의 크기도 간단한 손동작에서 몸 전체의 움직임으로 확장해 나간다거나 움직임의 속도를 다양한 방법으로 조절하며 재미를 더할 수 있다. 만남이 이루어지면 마주하여 '나와 너'의 상호작용으로 나아간다. 간단한 게임이나 인터뷰를 통해 내가 만난 상대에 대해 알아가는 2인 놀이에서 그룹의 크기를 조금씩 키워가며 협력적 상호작용 경험으로 나아간다.

웜밍업 단계는 불씨로 남아있는 자발성에 바람을 불어 생기를 살리고 불을 지펴가는 과정이다. 불씨를 키우는 방법이 다양한 것처럼 웜밍업 또한 스트레칭, 움직임, 동작, 춤, 게임, 연극 놀이, 미술, 음악, 역할극, 소리, 노래, 시, 글쓰기, 사진, 심상 기법 등 그 방법은 우리의 창조성을 발휘하면 무궁무진하다. 웜밍업은 집단을 안전하게 느끼도록 돕고 몸의 이완과 마음의 개방을 통해 사이코드라마 실연 단계의 주인공 출현 가능성을 높이고 집단이 공동 창조자로 참여할 수 있도록 연결감을 높인다. 하지만 웜밍업 프로그램은 다양할 수 있으나 무엇이 더 효과적인 접근이었는지 평가 가능하다.

워밍업 프로그램의 목적은 집단 자발성을 끌어올리는 것이다. 그러기 위해서는 지금-여기의 집단 상황과 상호작용 반응을 민감하게 알아차리고 개입 방식을 선택해야 한다. 매 순간 현장 상황에 최적화된 상태로 반응하기 위해서는 디렉터의 창조성이 필요하다. 초심자일 때는 워밍업 프로그램을 미리 계획하여 준비해 가는 경우가 많다. 그러나 그 준비된 프로그램이 정작 현장 상황에 적절치 않음에도 계획대로 실행하기 위해 프로그램을 운영하여 집단의 자발성이 떨어지는 경우도 발생한다. 때로는 워밍업이 전체 활동인 것처럼 놀이와 퍼포먼스로 사이코드라마 실연 시간까지 소진해버리는 주객전도 상황을 만드는 실수를 저지르기도 한다. 이것은 사이코드라마에서 워밍업이 가지는 의미를 이해하지 못하거나 사이코드라마 실연에 대한 두려움으로 디렉터가 실연 단계로 넘어가는 것에 무의식적으로 저항하는 행위일 수도 있다.

워밍업은 주인공을 선정하고 행위화 단계로 들어갈 수 있도록 촉진하는 단계라는 것을 기억하자. 앞선 워밍업 〈활동1〉은 위축되어 있는 집단의 긴장을 낮추기 위해 긍정성을 연상하도록 색을 도입하였고 비슷한 것을 연상하는 그룹끼리 대화를 통해 유사함에서 오는 동질성과 공통점을 공유하였다. 이는 서로의 연결감을 향상시킨다. 또한 집단원 개개인의 특성을 이해하면서 서로에 대한 다름을 존중할 수 있도록 차이를 드러내었다. 소그룹 나누기도 자신이 하고 싶은 만큼 노출하고 발표 순서나 나누기 정도도 집단원이 선택한 방식을 있는 그대로 존중한다. 이는 참여에 대한 기준을 강요하지 않을 것이라는 메시지를 체험함으로 집단의 안전감을 조성하였다.

〈활동4〉 2인 역할 놀이

워밍업은 사이코드라마의 극적 방식과 강렬한 정서의 드러남에 대한 두려움을 해소하고 자발성을 높이고자 2인 역할 놀이를 진행하였다.

디렉터 개입 옆에 있는 분과 짝지어 보세요. 요즘 어떻게 지내고 있는지 5분 정도 서로 대화를 나누도록 합니다. 상대방이 하는 이야기를 들으며 현실적으로 대처하고 있는 모습 이면에 드러나지 않은 진짜 마음이 무엇일까 공감하며 들어주세요.

진행 2인 짝짓고 서로의 이야기를 들어줌 → 가위바위보 → 이긴 사람 역할
선택 ①속마음 역할 또는 ②주인공(나) → 진 사람은 이긴 사람이 선택
하지 않은 역할 자동 부여 → 2인 역할 놀이(주인공은 자리에 앉음. 속마음
역할은 주인공의 숨겨둔 마음이 되어 독백하기) → 디렉터가 2인 역할극에 개
입하여 확장하기

▶ 역할을 바꾸어 같은 방법으로 발표

▶ 모든 팀의 발표 후 전체 소감 나눔

역할 놀이에 대한 참여자들의 부담을 즐거움으로 해소하고 자발성을 높이기
위해 짝 활동의 발표 순서를 정하는 규칙에 약간의 놀이 요소를 가미하였다. 가
위바위보 활동은 우연성과 원하는 것을 얻을 수 있는 동등한 확률에 대한 설렘
을 준다. 이긴 사람이 발표 순서를 정하도록 한 점은 이긴 사람이 자신의 자발성
에 따라 역할을 선택하는 연습이라 할 수 있다. 이긴 사람은 정해진 순서를 부여
받는 것이 아니라 스스로 선택하고 결과에 맞닥뜨리는 주체의 역할을 한다. 자
발성이 타인의 의도로 키워질 수 있을까라는 의구심이 들 수 있으나 타인, 즉 디
렉터는 집단원이 자발성을 발휘할 수 있는 경험 자체를 제공하는 기획 과정에
서 그 의도를 가진다. 자발성은 주어지는 것이 아니라 자발성을 발휘하는 경험
에서 채워진다.

2인 역할 놀이는 사이코드라마의 즉흥 실연에 대한 부담과 '연기를 잘해야 한
다'는 지각을 수정할 목적으로 제안하였다. 우리는 어렸을 적 누구나 소꿉놀이를
하며 엄마 아빠를 연기하던 기억이 있다. 소꿉놀이는 누구에게 보여주기 위한 행
위가 아니라 자연스럽게 역할을 맡고 시연하고 변형하며 즐기는 창조자의 놀이
다. 만약 내가 그 사람이라면(as-if) 했을 법한 역할-자연스럽게 떠오르는 생각과
감정, 그리고 행위 욕구를 표현한다.

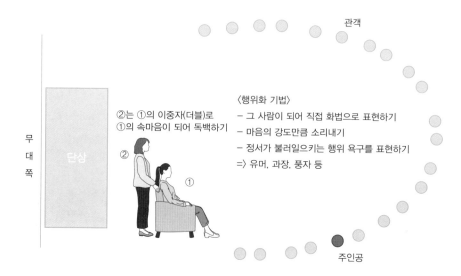

〈행위화 기법〉
– 그 사람이 되어 직접 화법으로 표현하기
– 마음의 강도만큼 소리내기
– 정서가 불러일으키는 행위 욕구를 표현하기
 ⇒ 유머, 과장, 풍자 등

②는 ①의 이중자(더블)로
①의 속마음이 되어 독백하기

진행 예시

D(디렉터): 상대의 이야기를 잘 들으셨지요? 내가 만약 짝꿍이라면 어떤 감정을 느끼고 있을까요? 그리고 그 감정은 누구와의 상호작용으로 생긴 것일까요?

②: (①의 마음을 떠올리며) 직장 상사에게 화가 나 있는 것 같습니다.

D(디렉터): (빈의자를 앞에 두고) 그 사람이 이 의자에 앉아 있다고 생각하고 ①의 속마음이 되어 그 강도가 드러나도록 (빈의자를 두드리며) 상사에게 말씀해주세요.

②(①의 속마음 역할): 야! 진짜 너무 하는 거 아냐? 한두 번도 아니고, 내가 그렇게 만만해? 내가 호구로 보이지?

①: (앉아서 ②가 대신 표현해주는 대사를 듣고 있음) 얼굴이 상기되고 굳어짐.

D(디렉터): (몸의 표현에 집중, 호구라는 단어에서 ①의 얼굴이 상기되는 것을 관찰함/더블 기법으로 ②의 감정을 공감함) 내가 만만하게 보이나? 호구인가? 화가 느껴지셨군요. 화는 어느 만큼일까요? 느껴지신 강도만큼 함께 소리 한번 질러 볼게요.

①②: (함께) 야~~~~~~~~~~~~~~~~~~~

D(디렉터): 바타카를 두드릴 수 있게 빈의자를 앞에 가져간다.

①②: (함께) 야~~~~~~~~~~~~~~~~~~~~~~ 의자 두드리기

⭐ 역할을 바꾸어 같은 방법으로 발표

①(②의 속마음 역할): 엄마가 방문 그렇게 닫지 말라고 했지! 사춘기가 무슨 유세야? 말대답 따박따박 지가 혼자 다 큰 줄 알아 이그! 이럴 땐 꼭 지 아빠 닮아서~~

②: (앉아서 ①이 대신 표현해주는 대사를 듣고 있음) 지 아빠 닮았다는 대사에 피식 웃는다.

D(디렉터): (앉아 있는 ②에게 다가가) 아이고, 피식 웃음이 나셨네요. (② 다시 웃음) (①을 보며) 속마음님! 아이에게 속상하신 거예요? 남편님께 속상하신 거예요?

①: 말하다 보니 아이가 아니라 남편이 꼴 보기 싫네요.

D(디렉터): 그렇죠? 빈의자에는 남편님이 앉아 계십니다. (②를 보며) 직접 말씀하실 수 있습니다.

②: (자리에서 일어나며) 아, 그럼 제가 직접 할게요. (집단원 웃음)

②: (빈의자를 보며) 당신이 나에게 함부로 하니까 아이가 저렇게 버릇없게 굴잖아! 맨날 술 먹고 늦게 들어오고. 아이는 나 혼자 키우냐!

D(디렉터): (집단원을 보며) 아이고, 독박 육아에 힘드신 동네 사람들~ 이런 마음을 나도 경험해 본 적이 있다고 하시는 분들, 우리 함께 대나무 숲으로 가 볼까요? 임금님 귀는 당나귀 귀다~ 속풀이 하듯이 내 맘대로 안 되는 가족들 사이에서 화병 난 마음들 이곳에 털어봅시다. 크게 외쳐주세요~

집단원 일동: 야~~~~~~~~~~~~~

⭐ 모든 팀의 발표 후 전체 소감 나눔

직장 동료와의 갈등, 가족 갈등, 부부 싸움, 대인관계와 성격, 시대 문제, 결혼 문제, 학업에 대한 불안과 부담, 앞으로의 진로 고민 등 다양한 에피소드 등장

더블 기법을 활용한 역할 놀이는 집단에서 확인된 극적 활동과 정서 표현에 대한 두려움을 해소한다. 많은 현실적 이유에서 미루고 억누르고 숨겨왔던 내 마음을 극적 방법으로 표현하기 위해서는 도전 용기가 필요하다. 자기 스스로 자신에 대해 말하는 것이 쑥스럽고, 부정적 정서인 경우는 타인을 나쁘게 말하는 것 아닌가 하는 걱정, 내가 너무 감정적인가 하는 검열로 표현에 대한 저항이 있다. 하지만 타인이 이런 내 마음을 대신 표현해 준다는 것은 내가 이상한 것이 아니구나 하는 위안, 나를 위해 애쓰는 상대방의 노력에 대한 고마움, 내가 그랬나 하는 깨달음, 웃음과 재미를 선사한다. 반대로 공감하는 역할을 하는 사람은 타인의 마음을 공감하는 것이 쉽지 않다는 깨달음과 동시에 공감하는 역할을 놀이 안에서 훈습한다.

역할 맡기와 역할 시연에 대한 연습은 실연 단계의 극적 표현에 대한 부담을 낮춘다. 디렉터는 워밍업 다음의 사이코드라마 실연 단계에 대한 집단의 준비 상태를 촉진하기 위해, 2인 역할 놀이 과정에 간단한 기법을 활용하여 촉진 개입을 하였다. 한 장면 정도의 짧은 극을 통해 앞으로 진행될 사이코드라마 실연이 무엇인지 안내하는 효과도 고려하였다. 특히 감정 표현을 위해 사용하는 바타카-신문지를 말아 테이프로 마감하여 만든 방망이, 빈의자에 감정을 두드리며 표현하는 도구로 뽕망치, 말랑한 스펀지-를 풍자와 해학으로 풀어내어 소품 활용에 대한 거부감을 줄일 수 있다.

2인 역할 놀이에서 디렉터가 적절하게 개입하여 장면을 확대, 몰입하는 경험을 제공하는 것은 타인에게 공감받는 경험을 통해 집단원을 연결시키고, 역할 놀이에 대한 즐거움을 체험하여 사이코드라마의 실연 과정에 대한 기대감을 높였다. 연기가 아니라 역할 행위를 하는 동안 부지불식간에 빠져드는 자신을 알아차리며, 사이코드라마의 극적 방식이 누구나 할 수 있는 방식임을 몸으로 체험한다. 이렇게 워밍업 과정은 집단원이 사이코드라마 주인공을 도전하고자 하는 자발성을 향상시킨다.

두 번째 단계인 실연 단계는 주인공이 출현하고 주인공의 이야기가 드러난다. 디렉터는 주인공이 들려준 이야기를 지금-여기 현장에서 즉흥적으로 극화하여 펼쳐간다. 즉흥극을 통해 주인공은 인지, 정서, 신체의 분리된 작업이 아닌 하나의 유기체로 통합적 경험을 해 나가며 자신의 진실을 펼친다. 실연 과정에서 주인공은 클라이맥스를 향해 나아가고 정점을 지나 카타르시스를 느끼며 해소와 통합의 작업을 해낸다. 사이코드라마의 실연 단계는 디렉터의 구현 역량이 매우 중요한 단계로 주인공은 사이코드라마를 통해 변화한다. 그리고 그 변화는 주인공뿐만 아니라 함께한 집단원까지 자발적이고 창조적 삶으로 나아갈 수 있어야 하기 때문에 디렉터는 실연 과정을 유의미하게 이끌어야 한다.

그러기 위해서 디렉터는 지향하는 사이코드라마를 구현하는 절차적 지식을 갖추어야 한다. 절차적 지식은 몸에 밴 습관처럼 암묵적으로 작동하는 지식이다. 디렉터의 절차적 지식은 주인공이 사이코드라마를 경험하는 과정 동안 치유적 요인을 어떻게 상호작용시켜 유의미한 결과를 도출하는지 아는 것과 더불어 극적 상황으로 구현하는 역량이다.

주인공의 사이코드라마 경험 과정

김주현과 이지연(2014)은 주인공의 사이코드라마 경험을 근거이론으로 연구하여 사이코드라마 경험 과정에 대한 패러다임 모형을 도출하였다. 치유적 변화를 보인 주인공이 경험한 사이코드라마는 어떻게 펼칠 수 있는 것인가에 대한 이론 모형이다. 주인공이 변화된 사이코드라마의 중심현상은 '몸으로 나를 펼쳐 실현하는 것'이며 이를 위해 인과적 조건, 맥락적 조건, 중재적 조건, 상호작용 전략이 영향을 주어 주인공 경험의 결과에 이른다. 본 사례를 주인공의 관점에서 패러다임 모형으로 풀어 설명한다면 다음과 같다.

패러다임 모형

〈인과적 조건〉
- 주인공의 자발적 참여
- 자기 노출
- 집단을 믿음
- 디렉터를 믿음

〈맥락적 조건〉

- 디렉터와의 인격적 만남
  디렉터의 지지와 공감
  디렉터의 주인공에 대한 관심
  디렉터의 이해
  디렉터의 수용
  디렉터에 대한 믿음
  디렉터의 존중
  디렉터의 역량
  디렉터의 성격 특성
  디렉터의 진실성

- 집단응집력
  집단원의 지지와 함께함
  보편성
  집단원의 보조자아 참여
  긍정적인 집단 나누기

〈중심현상〉
- 몸으로 펼쳐 나를 실현함
  몸의 감각과 움직임으로 경험함
  몸의 에너지를 원 없이 표현함
  몰입되어감
  자신의 Want를 실연함

〈중재적 조건〉

- 지금-여기 몰입
  지금-여기 몰입
- 놀이
  재미를 느낌
- 정화
  감정정화

〈작용/상호작용 전략〉
- 행위통찰
  행위 중에 통찰이 일어남
- 워밍업의 촉진작용
  워밍업의 촉진작용
- 다양한 기법 적용과 실연
  역할교대
  장면실연
  거울기법
  더블기법

〈결과〉
- 성장과 변화가 생김
  객관적 시각을 가짐
  자기이해
  자기자각
  새로운 시각을 갖고 현실에서 알아차림
  드라마 후의 몸의 긍정적 변화
  자기수용

주인공의 사이코드라마 경험 과정에 대한 패러다임 모형(2014, 김주현, 이지연)

○ **주인공 선정** ○

> **D:** (중략) 주인공을 하고 싶은 분이 있으시면 이 의자(무대에 빈의자 3개)로 나와 앉아 주시기 바랍니다. (10여 초의 집단 침묵, 고개를 숙이거나 집단을 둘러보는 다양한 비언어적 표현들이 관찰됨)
>
> **P:** (결심한 듯 걸어 나와 앉음)
>
> **D:** 또 있으신지 잠시 기다리도록 하겠습니다. (추가 희망 없음) 자, 그러면 먼저 나오신 선생님을 주인공으로 드라마를 진행하도록 하겠습니다.

인과적 조건은 '현상'을 발생시키거나 발달하게 하는 데 영향을 미친 사건이나 변수들을 의미하며, '현상'의 직접적인 원인이 되는 조건이다(박승민 외, 2012). 주인공이 몸으로 펼쳐 나를 실현하는 사이코드라마는 집단과 디렉터에 대한 신뢰 관계가 형성되고 주인공이 자발적으로 참여하여 자신을 노출하는 것으로 시작된다. 모든 치유적 과정의 기본으로 상담자와의 관계 형성이 필수이듯 사이코드라마에서도 집단 치료 과정으로서 집단원에 대한 믿음, 디렉터에 대한 믿음이 요구되며 이를 바탕으로 자발적 주인공의 참여가 이루어진다.

○ **주인공 경험 일지** ○

> 아… 얼마나 기다렸던 순간인지 모른다. 나의 이야기를 정리하며 어디서부터 다시 잡아야 하는지, 많은 시간이 걸렸다. 처음 사이코드라마를 접한 뒤 밀려오는 허망함에 힘들었다. 내가 하려는 것이 맞는 것인지에 대해 자신에게 계속 되뇌었다.
>
> 주인공을 하기 위해 많이 생각했다. 내가 이 집단을 믿고 어디까지 오픈을 해야 될지, 그냥 묻어둘지, 가만히 있을지를…… 하지만, 나에게 꼭 한 번은 넘어야 할 산이었다. 이 기억을 박살 내야지 내가 살 것 같았다. 디렉터를 믿고 따르기로 결심하고, 아침부터 상기된 나의 얼굴을 보며 계속 다짐했다. '이 집단은 날 충분히 이해할 거야. 여기서부터 시작하자, 그동안 잘 버텼으니 이제 물꼬를 트자, 나 자신을 믿자.' 처음 말 한마디 시작하기 어려웠다.

주인공의 경험 일지에서 보듯 자발성이 높은 본 사례의 주인공도 주인공으로 걸어 나올 때까지 망설임과 깊은 고민이 있었다. 디렉터가 사이코드라마 실연의 첫 단계인 주인공의 출연을 위해서 워밍업 과정에 공을 들여야 한다. 자신의 절실함을 인식하도록 돕고 지금-여기 망설임에도 불구하고 주인공으로 나올 수 있도록 하려면 자신의 절실함과 만나야 한다. 주인공의 용기는 디렉터에 대한 믿음, 집단원에 대한 신뢰를 바탕으로 발현된다. 디렉터가 집단 운영에서 보여준 태도, 존중과 배려, 공감과 이해, 믿고 맡길 수 있는 전문성 등 전인격적으로 면면히 작용한다. 집단에 대한 신뢰는 워밍업 프로그램을 통해 집단 구성원들이 서로에게 지지적이고 협력적이며, 함께 도전하는 과정에서 진솔하게 나누는 진정성이 체험될 때 형성된다. 따라서 디렉터는 주인공이 출연할 수 있도록 인과적 조건, 즉 주인공이 자신의 절실함과 닿을 수 있고, 자신을 집단 앞에서 안전하게 노출할 수 있는 신뢰가 체험되는 만남이 이루어져야 한다.

맥락적 조건: 디렉터와 인격적인 만남 및 집단응집력

맥락적 조건은 '현상'에 영향을 미치는 특별한 조건이나 현상이 나타나는 구체적인 상황을 의미하며(Stauss & Corbin, 1998), 매우 광범위하게 현상에 미치는 일종의 가족, 사회, 문화적 배경 또는 맥락을 의미한다(박승민 외, 2012). 주인공의 사이코드라마 경험 과정에서 맥락적 조건은 디렉터와 인격적인 만남과 집단응집력이 분석되었다.

◦ 주인공 경험 일지 ◦

나를 위해 기꺼이 시간을 준 집단원들에게 고맙다. 어찌 보면 상관없는 이에게 시간을 쏟는다는 것은 귀한 일이라 생각한다. 무엇보다도 이야기하기 힘든 걸 꺼내놓도록 해준 디렉터님께 감사하다. 이분이 남자였다면 가능했을까? 끝난 뒤 누워있는 나의 손을 따뜻하게 잡아준 이가 누구일까 궁금했는데, 디렉터여서 한 번 더 놀랐다. 너무 눈물이 났다. 나를 가장 따뜻하게 위로해주고, 위로받았다. 그 순간을 잊지 못할 것 같다. 마무리 이야기 나눌 때 역시, 디렉터의 자기 개방이 나에겐 또 다른 배려로 다가왔다. 순간 안심이 되었고, 편안했다. 모두들 말은 안 했지만, 따뜻한 눈빛들이 감사하다. 이곳에서 내가 원했던 것은 충분한 위로였는데, 함께한 이들 모두 나에게 힘을 주었다.

사이코드라마는 150분 내외의 시간을 오롯이 1인 주인공의 삶을 펼칠 수 있도록 집단 전체가 몰입한다. 한 사람의 삶을 위해 시간과 마음을 온전히 내어주는 타자를 현실에서 체험하긴 쉽지 않다. 또한 주인공의 삶을 평가하고 단죄하는 것이 아니라 '그럴 수밖에 없었던' 주인공의 선택과 살아온 궤적을 공감하고 수용하는 타자들과의 만남이다. 극적 행위에서 펼치는 주인공의 이야기는 몸으로 표현하는 이야기이다. 몸은 거짓을 말하지 않는다. 표정, 목소리, 몸짓, 정서의 공명, 이 모든 펼침은 현장에서 집단에게 고스란히 전달되어 함께 울고 웃고 겪는다. 디렉터와 집단 구성원의 요소는 사이코드라마 전 과정에 매우 광범위하게 작용한다. 디렉터와의 상호작용은 디렉터의 지지와 공감, 관심, 이해, 수용, 믿음, 존중, 진실성뿐만 아니라 전문가의 역량과 성격적인 면도 영향을 준다. 엄마(보조자아)의 품에서 뻗어 나온 손이 차가워질까 잡았던 디렉터의 행위에서도 주인공은 위로와 따뜻함을 느꼈다. 무거웠던 주인공의 주제에 입이 떨어지지 않던 집단의 침묵을 디렉터는 무관심이 아니라 조심스러움임을 주인공에게 전달했다. 나의 이야기를 함께 노출하며 홀로 두지 않았던 디렉터의 나누기가 배려로 체험된다. 침묵 중에서도 전달되는 눈빛, 정서의 공명, 이러한 경험은 언어로 전달할 수 있는 것과는 다른 차원의 만남이다. 디렉터와의 인격적 만남, 집단의 하나 된 응집력은 태아를 감싸 안은 자궁처럼 주인공의 생명을 지키고 키우는 그릇이 되어 아픈 삶을 담아주고 치열한 몸부림을 버텨주었다. 주인공에게 맥락적 조건은 '몸으로 펼쳐 나를 실현'할 수 있도록 온몸의 감각으로 체험한 분위기, 문화이다.

중심현상: 몸으로 펼쳐 나를 실현함

근거이론의 패러다임 모형에서 중심현상은 '여기서 무엇이 진행되고 있는가'와 관련된 것으로 주인공의 사이코드라마 경험의 중심현상은 '몸으로 펼쳐 나를 실현함'이다. 사이코드라마의 경험은 몸의 행위, 즉 몸의 감각과 움직임으로 경험하고 몸의 에너지를 원 없이 표현하며 몰입되어 자신의 욕구(Want)를 표현하는 체현의 장이다. 중심현상은 주인공의 억눌리고 접혀 드러나지 않았던 삶과 행위의 욕구를 지금-여기 풀어내는 것이다. 디렉터는 주인공의 삶을 펼칠 수 있도록 장면을 구성하고 원 없이 행위할 수 있도록 디렉터는 주인공의 반보 앞에서 자신의 역할을 잘 해낼 때 주인공의 치유적 변화가 일어난다.

사례의 중심현상은 다음과 같다.

〈장면1〉 양육의 책임을 홀로 짊어진 아내의 삶을 펼쳐 부담감과 속박을 떼어
빠져나와 가벼워지는 나를 실현함

〈장면2〉 원치 않는 성관계, 아빠로서의 역할을 등한시한 남편에 대해 참았
던 분노와 원망을 쏟아 정서적 막힘을 해소하고 싶은 나를 실현함

〈장면3〉 6살 성폭력 상황에 굳어있었던 자신의 몸을 깨우고 두려움에 맞서
가해자를 처벌하고 빠져나오는 나를 실현함

〈장면4〉 6살 내가 엄마에게 겪은 일을 말하고 엄마의 보호와 돌봄을 받는 나
를 실현함

모든 장면에서 주인공은 자신이 표현할 수 있는 최대의 몰입과 자발적 행위
표현으로 정서를 막힘없이 드러내고 주체적인 행위를 통해 지금-여기 자신의 진
실을 온몸으로 펼쳐내어 자신을 실현한다.

중재적 조건: 지금-여기 몰입, 놀이, 정화

중재적 조건은 작용/상호작용 전략을 촉진하거나 방해하는 것으로, 중심현상
에도 영향을 미치는 조건을 의미한다(Strauss & Corbin, 1998). 사이코드라마의 주인
공이 집단 앞에서 자신의 사적 이야기를 노출하는 위험을 무릅쓰고 행위화를 한
다. 이 행위의 현상은 가상의 연기가 아니라 지금-여기서 일어나는 상황이 실재
적 경험으로 체현되는 것이다. 지금-여기는 몰입 상태에서 이루어진다. 집단원
이 보조자아로 엄마 연기를 하는 것이 아니라 내 앞에 엄마가 나와 새롭게 상호
작용하는 것이다. 그러므로 주인공의 몰입 상황에서 역할자들은 현재형 어미를
사용한다. 놀이는 자발적이며 몰두하기에 자기 망각적이다.

나의 이야기가 시작되자마자 전쟁을 치른 느낌이다. 한순간에 많은 것들이 지나갔다. 아, 이런 거였구나. 내 안의 두려움과, 공포심과, 원망들이 쏟아져 나왔다. 소리를 너무 질렀던 것 같다, 너무 많이 운 것 같다, 벌거벗은 느낌이다.

역할을 정할 때는 아무 생각을 못 했다. 디렉터가 어떻게 진행할지 몰라 즉흥적으로 역할을 정했고, 가해자를 정할 때 순간의 망설임이 있었다. 실연을 할 텐데, 남자라면 힘들 거라 생각해 찰나에 옆에 있던 친한 지인으로 정했다. 나의 이야기를 잘 아는 사람이었기에 조금은 편할 거란 생각이 들었다. 진행 내내 정신없이 흘러간 것 같다. 최대한 나의 감정을 표출하고 싶었다. 남편에 대한 원망과 아이들에 대한 부담감, 상처에 대한 압박이 밀려왔다. 늘 머릿속으로만 그렸던 장면이었는데, 이것을 행동으로 표출하니, 가슴이 터질 것 같았다.

손창선(2014)은 가다머의 놀이의 존재론과 사이코드라마의 연관성을 고찰하면서 사이코드라마는 '자발성'의 펼침, 행위를 통한 '만남'으로 이루어지는 형성체, 순간의 시간과 잉여현실에 몰입하는 한 판 놀이와 같다고 기술하였다. 놀이가 있는 사이코드라마는 집단원들의 자발성, 이완, 경쾌함, 해방, 창조의 행위를 드러낸다. 또한 비극적인 것의 해소는 집단원에게 강렬한 카타르시스를 느끼게 한다. 최헌진(2003)은 카타르시스를 인간의 몸을 통한 제반 요인들(물질, 감정, 힘 등)의 강렬한 방출 및 그 순간의 정신 상태를 일컫는다고 하였다.

중재적 조건의 지금-여기 몰입, 놀이, 정화의 정도는 '몸으로 펼쳐 나를 실현함'이라는 중심현상의 구현 정도와 밀접하게 연결되어 있다. 또한 작용/상호작용 전략들을 촉진하거나 중재적 조건이 잘 갖춰지지 않았을 경우는 전략이 방해받고 중심현상에 부정적 영향을 미친다. 즉 주인공이 장면에 몰입하지 못하고 자발적 표현이 이루어지지 않으며, 정화가 일어나지 않는다면 치유적 변화-몸으로 펼쳐 자신을 실현하는 경험을 할 수 없다.

작용/상호작용은 당면한 문제 또는 경험하고 있는 중심현상을 어떠한 방향으로 다루기 위해서 취하는 의도적인 행위를 총칭한다(박승민 외, 2012). 주로 중재적 조건과 현상 간의 역동적인 반응과정으로 발견되기도 한다. 몸을 펼쳐 나를 실현하는 중심현상의 중재적 조건으로 지금-현재 몰입, 놀이, 정화의 역동적 반응을 작용/상호작용 전략이 관여한다. 워밍업의 촉진작용, 역할교대, 장면실연, 거울기법, 더블기법과 같은 다양한 기법을 통한 실연, 그리고 그 실연 과정에서 일어나는 행위통찰이 그러하다. 워밍업을 통해 몸과 마음을 깨우고 주인공의 참여 과정에 자발성을 촉진한다. 다양한 기법을 통해 미해결된 주인공의 욕구를 행위로 표현하며 새로운 행위의 도전과 통찰, 카타르시스를 동반하여 주인공은 몸으로 펼쳐 나를 실현하는 중심현상에 이른다.

워밍업 – 주인공을 하고자 하는 자발성 측정, 빈의자와 천을 활용한 집단원의 만남

행위화

〈장면1〉 가족조각 기법, 역할교대, 정서 해소의 행위화 - 양육의 책임을 홀로 짊어진 아내의 삶을 펼쳐 부담감과 속박을 떼어 빠져나오기

〈장면2〉 정서 해소 - 원치 않는 성관계, 아빠로서의 역할을 등한시한 남편에 대해 참았던 분노와 원망을 쏟아냄

행위통찰 - 뒤에서 껴안을 때 몸에 닿는 남편의 생식기, 성폭력 트라우마 접촉

〈장면3〉 행위화와 정서해소 - 6살 성폭력 상황에 굳어 있었던 자신의 몸을 깨우고 가해자를 죽이는 행위를 통해 자신을 지키는 분노 표현과 자기 신체의 행위 감각 회복

교정적 재경험 - 성폭행 순간 두려움에 굳은 신체의 감각을 깨워 빠져나와 자기 신체의 통제 주체성을 회복하여 생존함

〈장면4〉 교정적 재경험 - 엄마에게 자신이 겪은 이야기를 말함

역할교대 - 6살 내가 엄마에게 가해자의 행위를 말하고, 엄마(주인공이 엄마 역할로서 행위함)의 보호와 돌봄을 받음

교정적 재경험 - 가해자에 대한 행위 후 엄마가 주인공의 이완된 몸을 편히 안아주고 쉬게 함으로써 등 뒤의 불쾌한 감각을 교정함

결과 : 성장과 변화가 생김

작용/상호작용의 결과로 나타난 결과물의 총합으로 주인공은 자신의 과거와 현재의 연결고리를 찾고 이해하지 못했던 감각과 감정에 얽혀있던 자신의 모습을 새롭게 변화시켰다. 어려운 상황을 이겨내며 애써온 자신에 대한 애틋한 마음, 스스로 참 괜찮은 사람이며 사랑받을 가치가 있다는 자기수용에 이른다. 사이코드라마 후에 편안하고 안전감을 느끼는 정서적 이완과 두통이라든지 여러 심리적 요인으로 있었던 신체화 증상들이 줄거나 복잡한 생각이 명료해지고 개운하고 살아있다는 편안한 느낌에 에너지가 충전되는 경험을 한다.

> 며칠을 앓았다. 온몸은 몽둥이로 맞은 것처럼 쑤시고, 머리는 멍한 느낌이었다. 그래도, 그 순간이 몇 년 만에 편하게 다가왔다. 원 없이 실컷 울고, 발버둥 쳤던 나의 모습을 느낄 수 있었다. 사이코드라마는 씻김굿과 같다는 말이 떠올랐다.

사이코드라마 과정 안에서 기존 가치관과 상충되고 억눌렸던 표현 행위를 드러내는 새로운 시도 속에서 변화된 시각을 갖게 되고 현실을 살아가면서 그러한 변화를 겪고 있는 자신을 알아차리기도 한다.

5 나누기 단계 디렉팅

마지막 나누기 단계는 주인공의 행위 과정이 끝나고 집단이 함께 사이코드라마 경험에 대해 나누며 마무리하는 단계이다. 그러나 사이코드라마는 언어를 중심으로 상호작용하는 집단 상담에 비해 제한적인 구조를 가지고 있다. 우선 나누기 시간을 제외하면 집단은 내내 극적 방식의 행위와 역할 놀이로 이루

어진다. 집단 상담처럼 언어적 상호작용으로 대인관계를 실험하고 도전하며 배우는 과정을 지향하지 않는다. 나누기 시간이 짧고 주인공이 실연을 한 후의 상태는 자아 경계가 무방비로 열려 있는 상태이기 때문에 조언 충고와 같은 자극은 지양한다.

○ 현장 집단 나누기 ○

D: 지금부터 나누기 시간을 갖도록 하겠습니다. 모두 의자를 둥그렇게 하고 자리에 앉아 주시고 우선 자신이 맡았던 역할을 털어주세요. 특히 대립자 역할을 해주신 남편, 가해자 역할하셨던 분들... 역할이 힘드셨을 텐데... 너무 감사드립니다. 모두 자신의 몸에서 역할을 털어 본인으로 돌아오시기 바랍니다.

자, 나누기 시간은 주인공에 대해 조언과 충고는 하지 않습니다. 타인에게 들은 이야기도 하지 않습니다. 다만 주인공 드라마를 함께 참여하는 과정에서 내 자신의 어떤 경험이 떠올랐거나 접촉되었던 느낌, 정서들이 있다면 그것을 나누어 주시면 되겠습니다. 타인의 이야기가 아닌 나를 함께 나누어 주시는 것입니다. 먼저 주인공 소감을 듣죠. 지금 기분이 어떠세요?

P: 멍하고... 온몸이 쑤셔요. 그런데 한결 마음이 가볍고... 이 집단에서 이야기할 수 있을까, 끝나고 집단원 얼굴을 어떻게 볼지 걱정했는데 생각보다 아무렇지 않네요. 큰 숙제를 한 것 같고 후련합니다.

D: 한동안 몸이 쑤실 수 있어요. 장면이 자꾸 떠올라 잠을 못 주무신다고 했었는데 오늘은 늘어지게 숙면 취하실 수 있으면 좋겠네요.

사이코드라마의 관객은 나누기 단계에서 주인공을 해석하고 피드백하는 것보다 자신의 경험을 노출한다. 주인공이 이제까지 펼치지 못하고 마음에 간직하던 이야기를 어렵게 꺼낸 자리에 집단원도 자신을 내어 보여준다. 사이코드라마 실연 과정을 내내 함께한 집단원은 주인공의 정서적 출렁임을 함께 겪으며 자신의 내적 경험을 만나게 된다.

그러나 우리는 자신의 경험을 서로 도움이 되는 방법으로 표현하는 것이 서

툴다. 집단 나누기를 청했을 때 본 사례처럼 침묵이 흐를 때가 있다. 주인공의 삶을 함께 체험한 집단은 주인공이 견뎌냈을 힘겨움의 무게를 담아낼 언어를 찾는다. 표현된 언어는 가슴의 언어에서 인지의 언어로 넘어가 정서와 분리된 나누기가 이루어질 때도 있다. 반대로 자신의 감정에 빠져 타인의 입장에서 어떻게 전달되는지 고려하지 못한 채 쏟아내는 경우도 있다. 정서가 제거된 언어는 해석과 평가, 관찰적 관계를 전달할 수 있다. 정서에 빠진 언어는 자기중심성을 가진다. 넘어진 아이를 보며 걱정과 놀람을 조심하라는 뜻의 '화'로 표현하는 부모의 실수처럼 상대를 지지하고 격려하고 싶은 진심을 그대로 전달하는 것도 많은 역할 연습이 필요하다. 따라서 디렉터는 짧은 나누기 동안 언어적 전달이 왜곡되어 전달되지 않도록 언어적 상호작용을 조력하는 역량도 필요하다.

> **D:** (집단을 보며) 나누기해 주실까요?
> **집단:** (침묵)

나누기에서 침묵은 많은 의미를 내포하는 중요한 현상이다. 침묵이 불편한 사람들은 침묵 자체를 깨기 위해 어떤 말이든 시작할 것이다. 그러나 침묵을 회피하기 위한 나누기는 지금-여기 현존하는 정서와 접촉하지 못할 가능성이 높다. 침묵은 깨졌으나 관계의 연결 또한 깨질 수 있다. 주인공은 집단에게 이해받기를 원한다. 낯선 사람들 앞에서 자신의 내밀한 이야기를 실연하였고 함께 과정에 참여했던 사람들이 이것을 어떻게 바라보고 있는지 오감이 열려 있다. 현실에서 이해받지 못할 것이라고 생각했던 개별화된 경험이 집단원들의 공감적 나누기를 통해 주인공의 정서가 타당화되고 보편성을 가지게 될 때 고립되었던 주인공은 자발성을 회복한다. 따라서 나누기에서 침묵이 흐를 때 주인공이 현실에서 겪었던 외면과 고립의 상태가 재연되지 않도록 침묵의 의미를 이해하고 잘 다루어야 한다.

D: 주제가 무거울수록 나의 공감이 너무 가볍게 들리진 않을까 어떻게 마음을 전할
   수 있을까 조심스러워지죠.

집단: (끄덕끄덕)

집단원1: 저는(목소리가 떨림) 너무... 주인공의 용기가 대단하다고 느껴집니다. 저도
        성추행 경험이 있는데 주인공만큼 그런 일이 아니었는데도 이렇게 이야기
        하고 나누기 어려운데 용기 있게 자신을 드러낼 수 있는 주인공이 너무 대
        단한 것 같습니다. (이후 본인의 성추행 경험 나눔)

집단원2: ○○씨가 이 주제로 드라마를 하려고 마음 준비를 할 때 조마조마 했는데(
        눈물이 터짐) 이 마음을 어떻게 전해야 할지 모르겠어요.

D: 말이 어려우시면 몸으로 표현해 주셔도 됩니다.

집단원2: 나와서 주인공을 따뜻하게 꺼안아 줌(서로 눈물 흘림)

집단원3: 저도 ○○씨의 이야기를 듣고 알고 있었는데 제가 가해자로 뽑힐 줄은 몰
        랐습니다.

P: 친해서 믿고 맡길 수 있었습니다.

집단원3: 저도 그렇게 생각이 들어서 역할을 더 열심히 했고요. 오랜 기간 고민하고
        털어보려고 노력하는 ○○에게 너무 애썼다고 전하고 싶습니다.

집단원4: 아, 저는 남편 역할을 하면서 (집단원 웃음) 여러 가지 생각이 들었습니다.
        나는 가족들에게 어떤 아빠인지 그런 반성도 하게 되고... 사실 남자라 민망
        하고 어려운 주제여서 힘들었는데 드라마의 힘을 느끼게 된 것 같습니다.

나누기 과정은 사이코드라마의 중요한 치유적 과정이다. 주인공, 보조자아
역할을 하지 않은 관객을 대상으로 변화 경험을 연구한 결과를 보면, 행위 역할
로 참여하지 않은 관객이라 하더라도 삶에 대한 인식 폭 확장, 타인에 대한 이
해, 유대감 형성으로 인한 정서적 안정, 대리 충족 등의 경험 현상이 보고된다.
Moreno가 꿈꾸는 사이코드라마는 사람들 '사이'의 만남에서 서로에게 치유자가
되고 공동 창조자가 되는 경험을 창조하는 것이다.

3. 사이코드라마 치료 요인

(1) 사이코드라마 치료 요인

* 주인공의 경험에서 도출한 사이코드라마 치료 요인 개념도

〈차원〉

1차원 자기-인식   2차원 행위-인식

〈범주〉

디렉터와의 의미 있는 관계경험   집단응집성

작업동맹 맺기   자기개방성 촉진

자기이해   개념의 재구조화

자각통합   역할확장

정화   행위화

(2) 치료 요인의 활성화

〈인터뷰와 장면의 극화〉

〈적절한 기법 활용〉

〈정서 도식의 단서 활용〉

〈핵심 정서와 행위 갈망〉

〈잉여현실 체현〉

3 사이코드라마 치료 요인

1 사이코드라마 치료 요인

　사이코드라마에 참여한 주인공은 자발성과 창조성이 향상되고 삶의 변화를 경험한다. 사이코드라마의 무엇이 이러한 변화를 가져오는 것일까? 치료적 측면이란 '변화의 요인', '치유적인 요인', '성장의 매커니즘'으로 정신치료에서 긍정적인 결과를 가져오는 것이다(김수동, 이우경, 2003). 이러한 측면들은 내담자 내에서 일어나는 과정 그리고 치료자의 개입과 밀접한 관련이 있다. 상담자가 치료 요인에 대해 얼마나 이해하고 기술적으로 잘 수행할 수 있느냐에 따라 내담자에게 주는 영향의 정도를 좌우할 수 있다(Bloch, 1981). 김주현과 이지연(2012)은 개념도 방법론을 통해 주인공이 지각하는 사이코드라마 치료 요인이 무엇인지 탐색적으로 확인하고 이를 기초로 주인공이 인식한 사이코드라마 치료 요인을 개념도로 도출하였다. 사이코드라마의 치료 요인을 이해하는 것은 디렉터가 사이코드라마를 진행하는 과정에서 주인공에게 도움이 되는 개입을 잘 해내기 위한 지침이 된다. 사이코드라마 치료 요인에 대한 설명은 필자들의 논문인 주인공이 지각하는 사이코드라마 치료 요인에 대한 개념도 연구(2012)를 축약하여 싣는다.

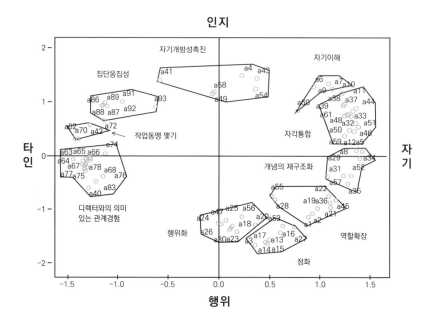

주인공이 지각하는 사이코드라마 치료 요인에 대한 개념도(김주현, 이지연, 2012)

　　본 연구는 개념도 연구 방법론에 따라 주인공 13명의 연구 참여자를 선정하여 사이코드라마 치료 요인에 대한 개방형 심층 면접을 실시하였다. 아이디어를 도출하고 종합하여 최종 97개의 진술문을 작성하였고, 연구 참여자의 유사성 평정을 거쳐 다차원 척도 및 위계적 군집분석을 통해 2차원 10개의 범주로 구성된 개념도가 산출되었다.

　　2차원 축은 '타인-자기', '인지-행위'이며 10개의 범주는 '디렉터와의 의미 있는 관계경험', '집단응집성', '작업동맹 맺기', '자기개방성 촉진' '자기이해', '자각통합', '개념의 재구조화', '역할확장', '정화', '행위화'로 나타났다.

차원

　　개념도에 나타난 주인공이 지각하는 사이코드라마 치료 요인에 대한 전체적인 인식 구조는 크게 좌우로 '타인'과 '자기' 차원, 상하로 '인지'와 '행위' 차원으로 나타났다. 주인공은 사이코드라마 경험에서 자기 작업과 타인과의 상호작용을 인식하고 있다. 이는 사이코드라마를 집단 구조로 운영하는 것이 주인공에게 치유적 변화 메커니즘이 된다는 것을 증명한다. Moreno가 서로의 치유적 대상이 되어 준다는 것을 정신의학에 도입한 집단치료 개념이 주인공 경험에서도 확인되고 있다.

개념도 상에서 왼쪽 타인 차원에 위치한 범주를 보면 '작업동맹 맺기', '집단응집성', '디렉터와의 의미 있는 관계경험'이 나타났다. 주인공은 디렉터, 집단구성원과 상호작용을 하고 있으며 '자기개방성 촉진', '행위화'는 좌우의 가운데 위치하는 것으로 보아 타인과 자기가 함께 관여되고 있음을 알 수 있다. 오른쪽은 자기 작업에 해당하며 범주는 '자기이해', '자각통합', '개념의 재구조화', '역할확장', '정화'로 이러한 측면들은 주인공의 내적 작업으로 일어나고 있다.

상하 주인공의 잠재적 인식 축은 위쪽 인지적 차원으로 '작업동맹 맺기', '집단응집성', '자기개방성 촉진', '자기이해', '자각통합', 가운데 위치한 범주는 '디렉터와의 의미 있는 관계경험', '개념의 재구조화'이며 아래쪽 행위에 관련되어서 '행위화', '정화', '역할확장'의 범주가 배치되어 있다.

개념도의 축을 통해 이해할 수 있는 것은 주인공의 긍정적 변화를 촉진할 수 있는 디렉터의 개입은 축과 범주에 드러난 요소를 고려해야 한다는 것이다. 즉 주인공의 치유적 변화를 촉진하기 위해서는 자기 작업과 타인과의 상호작용, 주인공의 인지와 행위의 촉진을 도울 수 있는 방법으로 개입 전략을 세운다. 예를 들어 주인공의 치유적 변화를 촉진하고자 집단응집력을 높이는 개입 전략을 디렉터가 사용할 수 있다.

집단응집력의 범주 위치는 타인과 인지의 1사분면에 위치하고 있다. 즉 주인공의 긍정적 변화를 촉진하고자 집단응집성을 높이려 한다면 타인과 상호작용할 수 있는 프로그램을 도입해야 한다. 또한 집단응집성은 인식의 축에서 인지 영역에 해당한다. 집단응집력의 범주를 구성한 진술문을 보면 집단의 격려, 지지를 체험하고 집단의 안전감과 '내 편'이라는 인식, 집단원의 자기 노출과 솔직함, 긍정적 피드백에 대한 경험 등으로 구성되어 있다. 진술문에 드러난 경험이 인지 작용을 통해 인식되고 있다면 주인공은 사이코드라마 과정 중 워밍업과 나누기 단계에서 주로 집단응집력을 체험한다고 이해할 수 있다.

디렉터는 개념도로 드러난 주인공의 인식 틀을 이해하여 개입 전략을 세운다. 집단응집력을 높이기 위해서 워밍업과 나누기 단계의 상호작용 중 인지적 요소가 작동하는 부분을 찾는다. 워밍업은 처음 집단이 만나는 과정이다. 집단에 대한 두려움과 불안이 있으나 드러나지 않는 단계이므로 처음 시작 부분에 사이코드라마 집단의 의미와 참여 방법, 불안에 대한 왜곡된 인식을 수정할 수 있는 개입을 고려해 볼 수 있을 것이다.

본 사례는 하루 3회기를 묶어 1일 집중 워크숍을 4개월 진행한 프로그램에서 시연되었다. 하루 워크숍은 오전 회기에 사이코드라마에 대한 이해를 도울 수 있는 나누기와 교육을 배치하였는데 기획 단계에서 집단응집성이라는 치유 요인을 고려하여 인지적 차원의 웜업을 의도한 구조이다. 또한 이 집단은 사이코드라마 역량을 키우고자 구성된 일반 성인 집단으로 참여 동기와 배움의 욕구가 높다. 실제로 집단 운영 과정에 워크숍 후 회기 체험에 대한 글쓰기와 다음 달 시작 회기에서 미해결된 집단의 의구심이나 오해를 해소하는 나누기와 교육은 관찰자로 머물고자 했던 집단을 웜업시켰다. 특히 집단 초기에 확인되었던 노출에 대한 두려움과 다른 교육 집단 작업에서 느꼈던 부정적 상호작용 경험을 새롭게 의미화하여 집단 작업을 위한 안전감과 응집력이 형성되었다.

단회기의 경우에도 인지적 구조화 작업이 도움이 될 수 있다. 처음 드라마에 참여한 집단원에게 사이코드라마가 무엇인지 설명하고 앞으로 진행 과정에서 참여하는 방식을 설명할 수 있다. 집단의 규칙과 역할 시연에 참여하는 방법, 원치 않으면 거절할 수 있거나 주인공을 억지로 시키지 않는다는 것 등 사이코드라마에 대한 오해나 편견을 안내하면서 집단을 시작하는 것도 좋다.

사이코드라마 실연 후 나누기 단계에서도 인지적 상호작용을 주로 한다. 나누기 시간에 집단은 원으로 둘러앉아 담화적 방법으로 상호작용을 한다. 언어적 상호작용은 행위보다 인지적 작업이다. 실연 과정에 체험을 적절한 언어로 나눈다는 것은 정서와 행위 감각, 통찰과 알아차림 현상을 언어라는 상징체계로 설명하는 것으로 나누기 과정 자체가 인지적 작용이다.

앞서 사이코드라마 과정 이론에서 나누기는 집단의 지지와 격려, 보편성과 자신의 경험에 대한 타당화를 체험할 수 있어야 한다고 설명한 바 있다. 즉 언어적 상호작용에서 집단은 집단원 자신의 경험을 나눔으로써 주인공의 사이코드라마 실연 과정에 함께했음을 드러낸다. 집단원의 나누기가 해석과 분석, 조언과 평가 등의 방식으로 전달되지 않도록 해야 하는 것은 개념도에도 드러나 있다. 자기이해, 자각통합, 개념의 재구조화는 자기-인지 차원에 있는 것이지, 타인-인지 차원에 위치하지 않는다. 즉 타인에 의해 생각이 교정되는 것이 아니라 자기 작업을 통해 변화하고 있다. 따라서 나누기 단계의 개입 전략으로 디렉터는 집단원에게 해석과 평가 및 조언보다 자기 경험을 나누어 달라는 안내를 채택하는 것이 주인공의 변화를 촉진하는 데 좀 더 타당한 개입이라 판단할 수 있다.

개념도에서 차원은 주인공이 잠재적으로 인식하고 있는 개념의 틀을 말한다. 그리고 그 개념의 틀 위에 주인공이 지각하고 있는 치유 요인으로 도출된 10개 범주가 위치한다.

범주

주인공이 지각하는 사이코드라마 치료 요인은 10개로 각 범주명은 '디렉터와의 의미 있는 관계경험', '집단응집성', '작업동맹 맺기', '자기개방성 촉진', '자기이해', '자각통합', '개념의 재구조화', '역할확장', '정화', '행위화'로 나타났다. 주인공이 지각하는 사이코드라마 치료 요인의 하위 범주를 구체적으로 살펴보고 사이코드라마 실연 과정의 적절성과 효과성을 도모한다.

첫째, '디렉터와의 의미 있는 관계경험' 범주이다. '디렉터가 나를 지지하고 공감해주었다', '디렉터가 나의 무거운 짐과 힘듦을 이해해주었다', '디렉터가 끝까지 주인공과 디렉팅을 책임져주었다' 등으로 디렉터와의 의미 있는 관계경험을 나타내는 범주이다. 여기서 '의미 있다'라는 것은 Rogers가 상담자의 자세로 언급한 무조건적 존중, 공감적 이해, 그리고 진솔성의 태도를 말한다. 김창대, 권경인, 한영주, 손난희(2009)는 상담자 요인의 귀납적 분석을 통해 상담자의 태도 범주에서 내담자에 대한 진솔한 태도, 총체적으로 보고 믿음, 인간적 관심과 사심 없는 태도 등이 내담자에게 효과적으로 지각되었다고 보고하였다. 정윤애(2002)는 Winnicott(1951, 1960, 1965) 이론을 통해서 본 상담자의 상담능력 연구에서 치료는 좋은 대상과의 반복적인 깊은 만남과 경험에 의해 일어나므로 내담자에게 좋은 대상이 되어야 할 상담자는 안아주기, 공감적 이해, 반영하기, 견디어주는 것, 놀이하는 것의 능력을 갖출 수 있어야 한다고 하였다. 이처럼 주인공은 드라마 전 과정을 통해 끊임없이 상호작용하는 디렉터와 의미 있는 관계경험이 자신을 변화시키는 치료 요인으로 지각하였다.

두 번째, '작업동맹 맺기' 범주에는 '디렉터가 진정성이 있었다', '인터뷰 과정에서 디렉터가 나를 이해하고 있음을 느끼고 신뢰하게 되었다', '디렉터가 자신의 실수를 인정하였다' 등으로 디렉터와의 작업동맹을 맺는 경험을 나타내는 범주이다. 이 범주는 디렉터가 지각한 '작업동맹 촉진'의 치료 요인 범주가 주인공의 입장에서 '작업동맹 맺기'로 설명된다. 동맹 개념의 초기 진보 중 하나는 Luborsky(1976)에 의해 개발되었는데, Luborsky는 동맹이 치료에 역동적인 것이라고 제안하였으며 조력 동맹을 두 유형으로 확인하였다. 유형 1 동맹은 치료 초기에 더 분명하고, 유형 2는 치료의 후기 단계에 좀 더 전형적이라 하였는데 유형 1 동맹은 "치료자가 지지적이고 자신을 돕는 사람이라는 내담자의 경험에 기초한 치료적 동맹"과 같은 맥락으로 주인공이 이러한 동맹 관계를 맺고 경험할 수 있을 때 비로소 주인공이 자신을 드라마로 드러낼 용기를 갖는다. 유형 2 동맹은 "환자를 방해하는 것에 대한 연합 전투에서 함께 작업한다는 느낌, 치료 목표를 향해 나아가는 데 공유되는 책임감, '우리'라는 느낌"으로 홀로, 버려진, 외면당함 속에서가 아닌 충분히 안전한 기운 안에서 실험하고 도전하는 고된 실연 과정을 견디고 나아갈 수 있다. 또한 작업동맹은 디렉터의 진정성, 솔직성이 관계 맺음을 촉진하며 집단응집성이라는 치료 요인과 상호 역동적 영향을 준다. 개념도에서 범주 간 거리도 그 의미를 가지며 서로 인접한 범주는 높은 관련성을 뜻한다. 개념도에서 '작업동맹 맺기'의 범주가 '집단응집성'과 '디렉터와의 의미 있는 관계경험' 범주와 밀접하게 연관되어 있는 것은 집단, 디렉터와의 관계가 주인공이 작업동맹을 맺는 데 연관되어 있음을 의미한다.

세 번째, '집단응집성' 범주에는 '집단원의 자기 노출이 나만 겪는 일이 아님을 알게 했다', '나와 비슷한 경험을 말해 준 집단원의 피드백에서 동질감을 느꼈다', '집단의 나누기가 따뜻했다' 등으로, 이는 집단원과의 상호작용이 주인공의 변화에 치료적으로 작용했음을 나타내는 범주이다. Yalom(1993)은 전문가들의 도움을 필요로 하는 개인들은 (1) 의미 있는 대인관계를 맺고 유지하는 것, (2) 개인적 가치에 대한 느낌(자아존중감)을 유지하는 것에 큰 어려움을 가지고 있다고 보았다. "자기(self)란 반사된 평가로 구성된다고 말할 수 있다"는 Sullivan의 말을 언급하면서 자신이 속해 있는 집단이 제공하는 평가에 대해 항상 관심을 가지고 영향을 받는다고 하였다. 이처럼 집단으로부터 받는 지지와 집단원들의 노출은, 어려움은 나만이 겪는 일이 아님을 느끼게 하여 스스로를 어떻게 바라보고 평가해야 될지 결정하는 데 긍정적인 자기가치를 가질 수 있도록 돕는다.

네 번째, '자기개방성 촉진' 범주에는 '워밍업으로 집단이 친밀해졌다', '다른 주인공이 자신을 노출하는 것을 보고 나를 노출하는 용기를 얻었다', '드라마 주인공 행위에 대한 호기심이 있었다' 등으로 주인공의 자기개방을 촉진하는 요인들에 대한 범주이다. 이재창(1992)은 자기개방을 나의 생각, 느낌, 선호 사상 등 모든 것에 대해서 있는 그대로 솔직하게 상대방에게 나타내 보이는 것으로 "이것이 바로 나다. 이것이 나의 현재의 느낌이고 생각이다. 이것이 바로 내가 좋아하는 것이고, 또는 내가 싫어하는 것이다. 이것이 바로 나의 신념이다,라고 자신 있게 말하는 것이다."라고 하였다. 이러한 자기개방은 집단이 친밀하여 안전감을 느낄 때 촉진되고 자신의 호기심이나 절실함과 같은 자신의 동기에 의해 발휘된다. 또한 타인이 노출하는 모습을 통해서도 이루어질 수 있는데 이는 자기개방이 타인의 개방을 촉진시켜서 상호 이해의 폭을 넓히고, 넓어진 이해와 신뢰를 근거로 더 깊은 자기개방을 하게 하는 연쇄반응으로 이어지게 할 수 있다(민경숙, 2008).

다섯 번째, '자기이해' 범주에는 '내가 힘든 이유가 타인이 아니라 나에게 있음을 알게 되었다', '내가 그럴 수밖에 없구나라는 것이 이해되었다', '상대 역할을 하면서 상대방이 내가 생각한 것과 다르게 느끼고 있음을 알게 되었다' 등 주인공이 자신에 대해 이해하게 되는 범주이다. 자기이해는 자기실현, 무의식의 의식화, 자기 계몽 또는 통찰 등으로 표현되어 왔는데, 자신과 자신의 문제에 대해서 어떻게 그런 문제가 일어났고 어떻게 변화될 수 있는지에 대한 이해를 말한다. 또한 자기를 이해한다는 것은 자기의 심신에 관한 여러 가지 상태, 대인관계의 양과 질, 가치관 및 이와 관련된 자기의 행동에 관하여 현실적으로 이해하는 것을 말하는 것으로, 있는 그대로의 자기 경험을 진실하게 탐색하는 과정을 통하여 가능하게 된다(민경숙, 2008). 그러나 이러한 자기이해는 자동적으로 치료 효과를 나타내는 것은 아니다. 지적인 통찰만으로 정서적, 행동적 변화를 촉진시킬 수 없다. 성공적인 치료를 하기 위해서는 자기 발견에 대한 과정이 지적이라기보다는 정서적이어야 하며 의미 있는 학습 경험이 동반되어야 한다. Moreno는 사이코드라마에서 자기 발견 과정을 특별히 '행위-통찰'이라고 지칭하였다. 행위-통찰은 갑작스럽게 번뜩이는 이해로 나타날 수도 있고, 혹은 오랜 시간 동안 점차적인 발견을 통해 나타날 수 있다(김수동 외, 2003). 이 범주는 허미경(2011)의 새로운 인식 및 이해 요인과 관련이 깊다.

여섯 번째, '자각통합' 범주에는 '주인공으로 드라마를 진행하면서 내 삶의 주체성을 느꼈다', '보지 않으려고 했던 나 자신의 모습을 장면 속에서 직면하였다', '내가 참 괜찮은 사람이라는 걸 알았다' 등으로 주인공이 자신의 감정과 인식과 행동을 자각하고 새로운 통합이 일어남을 나타내는 범주이다. 사람은 누구나 자신에 대한 상(image), 즉 자기개념을 가지고 있다. 자기개념이란 '여기-지금'의 자신에 의하여 지각된 자기, 즉 자신에 대한 평가를 의미한다. 자신에 대한 긍정적인 면뿐만 아니라 부정적인 면까지 진실한 자신의 모습을 이해하고 수용할 때 자기 성장이 이루어진다. 이러한 자기수용은 첫째로 자기 자신의 신체적 조건이나 생리적 현상을 있는 그대로 경험하고 받아들이기. 둘째, 자기 자신의 느낌, 생각, 행동 등 여러 가지 심리적인 현상을 자기의 것으로 인정하고 책임지기. 셋째, 자신의 처지를 현실로 인정하고 이에 직면하는 태도와 용기가 필요하다(민경숙, 2008).

일곱 번째, '개념의 재구조화' 범주에는 '드라마 이후 내 변화를 현실 생활에서 알아차렸다', '내 인생의 주인공이 되어 경험하였다', '비현실적 공간의 드라마가 현재 지금의 일로 경험된다' 등으로 주인공이 기존에 가지고 있던 개념들이 재경험되는 과정에서 주인공에게 개념의 재구조화가 일어나는 범주이다. 주인공이 치료 요인으로 지각하는 '자기이해', '자각통합'의 과정을 거쳐 자신이 지녔던 자기개념이 재구조화된다. 이 세 가지 범주는 Kellermann(1992)이 분류한 치료 요인 중에 인지적 통찰로 설명된다. 주인공에게 이러한 재구조화 작업이 이루어졌을 때 주인공의 변화는 지속적으로 현실에서 새로운 적응 방식과 대처 행동으로 발휘될 수 있을 것이다.

여덟 번째, '역할확장' 범주에는 '드라마에서 새로운 행위를 시도해본 경험이 나에게 용기를 주었다', '내가 치유받고 싶은 마음이 절실하여 주인공으로 나갔다', '드라마에서 표현했던 행동 연습이 현실에서 새로운 방식으로 시도되었다' 등으로 주인공의 삶에 새로운 역할이 확장되는 부분을 나타내는 범주이다. 이는 Yalom(1993)의 대인관계 학습과 유사한 개념이다. 행동적 수준에서의 변화, 좀 더 깊은 수준인 과거 관계가 내면화된 이미지의 변화 모두 해석과 통찰을 통해서만은 잘 일어나지 않으며 변화는 환자의 병리적인 신념이 잘못되었음을 확인시켜주는 지금-여기의 의미 있는 관계 경험을 통해서 일어난다(Yalom & Molyn, 2008). 역할 확장은 행위통찰의 의미와 연결되며 행위통찰은 여러 종류의 행위 학습의 결과로서, 그것은 '정서적 · 인지적 · 상상적 · 행동적 · 대인관계적 학습경험의 통합'으로 이루어진다(Kellermann, 1992).

아홉 번째, '정화' 범주에는 '내 안의 묵은 여러 감정들을 드러내었다', '현재에 몰입하였다', '온몸으로 감정을 표현하여 여한이 없다' 등으로 주인공의 경험하는 정화에 대한 범주이다. 최헌진(2003)은 "카타르시스란, 인간의 몸을 통한 제반 요인들(물질, 감정, 힘 등)의 강렬한 방출 및 그 순간의 정신 상태를 일컫는다" 정의하며, 카타르시스의 원리로 불평정 상태가 클수록 카타르시스의 필요성이 커지며, 에너지 집중을 요구하고, 구체적인 상황 속에서 타인을 필요로 하면서 행위를 통하여 최상의 카타르시스가 된다고 하였다. 그러나 고강호(1999)는 정화라는 요인이 사이코드라마의 전부인 것처럼 과대평가되고 있으며, 사이코드라마가 어떤 배경에서는 실질적인 가치를 가지는 반면에 이것은 목적을 위한 수단이기보다는 그 자체가 목적으로서 치료라고는 할 수 없으며, 정서적 이완이 사이코드라마적 접근에서 중심이 된다는 것에는 의심의 여지가 없으나 다른 요인들과 연합되어야 한다고 하였다. 더 나아가 연구자는 사이코드라마에서 카타르시스의 특별한 기능은 자기-표현을 촉진하고 자발성을 높이는 것이며 두 번째 단계로 이완된 감정의 통합을 포함한다. 여기서 통합은 내부의 정서적 혼란을 복원하고 대응 전략의 새로운 학습, 대인관계를 통한 훈습, 혹은 부분화된 감정을 완료된 감정으로 변형하는 것을 포함한다고 기술하였다. 이러한 부분은 사이코드라마가 다른 어떤 분야보다 '정서'의 체험이 강렬하게 일어나기 때문에 정화의 치료적 역할이 확대 왜곡되어 사이코드라마의 목적 자체로 해석될 수 있음을 경계하는 것이라 여겨진다. 정서적 경험이 강렬하다는 것은 곧 행위로부터 출발하였기 때문임을 생각할 때 개념도의 '행위화'와 '정화'는 가깝게 위치한다.

마지막으로, '행위화' 범주에는 '정서적 몰입을 할 수 있는 역동적인 장면 연출이 있었다', '드라마의 역동적인 재미와 신남이 에너지를 주었다', '몸으로 행위하면서 핵심 주제로 빨리 들어갈 수 있었다' 등으로 주인공이 자신의 드라마를 행위로 실연하면서 경험되는 치료 요인의 범주이다. 최헌진(2003)은 "사이코드라마는 지금 이 순간의 행위학이다. 열 마디 말보다 한 번의 실천이 중요하다는 말처럼 이 순간의 몸과 행위로 나를 전부 드러낸다. 의식과 무의식, 감성과 이성, 겉과 속의 구분 없이 있는 그대로 발가벗는다. 그뿐이다. 언어를 통해 한없이 캐 들어가지 않는다. 이 순간 체현되는 그가 이 순간의 그의 전부이다. 더도 덜도 아니다."라고 사이코드라마의 행위를 강조하였다. 상담의 어느 분야보다도 눈빛, 낯빛, 몸짓의 비언어적 단서를 실천적으로 활용하고 있다고 역설한다. 또한 사이코드라마는 참여자로 하여금 그들의 행위 갈증을 충족시키고 미해결 행위를 완료하게 한다. 이러한 행위의 표현은 주인공에게 강한 정서적 느낌을 동반하고 에너지의 생성을 가져온다.

2 치료 요인의 활성화

사이코드라마에서 행위화, 정화, 역할확장의 치유 요인은 사이코드라마의 고유성을 나타내는 매우 중요한 치료 요인이다. 개념도에서 인접한 거리로 붙어 있는 3가지의 범주는 유기체의 생명 활동처럼 주인공의 변화 경험을 위해 극화의 과정에서 긴밀하게 연결되어 있다. 주인공이 자신의 이야기를 극적 과정으로 풀어냄은 어떤 장면에서 역할을 맡고, 지금-여기 행위 욕구에 따라 자신을 펼쳐내는 것이다. 정서를 해소하고 통찰하여, 역할을 통합하고 자기(self)를 실현한다. 사이코드라마 전 과정이 주인공의 변화를 긍정적으로 일으켰다면 치유 요인들의 실현이 적절하고 효과적으로 다루어졌다는 것이다. 김주현과 이지연(2012)은 주인공이 경험한 사이코드라마 치료 요인을 개념도로 도출하고, 각각의 치유 요인에 대해 참여 주인공이 지각하는 중요성과 실제 실행되고 있는 수준을 평정하여 중요도와 실행 수준의 평균 차이를 제시하였다.

주인공이 지각하는 사이코드라마 치료 요인의 범주별 중요도와 실행수준의 평균 차이

구 분		사례수	평균	표준편차	평균 차	t
집단응집성	중요도	13	4.37	.51	.50	3.916**
	실행수준		3.87	.49		
작업동맹 맺기	중요도	13	4.56	.29	.68	3.454**
	실행수준		3.88	.57		
디렉터와의 의미 있는 관계경험	중요도	13	4.54	.34	.49	3.165**
	실행수준		4.05	.39		
행위화	중요도	13	4.48	.40	.40	2.805*
	실행수준		4.08	.49		
정화	중요도	13	4.63	.34	.77	3.547**
	실행수준		3.86	.77		
역할 확장	중요도	13	4.54	.25	.72	5.196***
	실행수준		3.82	.50		
자기개방성 촉진	중요도	13	4.05	.36	.34	3.959**
	실행수준		3.71	.20		
개념의 재구조화	중요도	13	4.52	.27	.66	5.571***
	실행수준		3.86	.42		
자각통합	중요도	13	4.44	.24	.68	4.528**
	실행수준		3.76	.48		
자기이해	중요도	13	4.31	.42	.42	2.691*
	실행수준		3.89	.50		
전 체	중요도	13	4.44	.25	.56	4.439**
	실행수준		3.88	.39		

* $p < .05$ ** $p < .01$ *** $p < .001$

이상과 실제의 차이가 존재한다는 것은 인간의 삶에서 당연한 현상이기도 하지만 이 간극을 줄이기 위한 노력이 필요하고 이상과 실제의 간극을 줄이는 것이

곧 전문가의 발달 과제이다.

연구자의 언급처럼 중요도와 실행 수준의 평정에 참여한 표집 인원으로 결과를 일반화하기에는 한계가 있다. 그러나 참여한 주인공들이 평정한 간극의 차이가 갖는 차이 순위는 시사하는 바가 크다. 중요도와 실행 수준의 차이를 큰 순으로 정리하면 정화, 역할확장, 작업동맹 맺기, 자각통합, 개념의 재구조화, 집단응집성, 디렉터와의 의미 있는 관계경험, 자기이해, 행위화, 자기개방성 촉진이다. 사이코드라마가 갖는 극적 실연을 행위화라고 했을 때 10개의 치료 요인 중 행위화의 평정에서 보이는 간극은 상대적으로 작은 데 비해 역할확장과 정화 요인은 실행 수준과의 간극이 크다. 특히 '정화' 요인은 주인공이 지각하는 치유 요인 중 가장 큰 평균 차이를 보였다.

사이코드라마에서 정화, 즉 카타르시스는 몸과 행위를 떠나서 설명할 수 없다. Moreno는 정신적 카타르시스의 용어를 충분히 인간으로 살아남기 위해 워밍업을 통해 개인의 정신적, 문화적 증후군으로부터의 해방 및 정화로 정의했다(Moreno, 1977). 켈러먼은 저장된 내용물을 정서적 표현을 통해 풀어놓은 것으로 정서적 표현이라는 협의의 정의를 하였으며, 최헌진은 인간의 몸을 통한 제반 요인들(물질, 감정, 힘 등)의 강렬한 방출 및 그 순간의 정신 상태로 정의하였다(최헌진, 2003).

사이코드라마는 다른 어떤 분야보다 강렬한 정서가 표현된다. 몸으로 행위하는 것은 담화적 방식으로 진행하는 상담보다 강렬한 정서적 반응을 동반한다. 사이코드라마가 몸의 행위와 정화를 분리해서 볼 수 없는 행위 카타르시스라는 것은 개념도에서 행위화, 정화의 인접한 거리로 확인된다. 더불어 행위화, 정화, 역할확장까지 본다면 사이코드라마의 극적 표현 방식이 가진 고유한 특징을 나타내는 치유 요인으로 이해할 수 있다. 따라서 사이코드라마의 역할 실연과 행위화는 다른 분야와 차별화된 접근 방식이며 사이코드라마 전문가라면 몸의 행위와 함께 체현되는 정서 경험을 주인공에게 치유적 경험으로 이끌어 갈 수 있어야 한다.

사이코드라마에 참여한 주인공이 중요도와 실행 수준을 평가한 자료에서 평균 차이의 간극 순위는 행위화와 정화의 치유 요인이 거의 반대의 평정 결과를 보인다. 극적 방식의 행위 작업은 잘 이루어지고 있는 것에 비해 정화의 실행 수준은 그렇지 못하다. 많은 경우 사이코드라마의 정화를 단순히 억압된 감정의 배출로 인식한다. Kellermann(1992)의 정의처럼 저장된 내용물을 정서적 표현을 통해 풀어놓은 것이라는 카타르시스의 개념에서 '정서'의 개념을 억압된 '감정'으로 한정하여 지각하고 있는 경우가 그렇다.

황상민은 Kagan 박사의 저서 "정서란 무엇인가?"를 통해 정서는 '뇌 활동이나 자율신경 활동의 생물학적 프로파일', '감정에서 탐지된 변화', '의미적 형태로 나타나는 감정의 상징적 평가', '운동 반응의 결과'에 의한 복합적인 현상으로 요약하였다. 사이코드라마의 행위화, 정화, 역할확장, 자기이해, 자각통합, 개념의 재구조화로 드러난 주인공의 변화 경험은 단순한 느낌이나 감정을 강렬하게 드러내는 것만으로 충분치 않다. 실연 과정에 체현되는 주인공의 정서는 단순한 느낌이나 감정의 차원을 넘어 주인공을 포괄적으로 이해해야 하는 현상이다.

정서 지향적 접근에서는 정서적 경험과 그 의미 기제를 유발하는 기본적인 심리 단위를 '정서 도식(emotion scheme)'이라 부른다. 정서적 문제를 치유하는 방법은 정서와 그 의미 체계에 접근하여, 정서적 경험이 전달하는 메시지를 읽고 행위를 구성하고 인도하는 지침으로 그 메시지를 활용한다(Greenberg, Paivio, 2008). 도식은 개인이 성장하면서 학습한 규칙이나 신념뿐만 아니라 여러 가지 다양한 감각, 생리, 정서적 기억, 상황적 단서와 그 의미들이 복합적으로 조직화된 것이다(Greenberg & Safran, 1987, 1989). 또한 정서 도식은 정서에만 기반한 것이 아니라 주관적으로 지각된 의미, 자신과 세계에 대해 통합된 감각을 제공하는 정동, 인지, 동기 그리고 행위가 복합적으로 포함된다. 따라서 치료자는 심리치료에서 정서, 동기, 인지 그리고 행동을 포괄적인 치료 체계 안에 통합(Norcross & Goldfried, 1992)하여 접근하는 것이 필요하다.

Greenberg와 Paivio(2008)는 저서 "심리치료에서 정서를 어떻게 다룰 것인가?"에서 정서의 특징을 다음과 같이 소개한다. (1)정서는 우리를 행동하도록 조직화하고 (2)적응적이며 (3)기억과 사고에 영향을 미친다. 또한 정서는 (4)동기적이며 (5)우리에게 무엇인가를 알려줄 뿐 아니라 (6)정서도 인간의 의사소통 신호체계이다. 이러한 정서 도식의 개념과 정서의 특징은 사이코드라마 주인공이 과정 내

내 자기를 드러내는 현상을 이해하는 데 매우 유용하다. 중요도와 실행 수준 평정의 결과로 돌아가 정화, 역할확장에 이어 자기이해, 자각통합, 개념의 재구화와 같은 치료 요인도 다른 치유 요인들과 비교했을 때 중요도에 비해 실행 수준이 낮게 평정되었다. 중요도와 실행 수준과의 간극이 크다는 것은 디렉터가 사이코드라마 과정에서 더 적절히 구현할 수 있도록 치유 요인의 작동 메커니즘을 이해하고 개입 전략의 전문성을 높일 필요가 있다.

심리치료 과정은 신체가 느끼는 정서적 경험을 분별하고, 상징화하며, 소유하고, 명확히 표현하는 것, 정서를 허락하고 수용하는 것, 정서를 신호체계로 사용하는 것, 동일한 사람이나 상황에 대해 경험하는 각기 다른 혹은 모순되는 정서를 통합하는 것들이 포함된다(Greenberg & Paivio, 2008). 사이코드라마에서 실연되는 주인공의 극적 이야기들은 강렬한 감정 표현을 포함하여 그 경험 과정에 주인공이 주관적으로 해석한 의미, 주인공이 지각한 정서에 대한 평가가 관여된다. 또한 주관적 해석은 주인공이 처한 상황, 문화 및 사회적으로 미치는 영향들, 주인공 개인의 내적 특성에 따라 다양한 형태로 존재한다.

주인공의 삶을 온전히 이해하는 것은 주인공의 정서적 경험의 의미를 이해하고 어떠한 의미 부여를 통해 자신의 내면으로 통합시키고 있는지, 감정이라는 단선적 차원을 넘어 정서 차원의 폭넓은 개념으로 바라보고 풀어나가야 한다. 주인공의 실연 과정에서 언어적, 비언어적 표현을 포함하여 신호체계로 자신을 드러내고 표현하는 의사소통으로서 정서-주관적으로 지각된 의미, 자신과 세계에 대해 통합된 감각을 제공하는 정동, 인지, 동기, 행위 등-가 제공하는 복합적 정보를 치유적 과정에 활용해야 한다.

인터뷰와 장면의 극화

사이코드라마 치유 요인의 활성화는 기본적으로 장면 실연, 즉 극적 방식에 있다. 주인공과 인터뷰를 통해 얻은 장면을 연출하여 역할을 맡고 시연하는 과정에서 행위화는 이미 활성화되었다. 인터뷰 후 시작하는 첫 장면은 기본적으로 누가, 언제, 어디서, 무엇을 한다는 정보를 얻으면 시행할 수 있다. 첫 장면에서는 주인공에 대한 다양한 단서가 드러난다. 대인관계 패턴, 감정을 다루는 방식,

자기 자신에 대한 자기 평가, 몸과 행위에 대한 인식과 준비 상태, 자기 삶에 대한 주체성과 자발성 정도, 사이코드라마 참여에 대한 적극성이나 저항의 정도 등 첫 장면은 향후 진행되는 사이코드라마 진행 과정에서 영향을 줄 수 있는 주인공의 다양한 특성들을 보여준다.

주인공 특성 단서	인터뷰와 장면 만들기
	<주인공 면담>
자발성 높음 ←	**D:** 망설임 없이 나오셨는데 지금 기분은 어떠신가요?
삶에 대한 태도 ←	**P:** (큰 숨을 내쉼) 사실 한 번은 꼭 치러야 한다고 생각해서 나왔는
적극성, 주체성 ←	데 어 생각보다...
몸과 행위에 대한 ←	**D:** 긴장되시죠. (네) 심호흡 한 번 하실까요? (심호흡 2번) 말씀 중
인식과 준비 상태	에 한 번은 꼭 해야 한다고 말씀하셨는데...
경험(감정)을 ←	**P:** 네. 이것에 대해서 오랜 시간 고민을 했고 저의 성장을 위해선 꼭
다루는 방식	다루어야 하는 주제라고 생각이 들어서... (몸의 긴장도가 높아지
트라우마 증상 ←	고 눈의 초점이 흐려짐)
	D: (잠시 기다림) 이것이라는 것은 무엇을 말하는 것일까요?
주인공 중심 주제 ←	**P:** 6살 때... 제가 성폭행을 당했습니다. (왈칵 쏟는 눈물과 떨리는 몸)
몸의 행위에 대한 ←	**D:** (잠시 더 정서에 함께 머묾. 눈물이 진정되지 않고 감정에 더 빠
인식과 준비 상태	져듦.) 지금 몸 상태는 어떠신가요?(지금-여기 신체 감각을 인식
자동적 신체 반응	하도록 개입) 머리에서 발끝까지 몸에 주의를 기울이면서 말씀
	해보실래요?
뇌 신경계 생물학적 ←	**P:** 눈물이 나고, 심장이 터질 것처럼 쿵쾅거리고...
신체 반응	**D:** 발끝의 감각을 느껴보세요. (눈물이 계속 쏟아짐) 일어나실 수 있
	으신가요? (네) 자, 우리 이 공간을 좀 천천히 걸어보지요. (주인
안정화를 위한 ←	공과 함께 공간을 한 바퀴 천천히 걸음) 심호흡도 해 보시고... (
그라운딩 기법	조금씩 안정화) 한 바퀴 더 돌아봅시다. (한 바퀴 더 돌고 눈물이
정서 조절 강도 ←	멈추는 것이 관찰되어 자리에 앉음) 자, 어려운 이야기 꺼내셨는
	데 주변을 한번 둘러보시겠어요? 어떤 것 같나요?
중심 주제와 관련 ←	**P:** (눈으로 집단원을 한 바퀴 둘러봄) 네 괜찮습니다. 이 집단에서
집단에 대한 안전감	말해도 될까, 안전할까 사실 많이 고민했었는데... 잠을 편하게 잔
자아 강도 ←	적이 없고 제가 한 번은 꼭 다루어야 할 주제라고 생각하기 때문
작업동맹 정도 ←	에 디렉터를 믿고 나왔습니다.

디렉터의 공감 전달 비언어적 표현 인식	**D:** 그렇군요. 쉽지 않은 주제인데 워밍업할 때 주인공의 에너지가 떨어지는 것 같았는데 주인공을 하겠다는 마음을 다지고 있었나 보네요. (네)... 음... 6살 때 성폭행을 당했다는 말씀을 하셨는데 상황을 더 설명해주실 수 있나요?
<첫 장면 만들기>	
어디서 ← 누가, 언제 ← 무엇을 ←	**P:** 6살 때 (어디서?) 부모님이 일꾼들 급식을 하는 일을 하셨는데 식당 한편에 방이 있었어요. 밤에 부모님이 일 때문에 나가셨는데 잠을 자고 있을 때 그 사람이 방에 들어왔어요. (어떤 행동을 했나요?) 제 뒤에 누워서 바지를 내리고 자기 거를 제 엉덩이에 비비고 만지고... (삽입이 있었나요?) 아니요. (사정이 있었나요?) 네...
	D: 그때 느껴지던 감각은 어떠했나요? 냄새... 촉감...
신체 감각 기억← 얼어버림(트라우마)	**P:** 끈적끈적하고 이상한 냄새가 나고 너~무 싫었는데 말을 할 수가 없었어요.
외상 노출 정도 ←	**D:** 이런 일이 얼마나 자주 있었나요? 이런 상황을 부모님은 알고 계셨나요?
반복 외상← 사회 문화적 상황←	**P:** 여러 번 있었는데, 엄마에게 '저 아저씨 싫다'고 했는데 엄마는 '니가 이뻐서 그런다'라는 (울음을 터뜨림)
일차적 정서 두려움← 자신의 대처 행동에←	**D:** ... 아이가 얼마나 무서웠을까. (등을 토닥이며 잠시 머묾) 여러 번이라 하셨는데 어떻게 끝이 나게 되었나요?
대한 자기 평가는?	**P:** 저희가 이사를 가게 되면서...
자신의 경험에 대한 주인공 의 자기 평가를 통해 형성했 을 가능성이 있는 이차적 정서 파악 필요	**D:** 음... 그렇군요. (잠시 기다림) 어려운 이야기해 주셨는데 이 장면을 우리가 함께 들어가 만나보게 될 거예요. 괜찮으시겠어요? (네)

　　주인공 선정 후 인터뷰 과정에서 주인공에 대한 이해를 돕는 정보는 제시된 것처럼 다양하고 복합적이다. 주인공과의 인터뷰에서 파악된 주인공은 자발성이 높고 디렉터와 작업동맹이 이루어진 상태이며 몸에 기억된 트라우마 증상이 확인되고 있다. 성폭행 트라우마에 대한 두려움의 반응-눈물, 심장의 쿵쾅거림, 초점이 흐려지고 감정에 빠져 멍해지는-이 있으나 그라운딩을 통해 정서가 조절되고 자신의 몸 상태와 지금-여기 활동을 지각할 수 있을 만큼 자아 강도를 보유하고 있으므로 성폭력 트라우마 장면 시연이 가능할 것으로 판단되었다. 이후 기본적 주인공 정보에 대한 간단한 인터뷰가 있었다. 현재 주인공의 상황, 가

장 가까운 현실에서 주인공이 겪고 있는 문제 등을 듣는다. 주인공의 주제가 성폭행 트라우마이며 인터뷰 과정에서 바로 자동 신체 반응과 정서로 빠져들고 있기 때문에, 우선 가까운 현재에 벌어지는 사건을 조명하고 주인공이 다룰 수 있는 장면으로 시작한다. 장면이 연결되고 심화되면서 점점 압도된 잉여현실 장면으로 들어간다.

트라우마 주제는 주인공이 겪은 정서적 경험이 가해자의 행위에 대해 대항하거나 도망치지 못하고 얼어버린 반응으로, 재연 장면을 실연하면 몸의 감각이 활성화되고 과거에 경험한 그때의 상황이 지금-여기 현재에서 경험된다. 생존을 위해 작동되었던 과거의 박제된 정서 도식이 활성화되어 고스란히 드러난다. 사이코드라마의 치료 요인 중 지각통합, 개념의 재구조화는 이러한 과거의 정서 도식을 새롭게 변화시키는 교정적 재경험을 통해 현실에서 좀 더 적절하게 작동하는 새로운 정서 도식으로 변화를 꾀한다. 주인공은 새로운 역할(가해자에 대항하고 처벌하는 역할)을 시연하며, 과거와 다른 새로운 정서 도식을 구성하고 앞으로 살아갈 삶에서 두려움에 대처할 수 있는 확장된 역할을 훈련한다. 트라우마 사이코드라마는 주인공의 자아 강도나 몸과 행위에 대한 준비도에 맞게 장면 실연에 접근해야 한다. 트라우마 상황에 서서히 자기 감각을 찾고 대처 행동을 할 수 있도록 주인공의 자발성을 지속적으로 워밍업하며 전개되어야 한다.

사이코드라마는 첫 장면과 마지막 장면을 제외하면 한 회기에 보통 3~5개 정도의 중심장면으로 이루어진다. 중심장면들은 점차 감정과 자발성, 행위화, 잉여현실의 놀이화로 연결되어 진행되며 그 중심에는 주인공의 지금-여기 중심 주제가 있다(최헌진, 2003). 중심장면은 장면이 진행될수록 자발성이 증가하고 진행 속도가 빨라지며 장면의 길이는 짧아진다. 말보다 행위가 고조되고 주변 의식을 벗어나 몰입하는 정도가 강해지며 집단의 몰입 또한 강해진다. 지금-여기 정신이 작용하며 환상과 꿈, 잉여현실 세계가 펼쳐지며 카타르시스가 나타나는 특징을 보인다(최헌진, 2003). 사이코드라마에서 점차 몰입되고 깊어지는 현상은 주인공의 변화가 체현되고 있다는 증거이기도 하다.

적절한 기법 활용

사이코드라마의 치유 요인을 활성화하는 두 번째 방법은 사이코드라마 기법을 적재적소에 활용하는 것이다. 주인공의 실연 과정에서 행위 욕구를 해소하기 위해 어떤 기법을 선택하는지에 따라 장면에서 주인공의 핵심 주제로 접근해 들어가는 몰입도가 달라진다. 기법은 왜 그 순간에 필요했는지, 적절했는지 등 디렉터의 선택 이유가 있어야 한다. 또한 디렉터의 선택 이유는 주인공의 중심현상을 더욱 촉진하는 방향으로 기여할 것이라는 판단을 전제로 한다.

앞서 사이코드라마 과정 이론에서 기술했던 주인공의 중심현상이 나타난 중심장면의 디렉팅 사례를 풀어 보면 다음과 같다.

〈장면1〉 양육의 책임을 홀로 짊어진 아내의 삶을 펼쳐 부담감과 속박을 떼어 빠져나와 가벼워지는 나를 실현함

기법과 정서 도식	사이코드라마 실연 단계
역할 놀이← 가족조각 기법← 관계에 대한 역동을 몸짓, 시선, 거리, 조각상 모양 등으로 상징화하여 표현	**<장면1> 가족조각** **D:** 가족조각을 만들어보려고 합니다. 아이 3명과 남편 그리고 나 4명의 관계를 조각으로 나타내는 것인데요, 친밀한 정도의 관계를 거리로 표현하거나 가족구성원의 대표적인 이미지를 조각으로 만들어주시면 됩니다.

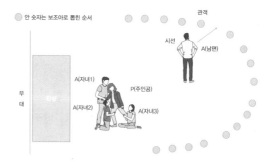

가족을 뽑음←
집단구성원 간 텔레
현상, 보조자아를
선택하는 순서(관계
의 가중치), 장애
자녀를 먼저 뽑음
주인공의 대상 관계←
관계적 역동을 드러
내는 짧은 대사 찾기
더블기법←
버림받을 것 같은
두려움, 장애 이슈에
대한 주인공 삶의
역사는 어떠하였을까?

요구적 상황←
주인공은 대인관계
에서 요구적 상황에
어떻게 대처할까?
도움요청이 외면당함←
주인공은 현실에서
도움 요청에 대한 어떤
태도를 갖고 있는가?
역할 맡기 ←

확대법 ←

탈출법, 확대법 ←
가족에 붙들려
자신을 펼치지 못한
심리적 이미지의
상징화 장면

→ 장애를 가진 아이는 엄마보다 큼. 엄마 허리를 꼭 부여잡고 붙
어 있음.
→ 나머지 두 아이들은 엄마의 다리를 붙잡고 해달라고 조르는 모습
→ 남편은 등 돌려 선 채로 외면하고 저 멀리 있음

D: 가족조각을 만드셨는데 각 조각상이 대표적으로 하는 말을 한 문
장 정도 주신다면 어떤 말이 있을까요?

첫 번째 만드신 가족 조각상 어깨에 손을 얹으시고
P: (첫 번째 아이 조각상 위에 손을 얹고) 엄마 나 버리지 마~

D: 나머지 조각들에게도 대사를 하나씩 준다면
P: 엄마 나 이것 좀 해줘... 다리를 잡은 아이들은 둘 다 그러는 것
같아요.

D: 네 남편은요
P: 아무 대꾸가 없어요.
D: 저렇게 뒤로 돌아 서 있는 모습이 맞습니까? (네) 자 주인공이 어
머니 조각상으로 들어가시고 그 상황을 경험해 보도록 하겠습니
다. (주인공 더블 역할하는 보조자아가 빠져나오고 주인공이 엄
마 조각상으로 들어간다) 자 아이들 각자의 말을 반복하시면 되
겠습니다. 엄마 나 버리지마! 보여주세요~
A(아이들): 엄마나 버리지 마!, 엄마 나 이것 좀 해줘~
P: 여보~. 여보! 여기 좀 봐~
남편을 부르지만 돌아보지 않음. 3명의 자녀들은 자신의 필요를
엄마에게 반복적으로 표현함. 남편을 부르는 목소리가 커지지만
남편은 뒤를 돌아보지 않고 외면하는 장면 확대. 남편을 돌려세
우려 가고 싶어 하지만 아이들에게 발목과 몸을 붙들려 조금도
다가갈 수 없음. (행위화 5분) 온 힘을 쓰고 나아가려 하지만 점
점 소진되고 지친 마음과 꿈쩍하지 않는 남편을 봄. 남편과 육아
에 소진되고 있는 주인공의 삶의 드러남.

디렉터의 더블기법 ←	**D:** 지금 느껴지는 대로 내가 원하는 것 말해요! <u>(더블 목소리로 촉</u>
간절한 도움 ←	<u>진) 여보!</u>
기대와 좌절	**P:** (울음을 터트림) 나도 너무 지쳐~ 제발~ 여보~ (자신을 붙잡고
	있는 아이들 손을 떼어내며) 나 좀 내버려 둬. 제발 떨어져. 제발
	~ 아빠한테 가!
장면 전환 포인트 ←	(잉여현실 표현하기)
장애 자녀에 대한	아이들을 떼어내어 아빠에게 보내는 행위화, 특히 <u>장애를 가진 자</u>
드러나지 않은 이슈	<u>녀의 손을 떼어내며 망설임과 눈물, 절규</u>

　　가족조각 기법은 주인공의 내면 세계에 존재하는 가족 간 관계를 조각으로 표현하는 것이다. Moreno의 사회원자 도해를 가족에게 적용한 것이라 할 수 있다. 사회원자는 개인의 내면 세계에 존재하는 중요 대상을 말하고, 도해는 그러한 사회원자들과 자신의 관계를 도식이나 그림 등으로 표현한다. 가족조각 기법은 가족이라는 사회원자들과의 관계를 조각한다. 실제 보조자아들이 등장하여 관계를 드러내는 것으로 액션 소시오그램이며 가족 역할을 맡은 보조자아들의 역할 맡기로 시각화하고 상호작용의 행위를 할 수 있다. 개인에게는 가족에 대한 노출이 위협적일 수 있기 때문에 충분히 워밍업되고 신뢰하는 집단에서 실시한다.

　　더블 기법은 역할자가 드러내 보이는 말과 행위의 이면, 내면의 느낌을 드러내는 기법이다. 치유 요인 중 '디렉터와의 의미 있는 관계경험'은 주인공의 상호작용 대상에서 가장 비중이 큰 디렉터와의 관계 긍정성을 말한다. 디렉터의 공감과 수용, 진솔성 등 디렉터가 주인공에게 아가의 마음을 공감해주는 어머니와 같은 대상으로 존재하는 것이다. 더블 기법은 디렉터만 사용하는 것은 아니다. 다만 디렉터의 더블 기법은 주인공을 직접적으로 이해하는 개입 방법으로 주인공을 워밍업시키고 장면에 몰입시키는 데 매우 영향력 있는 기법이다.

　　확대법은 인물의 생각, 느낌, 행위를 확대하고 과정하여 증폭시키는 방법이다. 아이들과 남편의 상호작용 방법을 반복적으로 들려주면서 장면으로 몰입하여 극적 역할 행위에 몰입할 수 있도록 돕는다. 주인공이 아무리 남편을 불러도 돌아보지 않고 벽처럼 서서 외면하는 설정도 확대의 요소가 된다.

　　탈출법은 주인공이 느끼고 있는 억압된 감정, 답답한 상황, 자발성을 가로막는 상황을 구체적인 장애물로 장면화하여 그 장면이나 상황에서 벗어나거나 빠져나오는 기법이다. 주인공이 가족에게 붙들려 있는 심리적 상황을 아이들에게 둘러싸인 장면으로 시각화하고 아이들에게 붙잡혀 나아가지 못하는 상황에서 벗어나도록 하였다.

마지막 부분의 장면 전환의 포인트는 새로운 중요 단서가 나왔을 때이다. 가족조각을 통해 남편에 대한 주인공의 마음을 드러내고자 하였다. 홀로 가족 전체를 책임지는 것에 대한 무거움과 외면하는 남편에 대한 분노, 자기 주장성에 대한 실험 무대이다. 그러나 마지막 소진 상황에서 아이들을 떼어내며 표현되는 감정은 망설임, 미안함, 슬픔 등의 정서를 만났다. 표현 대상이 남편에게서 아이들로 바뀌었다. 장면 전환은 한 장면의 최초 의도가 모두 다 표현되었을 때 일어나지만 중요 단서가 나오거나 장면이 무의미하거나 막힘 현상이 강해 진행이 안되거나 더 이상의 상호작용이 불필요하다고 생각될 때 다시 인터뷰를 통해 새로운 장면을 찾아 나간다. 첫 번째 장면에서 주인공은 남편에 대한 마음을 표현하는 과정에 장애 아이에 대한 주인공의 변화된 정서가 발견되었다. 이는 중요 단서로 디렉터는 장면 전환과 다음 장면을 어디로 가야 하는지에 대한 선택을 해야하는 상황이다. 여기서 필자는 주인공의 첫 인터뷰에서 언급한 성폭행 트라우마에 대한 주제를 중심으로 진행하는 상황으로 다음 장면을 남편과의 부부관계 장면으로 이어갔다. 그러나 지금-여기 주인공의 표현되는 감정을 더 따라간다면 장애 자녀와의 관계 장면이 고려되어도 좋다.

정서 도식의 단서 활용

사이코드라마 치유 요인의 활성화를 위한 세 번째 방법은 주인공의 정서 도식을 이해하고 활용하는 것이다.

〈장면2〉 원치 않는 성관계, 아빠로서의 역할을 등한시한 남편에 대해 참았던 분노와 원망을 쏟아 정서적 막힘을 해소하고 싶은 나를 실현함

기법과 정서 도식	사이코드라마 실연 단계
	<실연 – 장면 2> **D:** 아빠의 역할 말고 <u>남편으로서는 어떤가요?</u> **P:** <u>원치 않는 성관계</u>를 요구하는 남편, 아이들의 필요에 둘러싸여 엄마의 역할에 지쳐갈 때 남편은 술을 마시고 와서 아내에게 잠자리 원하는 일이 반복
성폭행 트라우마가← 현재에 미치는 영향 중 부부관계에서 촉발되어 과거의 의미 체계를 재연할 가능성	
핵심 정서: 혐오적← '원치 않는, 억지로 빼내는' 강요 장면	<u>끔찍하게 느껴지고 싶었음</u>. 자기 이야기를 들어주지 않으면 <u>아이들을 깨우겠다고 함</u>. 아이들 사이에서 아내를 <u>억지로 빼내는</u> 남편의 모습 재연.
대립자와 힘의 대결← 남편과 밀고 당기기	술냄새. <u>뒤에서 껴안기</u> 등 주인공도 술을 마시지 않으면 관계가 잘되지 않음. 뒤돌아있는 아내를 안을 때 장면

트리거 단서 활용← 유사한 상황(강요되 고 거부할 수 없는) 장면 구성	(인터뷰 초기 성폭행 당시 가해자가 '<u>제 뒤에 누워서 바지를 내리고 자기 거를 제 엉덩이에 비비고 만지고...</u>'를 하였다는 단서, 성폭행 당시 감각이 부지불식간 트라우마 상황을 재활성화하는 트리거 자극이 될 수 있다는 가설을 세우고 장면으로 확대,
몸에 기억된 감각← 자극 재연과 정서 도식 활성화	바타카로 남편의 음경을 상징화하고 주인공의 뒷부분에 닿도록 장면화) 주인공이 소스라치게 놀라고 싶어함.

핵심 정서: 분노←
일차적 정서 분노의
행위 경향성–정당한
자기 주장, 힘의 대결

→ 남편에 대해 현실에서 표현하지 못했던 주인공의 숨겨진 마음을 온몸으로 표현함.

P: (자신을 껴안고 놓지 않는 남편 힘으로 떼어내기) 싫다고~ 하지 말라고~ 저리 가!!!

D: 남편에게 하지 못했던 말 있지요? 여기서 다 해봅시다.

P: (빈의자를 바타카로 두드리며 활성화된 분노의 크기만큼 소리치며 표현함) 남편의 무능함, 성관계가 힘들었던 것, 아빠로서의 역할을 등한시했던 것, 아이들을 양육하는 일이 온전히 본인 몫이었던 것에 대한 원망, 분노, 절망 등을 쏟아냄.

<장면3> 성폭행 트라우마 직면하고 빠져나오기

장면 전환의 중요←
단서, 비언어적 표현
(표정과 몸의 반응)

D: 아까 남편과 앉아 있을 때, <u>떠오른 장면이 있었죠.</u> (바타카가 몸에 닿을 때의 몸의 반응과 얼굴 표정에서 성폭행 장면이 떠올랐을 것으로 추측함)

P: 네...

D: 이제 그 장면으로 들어가 볼 거예요.

트라우마 경험으로←
장면 전환

<u>자리에 잠깐 앉아주세요.</u> (성폭행 장면 인터뷰)

정서는 환경과 관계된 정서 및 자기와 관계된 정서로 구분할 수 있고, 어떤 정서는 이 세계에서 일어나는 일들에 대한 의미, 즉 이런 일들이 우리의 안녕감과 어떤 관련이 있는지 알려준다. 그에 따라 정서적 반응은 다르기 때문에 개입 방

법도 각기 달라야 한다. 세계에 대한 정서는 정보, 적응적 행위 경향 그리고 적절한 방법으로 정서를 표현하는 측면에서 다룰 필요가 있는 반면 자기와 관계된 정서는 이런 정서를 유발하는 내적 본성과 그 의미를 탐색해야 한다(Greenberg & Paivio, 2008).

사례에서 남편은 주인공에게 성관계를 요구하며 응하지 않으면 아이들을 깨우겠다며 주인공의 마음 상태와 상관없는 강요적 태도를 보이고 있다. 이에 대한 주인공의 분노는 적응적일 수 있으며 정당한 의사소통이 격려된다. 반면 남편이 주인공을 뒤에서 껴안고 음경이 닿는 자극에서 '소스라치게 놀라고 싫어하는' 반응은 단순히 남편의 뒤에서 껴안은 행동에 상응하는 정서라기보다 혐오에 가까운 강렬한 정서가 유발된 의미, 즉 주인공의 내적으로 작동된 정서 도식의 의미 체계를 탐색할 필요가 있는 비언어적 표현이다. 주인공은 뒤에서 성기가 닿는 자극이 과거의 성폭력이 있었던 장면에서 경험된 감각 자극이 되어 과거 그 상황의 체험된 정서 도식 체계가 활성화된다. 6살의 어린 소녀가 느꼈을 공포와 두려움, 성에 대한 혐오적 느낌, 대항할 수 없음, 강요된 성, 도움을 요청할 수 없었던 고립된 상황, 부모에게 이해받지 못함과 같은 의미 체계가 연동되고 심장이 쿵쾅거리고 몸이 위축되는 반응이 동반된다. 그 순간 성관계를 강요하는 남편은 과거의 가해자에게 느꼈던 혐오적 대상으로 오버랩될 수 있다. 하지만 디렉터는 이러한 정서 도식을 사전에 분석하고 주인공을 그 상황 장면에 의도적으로 노출시키는 것이 아니다. 다만 디렉터는 주인공이 사이코드라마 실연 과정에서 보여 준 언어적, 비언어적 정서 표현을 알아차리고, 지금-여기 주인공이 실현하고 싶은 자기를 표현할 수 있도록 주인공의 동의하에 극적 장면을 열어주는 것이다. 디렉터는 주인공의 소스라치게 놀라는 몸의 반응을 알아차리고 남편과의 장면을 마무리한 뒤 주인공에게 확인한다. 과거의 장면이 연상된 것이 맞는지, 그렇다면 트라우마 장면을 열어 나아가고 싶은지, 디렉터와 함께 두렵고 어려운 장면으로 들어가 작업할 자발적 상태에 있는지 소통하고 있다. 디렉터와 의미 있는 관계경험, 작업동맹, 자기 노출의 촉진, 행위화, 정화, 역할확장의 치유 요인이 활발히 작용한다. 치유 요인의 활발한 작용은 주인공의 경험을 더 깊은 곳으로 초대한다. 따라서 전문가는 주인공이 드러내는 정서를 민감하게 알아차리고 주인공의 의미 체계가 어떠한지 정서 도식을 잘 이해하여 실연 과정에 중요 단서로 활용할 수 있어야 한다.

중요한 정서 표현이라는 사인은 사이코드라마에서 타인과의 상호작용에서 주인공이 보인 자극에 대한 반응이 일반적인 것을 떠나 과도하게 표현되거나 반대로 위축된다면 주인공의 내면을 탐색할 중요 단서임을 고려해 볼 가치가 있다. 디렉터는 주인공이 사이코드라마를 실연하는 순간부터 보여주는 언어적, 비언어적 표현에 민감해야 한다. 또한 다양한 시점에서 들려주었던 메시지들을 잘 기억하고 적절히 연결해 나가야 한다. 또한 정서는 주인공의 의식, 전의식, 무의식 수준에서 내어놓는 주인공의 포괄적인 의사소통이다. 디렉터는 주인공이 드러내는 자기 정보를 맥락적, 총체적, 유기적으로 이해하고 공감하며 주인공의 진실을 마주해나갈 때 더 깊은 사이코드라마를 만들어갈 수 있다.

핵심 정서와 행위 갈망

사이코드라마에서 드러나는 정서를 디렉터가 잘 다루기 위해서 정서에 대한 이해가 필요하다. 주인공의 자발성과 창조성을 확장시켜 나갈 수 있도록 삶을 실험해 나가는 무대가 사이코드라마이다. "누가 어떻게 이 시대를 살아남을 수 있을 것인가"라는 책(Moreno, 1934)의 제목처럼 사이코드라마는 언어에 의한 현상의 분석과 정리가 아니라 어떻게 하면 우리 자신을 신장시켜 나갈 것인가, 우리의 존재를 어떻게 확대해 나갈 수 있는가에 관심을 갖고 있다(최헌진, 2003). 말이 아닌 구체적 행위를 통해 생존 자체, 그 힘을 찾고자 노력하는 인간의 자발성은 행위하고자 하는 갈망을 갖는다. Moreno는 목적을 달성하기 위해 움직이고자 하는 의지가 있다고 말하였고 그것을 행위 갈망이라고 하였다. 정서는 행위경향성을 갖는다. 정서는 인간의 의사소통 체계이며 삶을 유지하고 영위할 수 있도록 해 주는 내적 신호로 적응적 기능을 한다. 또한 당면한 사건을 더 잘 다룰 수 있도록 준비시키고 동기화한다. 그 외에도 정서는 인간의 행위를 설명하는 데 매우 중요한 개념이다.

따라서 사이코드라마에서 드러난 정서는 주인공의 무엇을 행위 갈망하는지 이해할 수 있는 주요 단서가 된다. 그중 핵심 정서는 사이코드라마에서 드러나고 표현되어 미완을 완결하고자 하는 주인공의 행위 갈망을 대표하는 것이다. 따라서 정서에 대한 디렉터의 이해는 사이코드라마의 실현 방향을 인도하는 방향타가 되므로 주인공이 드러낸 정서를 평가하는 것은 매우 중요하고 가치 있는 일이다.

정서 지향적 치료에서는 정서적 경험과 표현을 평가하기 위해 세 가지의 과정 진단적 정서 도식을 개발하였는데, 이 도식에 따르면 정서는 일차적, 이차적, 도구적 정서로 구분될 수 있으며 이에 따라 치료적 개입 방법도 각기 다르다 (Greenberg & Paivio, 2008). 도식에서는 외부 자극에 대한 반응으로 출현하는 가장 기본적인 일차적 정서를 이차적 정서와 도구적 정서와 구별한다. 이차적 정서와 도구적 정서는 일차적 정서 후에 출현하고 사회적 영향을 많이 받으며 좀 더 중재적이라는 차이점이 있다(Greenberg & Paivio, 2008). 일차적 정서는 다시 적응적 정서와 부적응적 정서로 나누어지는데 적응적 정서는 위반에 대한 분노, 위협에 대한 두려움, 상실에 대한 슬픔처럼 분화된 정서가 있고, 감정 및 신체가 느끼는 감각, 정서적 고통이 있다. 일차적 정서의 적응적 정서 중 분화된 정서는 그대로 표현되도록 한다. 상실에 대해서 슬픔을 표현하고, 위반에 대해서 분노를 표현하고, 위협에 대해선 두려움을 느끼고 자신을 보호할 수 있는 행위를 완결짓는다. 그리고 정서적 고통은 수용하고 받아들인다. 감정 및 신체가 느끼는 감각은 그 의미와 욕구를 상징화하는 개입을 한다. 일차적 정서에서 부적응적인 정서는 대표적으로 수치심과 트라우마와 같은 두려움이 있다. 이러한 정서는 재구조화를 위해 핵심적 정서 도식에 접근하는 개입을 한다.

〈장면3〉 6살 성폭력 상황에 굳어 있었던 자신의 몸을 깨우고 두려움에 맞서 가해자를 처벌하고 빠져나오는 나를 실현함

기법과 정서 도식	사이코드라마 실연 단계
	<장면3> 성폭행 트라우마 직면하고 빠져나오기

D: 아까 남편과 앉아 있을 때, 떠오른 장면이 있었죠. (바타카가 몸에 닿을 때의 몸의 반응과 얼굴 표정에서 성폭행 장면이 떠올랐을 것으로 추측함)

P: 네...

D: 이제 그 장면으로 들어가 볼 거예요. 자리에 잠깐 앉아주세요.

→ 성폭행 장면 관련 추가 인터뷰

D: 역할을 뽑아주세요. 엄마, 아빠, 그리고 가해자.

장면을 떠올려보세요. 하루 중 언제였을까요?

(밤) 방을 꾸며주세요.

<u>(가해자로 뽑힌 집단원에게) 도와주실 수 있는지요? (네) 역할을</u> <u>하다 힘드시면 언제든지 말씀해 주세요.</u> (가해자 역할로 뽑힌 집단원은 여자이며 주인공과 개인적 신뢰감이 있는 사람으로 보였음)

보조자아의 자발성←
정도 확인, 가해자
역할 맡기 점검(성별,
역할 수행의 자발성,
역할 분리 정도)

장면 꾸미기를 통한←
주인공 자발성 높이기

P: <u>여기가 창문이고 방문은 여기예요. 창문이 작고 캄캄함 밤이었는</u>데 저는 이렇게(문을 등지고) 누워 있었어요.

D: ○○씨. 장면에 들어가면 그때는 못했지만 지금-여기 어떻게 하고 싶은지에 집중하고 하고 싶은 대로 행동할 수 있어요. 다만 <u>실제적으로 보조자아를 가격하거나 실제 손가락을 꺾거나 다치게</u> <u>않게</u>, 감정 표현은 (바타카와 의자를 가져감) 여기에 할 수 있어요. (네)

격렬한 장면 진행 시←
참여자의 실제적
안전성 확보

<u>(주인공에게 천을 주며) 허리에 두르시겠어요? 바지를 상징하</u><u>는 것입니다.</u>

표현 과정의 안전 ←
장치 마련(소품 활용)

→ 장면 재연

<u>(불을 끔)</u> 가해자가 조용히 들어온다. 들어오는 순간 아이(주<u>인공)는 반사적으로 몸을 오므리면서 눈을 질끈 감고 떠는 반응</u>을 보인다. 주인공의 입을 막는다(말하지 못했던 상황 상징-디렉터). 가해자는 주인공의 이불 밑으로 손을 넣어 바지(허리에 묶은 천)에 손을 댄다. 천천히 힘을 주며 강제로 당겨내리기. <u>주인공의</u> <u>몸이 움츠러들고 긴장한 상태로 얼어있다.</u>

장면 재현, 암전←
재현 장면 몰입←

트라우마 신체 반응←

얼어있는 몸 살리기←	**D:** ○○야(지금-여기 6살) 어떻게 하고 싶어… <u>손가락 움직여 봐.</u>
두려움에 압도된	<u>움직일 수 있니? 그래…</u>
상태에서 나오기,	그렇게 네 몸에 느껴지는 감각을…
자기 신체를 스스로	어떻게 하고 싶은지 몸으로 보여줘.
깨우며 자각 상태로	
이동, 새로운 대처	
행동 습득	
확대법←	→ 바지를 내리는 장면, 움직일 수 없던 장면의 확대.
주인공이 느꼈던←	→ 바지를 내리는 장면, 움직일 수 없던 장면의 확대. 주인공이 움직
정서 강도 재현	일 수 없는 <u>강도만큼 보조자아(동성-가해자힘1)를 2명 더 불러</u>
압박법←	<u>주인공 위에 눕힘.</u>
답답한 감각에서 ←	**D:** 어떻게 하고 싶어. 어떻게 하고 싶어! (주인공의 행위화 촉진)
나오고 싶은 주인공	**P:** 주인공이 벗어나기 위해 몸부림침.
의 행위 욕구, 더블 기	**D:** <u>소리 내! 소리!</u>
법으로 발산 촉진	**P:** 저리 비켜!!!!! 개새끼야! 저리 꺼지라고~!!!
온몸의 힘 압축하기←	**D:** <u>(주인공 더블) 저리 꺼지라고~ 없어지라고~</u>
행위 발산의 시작←	**P:** <u>(자신의 입을 막고 있는 천을 떼어내기 위해 온 힘을 씀) 저.리.</u>
	<u>꺼. 져~</u>
	<u>(입을 막은 천을 떼어내며 소리가 터짐) 저리 꺼져! 저리 꺼지라</u>
	<u>고~~~~~</u>
주인공의 핵심 정서←	**P:** <u>(자신을 누르고 있는 보조자아 2명-성인 남성의 힘을 상징-을</u>
분노, 자기 경계를	<u>필사적으로 밀어냄. 그리고 자기 바지(천)를 잡고 있는 가해</u>
지키고자 하는 정당한	<u>자의 손을 자신의 몸에서 떼어냄) 꺼져! 꺼져! 죽여버릴 거야</u>
주장성 행위화	<u>~~~~~~~~~~~~~~~</u>
행위화의 안전장치←	**D:** <u>(보조자아와 주인공의 안전을 위해 사람을 천으로 변경, 주인공</u>
	<u>의 몸 전체가 덮이도록 천의 네 귀퉁이를 보조자아 4명이 눌러 잡</u>
	<u>고 주인공이 나오지 못하도록 함)</u>
탈출법←	**P:** <u>(온 힘을 다해 천을 손과 발, 온몸으로 밀어내는 행위화. 자신의</u>
감정의 극대화←	<u>몸을 덮은 천에서 빠져나옴. 이글거리는 눈과 거친 숨소리)</u>

죽여버리고 싶다는←	**D:** (분노 표현을 위해 갑티슈를 내어줌)
행위 욕구(갈가리 찢어	**P:** 갑티슈 뜯기, 화장지 뭉치 갈기갈기 찢으며 온 힘이 소진될 때까
죽이고 싶은) 해소	지 소리치고 몸부림.
자신의 잉여 현실에←	모든 힘이 소진되고 늘어지며 깊은 슬픔의 정서로 가라앉음.
접촉됨. 정서가 분노	
에서 슬픔으로 전환됨	
보호받고 이해받고←	**D:** 떠오르는 사람이 있나요?
싶었던 좌절된 욕구와	
관련된 대상	**P:** 엄마요.
관계 탐색	

　　사례에서 주인공의 남편에 대한 장면은 위반에 대한 분노의 정서로 이해한다면 분노를 정당하게 표현하고자 하는 행위 경향성을 완결할 수 있도록 방향성을 잡을 수 있다. 주인공이 6살 때 경험한 성폭행 트라우마의 상황은 일차적 정서에서 부적응적 정서의 두려움으로 이해할 수 있다. 부적응적 정서의 두려움은 재교정되어야 하는데, 현재를 살고 있는 주인공에게 침투적으로 상기되는 두려움은 현재의 자발성을 가로막고 적응적 대처를 할 수 없도록 하기 때문이다. 즉 트라우마 상황으로 접근해서 '두려움-얼어붙음'이라는 부적응적이며 핵심적 정서 도식에 접근하여 재교정하는 개입 방법이 타당할 것이다.

　　일차적 정서와 달리 이차적 정서와 도구적 정서는 적응적이지 못한 부적응적 정서이다. 이차적 정서는 일차적이고 확인가능한 정서적 혹은 인지적 과정에 대한 반응으로 나타나기 때문에 이차적이라 표현된다. 이차적 정서는 '나쁜 감정'과 '복합적 감정'으로 구분하는데, 치료 장면에서는 일차적이고 적응적인 정서에 도달하기 위해 필요에 따라 이차적 반응을 그냥 지나쳐야 할 때도 있고 이차적 정서를 직접 다루어 벗겨 내고 풀어내기도 한다. 나쁜 감정으로 많이 등장하는 우울, 절망감, 무기력감, 절망, 격노와 같은 정서들은 주의를 기울이고 탐색하여 그 이면에 접촉해야 하는 일차적 정서와 닿게 한다.

　　사례에서 남편에게 쏟아내고 있는 주인공의 감정은 매우 복합적이다. '남편의 무능함, 성관계가 힘들었던 것, 아빠로서의 역할을 등한시했던 것, 아이들을 양육하는 일이 온전히 본인 몫이었던 것에 대한 원망, 분노, 절망 등' 주인공의 정서는 일차적 정서, 이차적 정서, 어쩌면 도구적 정서까지 복합적으로 작동하고 있을지 모를 일이다. 그러나 현장에서 장면 실현은 주인공이 남편과 겪는 성적 이슈에 대한 갈등을 다루었다. 이는 주인공의 호소문제인 성폭력 트라우마에 집중되었기 때문이다. 복합적인 정서를 분별하고 하나씩 찾아 나가게 되었을 때 다시 주인공이 만나게 되는 일차적 정서에 다다를 수도 있다. 그러나 그 다다름의 과정은 제시된 사례와 달라졌을지 모른다. 이처럼 주인공의 드러낸 정서를 디렉터가 어떻게 이해하여 개입하느냐에 따라 사이코드라마의 구현되는 모습은 달라질 것이다.

마지막으로 도구적 정서는 특정한 목표를 달성하기 위해 의도적으로 이용하거나 인식하지 못한 상태에서 학습되어 습관적으로 작용하는 정서이다. 거짓 눈물과 같은 정서로 역기능적 형태이며 대인관계에서 이차적 이득이나 기능이 무엇이지에 대한 자각을 증가시키는 개입 방법을 사용할 수 있다.

잉여현실의 체현

마지막으로 사이코드라마의 치유 요인이 활성화되는 방법은 주인공의 잉여현실을 체현하는 것이다. Moreno는 잉여현실이란 어떻게 왜곡되었건 관계없이 완전히 주관적인 방법으로 느끼고 자각하는 주인공의 진실이라고 하였다. 현실적 진위의 판단과 관계없이 정신적 진실이 재연되는 사이코드라마를 진실의 극장이라고 부른 이유이며 Moreno는 잉여현실이 행위화되는 드라마가 현실보다 더 우선권을 갖는다고 말했다(최헌진, 2003).

"생애 초기에 총체적 주체성 혹은 총체적 현실은 실제와 이미지, 현실과 환상으로 나뉜다. 나는 환경과의 끝없는 교류, 만남을 통해 현실화되어 가지만 실제 현실로부터 부정되고 인정되지 않는 요소들은 그대로 내 속에 남아 있게 된다. 그것이 잉여 현실이다."라고 최헌진(2003)은 잉여현실을 풀어 설명하고 있다. 잉여현실은 무시간의 세계, 신비의 세계, 가상의 세계, 꿈의 영역, 상상 속의 현실, 확장된 현실, 심리적 진실, 놀이적 반현실 등으로 표현되기도 한다. 그렇다면 사례의 주인공은 어떤 잉여현실을 품고 있을까? 현실로부터 부정되고 인정되지 않은 요소, 내 속에 그대로 남아 있는 것, 상상 속의 현실, 꿈의 영역, 심리적 진실 등 6살의 성폭력을 겪은 주인공에게 실현되지 않은 현실, 꿈이나 상상 속에서 무한히 반복되었을 이루고 싶은 현실, 그것을 찾아 함께 탐구하고 결국 실연할 수 있도록 나아가는 것을 디렉터는 지향해야 한다.

〈장면4〉 6살 내가 엄마에게 겪은 일을 말하고 엄마의 보호와 돌봄을 받는 나를 실현함

주인공 특성 단서	인터뷰와 장면 만들기
	<장면4> 보호받고 싶었던 잉여현실 펼치기
	D: (앞에서 뽑았던 어머니 역의 보조자아) 어머니 나오세요. 딸이 할 말이 있다네요.
	P: (단상에 걸터앉아 있는 상태로 엄마(A/보조자아)를 올려다 보며) <u>엄마 나... 나... 저 아저씨 싫어...</u>
아이의 목소리톤 변화← 주인공의 의사 표현 및 도움을 요청하는 방식 역할교대 기법←	D: 엄마와 딸 역할교대하세요. 딸(A): 엄마, 나 저 아저씨 싫어. 엄마(P): 왜? 왜, 무슨 일인데?
이해받지 못한 현실←	<u>아저씨가 너 이뻐서 그런 거잖아.</u>
목소리 변화(분노)← 주인공 자신에게← 쏟고 싶은 비난 (이차적 정서)을 엄마 역할에 투사함 역할교대←	<u>왜 말을 안 해!</u> (화가 느껴짐-주인공이 역할교대로 엄마 역할을 하고 있으나 <u>주인공 스스로 말하지 못한 자기 자신에 대한 비난, 화가 묻어나오는 것으로 이해됨.</u> 인터뷰에서 주인공이 '저 아저씨 싫다'는 말 이외의 정보를 엄마에게 말하지 못한 사실이 있음.)
	D: 다시 역할교대하세요. (주인공을 보며) 엄마가 어떤 일이 있었는지 진짜 모르는 모양이네. ○○야 말하지 못했던 거 있지... 이제 엄마한테 말해 보는 거야. 엄마한테 너무 말하고 싶었잖아.
자발성 회복←	P: <u>엄마... 엄마... 저... 아저씨... 저 아저씨가... 나 만졌어~!!!!</u> (소리가 커짐)
말하지 못하고 남아← 있던 잉여현실에 접근 아이 같은 목소리 변화	D: <u>어떻게 만졌는지 엄마한테 확실하게 알려줘.</u> P: 어... 아저씨가 나 싫다는데 바지 막 억지로 내리고 비비고 이상한 냄새났어.

엄마에게 보호받고← 싶었던 핵심 장면 구성	**D:** <u>역할교대하세요. (엄마에게 보호받지 못했던 잉여현실 접근)</u> **나(A):** 엄마, 아저씨가 나 만졌어...
주인공의 보호← 받고 싶었던 잉여현실 체현	**D:** 앉아있는 나(A)를 가해자가 뒤에서 껴안고 있게 연출함. **엄마(P):** 이 개자식아! 떨어져! 안 떨어져? 야~~~~~~ (바타카로 의자 치며 분노 정서 표현) 떨어져 이 개자식아! 내 딸한테 서 떨어지라고~~~~~~
행위 완료←	**D:** (충분한 분노 행위화 후) 어떻게 하실래요? **엄마(P):** (나(A)에게 다가가 붙어 있는 가해자를 온 힘으로 떼어내 는 행위화, 거머리처럼 붙어있는 가해자를 딸에게서 떼어 냄. 그리고 딸을 껴안음)
새로운 대상으로서← 주인공의 심리적 엄마 대상의 출현	<u>아이고... 우리 딸... 얼마나 힘들었어... 얼마나 무서웠어...</u> <u>엄마가 그것도 모르고... (눈물) 엄마가 미안해...</u> **D:** (눈물이 가라앉을 때까지 충분한 시간) 역할교대하세요.
개념의 재구조화← 주인공의 일차적 정서← 두려움이 적응적 형태로 출현 새롭게 대처하는← 자기를 체험함	**엄마(A):** <u>아이고 우리 딸 얼마나 힘들었어... 엄마가 미안해...</u> **P:** <u>(엄마한테 안기며 눈물이 쏟아짐)</u> **D:** ○○야 엄마한테 다 이야기해.. 얼마나 무서웠는지.. 하고 싶은 말 다 해. **P:** <u>엄마 나 너무 무서웠어...</u> **엄마(A):** 그래 그래 얼마나 무서웠을까 우리 딸.. (등을 쓸어주며) 엄마가 미안해... 엄마가 우리딸 지켜줄게... **D:** (주인공의 몸의 에너지가 다 빠지고 이완되며 늘어짐) 어머니 어 머니가 딸을 잘 받아주세요.
트라우마 상황에서← 침투된 신체 감각을 대체하는 새로운 감각 경험, 편안함, 따뜻함, 이완의 체현, 자각통합 잉여 현실, 무시간성←	<u>(주인공 뒤로 가서 뒤에서 앉아 주인공이 늘어지는 것을 몸으로</u> <u>받아 안아줌)</u> 몸에 힘을 다 빼고 엄마 품에 기대 보세요. <u>등 뒤로</u> <u>편안하게 기대고 등 뒤로 전해지는 따뜻한 느낌...</u> (주인공이 가 슴을 폄) 심호흡을 하세요. 큰 숨이 몸을 관통하도록... (큰 숨을 여러 번 쉼 - 앞 문을 열어 시원한 공기가 들어오도록 함) 이 느낌 을 잘 기억하세요. **P:** <u>(숨을 고르게 쉬고 잠이 쏟아지는 것 같음)</u> **D:** 누워봅시다. 몸이 엄청 늘어질 거예요. (단상에 천을 깔고 주인공 을 눕힘-엄마의 팔베개를 하고 누움-이불을 덮듯 천을 덮어줌) 엄마 품에서 푹 쉬어 보세요.

3 장

사이코드라마 전문가 발달 유형과 수퍼비전 요구 분석

1. 사이코드라마 전문가 발달 유형

* Q방법을 적용한 사이코드라마 전문가 발달 유형 분석

(1) 연구의 목적과 필요성

(2) Q방법론

(3) 연구결과

〈유형1〉 자기통합 숙련기형

〈유형2〉 사이코드라마 실연 입문기형

〈유형3〉 정체성 성찰기형

〈유형4〉 실존 만남 수련기형

〈유형5〉 실연 기법 확장기형

〈사이코드라마 전문가 발달 유형의 변화 단계〉

유형 1. 자기통합 숙련기	
유형 3. 정체성 성찰기	
유형 4. 실존 만남 수련기	유형 5. 실연 기법 확장기
유형 2. 사이코드라마 실연 입문기	

2. 사이코드라마 전문가의 수퍼비전 요구 분석

(1) 그룹1 수퍼바이지의 수퍼비전 요구 분석: 실존 철학 추구

(2) 그룹2 수퍼바이지의 수퍼비전 요구 분석: 기법의 전문성 추구

(3) 사이코드라마 전문가 실연 입문기형의 교육 요구

1 사이코드라마 전문가 발달 유형

    사이코드라마 사례를 제시하고(1장) 사이코드라마 과정을 기술하여(2장) 사이코드라마 전문가가 가져야 할 개입 전략으로서의 치료 요인에 대한 이해와 활성화 방법(2장)을 전술하였다. 이어 본 장에서는 사이코드라마 전문가의 발달 유형과 수퍼비전 요구 분석(3장)을 기술하고자 한다.

    사이코드라마 전문가는 최전선에서 주인공에게 사이코드라마 경험을 제공하는 사람이다. 사이코드라마는 최대한 주인공에게 긍정적 변화 경험으로 체험될 수 있도록 전문적으로 제공되어야 한다. 그러기 위해서 사이코드라마 전문가는 사이코드라마 디렉팅에 대한 전문 역량을 가져야 하는 것은 물론이며 전인적 차원에서 숙련성을 지닌 전문가로 성장, 발달해 나가야 한다. 사이코드라마 전문가의 발달 과정을 이해하는 것은 초심자들에게 발달 및 성장을 위한 지침과 개입 전략이 되어 준다. 또한 전문가로서 자신의 한계와 역경이 올 때 자신에게 일어나는 현상이 발달과 성장의 과정에서 누구나 겪을 수 있는 보편적 현상임을 깨닫게 한다. 이러한 이해는 전문성 성장이 지연되거나 답보 상태일 때 전문가에게 포기하지 않을 희망이 되며, 인내의 시간을 견디고 고된 발달 여정에 위로가 되어주기도 한다. 사이코드라마 전문가의 발달과 관련한 연구는 미탐색 분야이다. 따라서 본 장은 필자들의 연구 'Q방법을 적용한 사이코드라마 전문가 발달 유형 분석' 논문을 수정 보완하여 제시하였다.

　　오랫동안 상담에서는 상담자가 상담의 효과를 증가시키는 능력을 가지며 변화에 기여하는 중요한 존재로서(이문희, 2011), 내담자의 안녕과 복지를 지키기 위해 상담자 성장에 관심을 가져왔다. 상담자 자체가 상담 성과에 중요한 요소로서(Huppert et al, 2001; Wampold, 2001), 상담자 발달(김계현, 1992; 김민정, 조화진, 2015; 김진숙, 2001; 심흥섭, 1998; 최한나, 2005; Hogan, 1964; Loganbill, Hardy & Delworth, 1982; Skovholt & R ø nnestad, 1992; Stoltenberg, 1981; Stoltenberg & Delworth, 1987), 발달적 요소와 성장을 돕는 수련과 수퍼비전 교육 내용 연구, 상담 성과와의 관계(김진숙, 2001; 나현미, 정남운, 2016; 심흥섭, 1998; 유다솜, 2017; 유성경, 이문희, 조은향, 2010; 장재홍, 권희경, 2002; 최한나, 김창대, 2008; Smith & Koltz, 2015) 등 상담자 발달에 대한 이론적, 경험적 연구들이 선행되어 왔다. 최근 상담자 발달 연구의 흐름은 상담자들의 발달 단계를 이해하고 그 발달 수준에 맞는 교육을 제공하는(정문주, 조한익, 2016) 효과적인 수퍼비전과 수퍼바이저, 수퍼바이지 요인 탐색에까지 이르렀다(소수연, 2012; 장세미, 2016; Ellis, 2001; Grant & Schofield, 2012).

　　그러나 선행 연구의 표집 대상으로서의 상담사는 대부분 언어 중심의 담화 상담자를 대상으로 한 연구이다. 따라서 상담자 발달 단계에 맞춰 제공되는 교육 내용, 즉 수퍼비전 내용 등의 연구 결과는 담화 중심의 상담을 구현하는 상담사에게 좀 더 적절할 것이다. 그러나 극적 방식의 만남을 진행하는 사이코드라마 전문가는 사이코드라마 과정 내내 행위적 접근을 전문적으로 해 나갈 수 있는 기본 역량이 요구되고 또 교육된다. 따라서 사이코드라마 전문가 발달을 목적으로 삼는다면 이론적 연구 또한 사이코드라마 전문가를 대상으로 연구하여 그들의 발달 과정을 이해하고 그 성장을 도울 수 있는 교육 내용을 갖춰가야 한다.

　　이러한 필요에 따라 필자들은 사이코드라마 전문가의 발달을 위한 여러 방법 중 수퍼비전 교육에 관심을 가지고 선행 연구를 살펴보았으나, 사이코드라마 전문가를 대상으로 한 발달 연구와 수퍼비전 연구는 미탐색 분야에 가까웠다. 사이코드라마 전문가의 발달 수준을 무엇으로 나눌 수 있는지, 사이코드라마 디렉터의 전문성은 무엇인지, 사이코드라마 전문가 발달과 관련한 평가 척도나 발달 기준이 연구되지 못했다. 이런 상황에서 발달 수준에 따른 교육 내용을 마련하는 것은 사이코드라마 전문가의 실제적 역량 측정의 기준에 타당성을 갖기 어렵고, 따라서 발달 수준을 고려한 교육과 수퍼비전 수행의 교육내용 선정에도 불완전함을 불러올 수 있다.

현재 국내에서는 전문가 자격 과정을 통해 사이코드라마 전문가를 배출하는 한국사이코드라마·소시오드라마 학회의 경우에도 2020년 기준 사이코드라마 전문가는 100여 명이 채 되지 않는다. 이러한 상황은 1969년 사이코드라마가 국내에 소개된 이래 사이코드라마의 효과성과 사회적 적용 분야의 폭넓은 확대에도 불구하고 전문가 양성이 쉽지 않음을 보여준다. 전문가는 사이코드라마에 매료되어 교육을 받고 사이코드라마 세계에 들어왔으나, 그 속에서 자신의 한계를 만나 좌절을 겪고 있다(강희숙 외, 2014). 디렉팅 중 방향을 잃거나 주인공의 저항에 어려움을 겪고 비협조적인 집단원의 태도에 자발성을 상실하는 어려움도 보고된다(강희숙 외, 2013). 김상희(2011)는 사이코드라마 진행의 방해 요인으로 디렉터의 실력 부족, 사이코드라마에 대한 잘못된 인식과 이해, 성격 경향, 사이코드라마를 하는 기본자세의 문제, 경험 부족, 공부와 훈련의 부족, 적절한 지도자 부족 등을 언급하였다.

이러한 실정에 부응하고 내담자의 복지와 안녕을 지킬 수 있는 전문가의 성장 방법을 마련하기 위해서는 우선 전문가 발달에 대한 기초 연구가 선행되어야 한다. 더 나아가 전문가 발달 과정을 조력하는 외부 자원으로서 수련 과정과 수퍼비전을 고려한다면 조력 방식에서 사이코드라마 전문가의 발달 차와 수준에 적절한 교육 효과를 높일 수 있도록 전문가의 발달 수준에 대한 연구가 필요하다.

그러나 국내의 사이코드라마 전문가 수는 전문가 변인과 관련한 성과 검증은 물론 전문가 발달 척도의 개발과 같은 양적 연구에서 통계적 표집 수의 한계를 주어 일반화된 검증 연구를 통해 발달 단계 척도나 수행 및 평가에 대한 도구 개발을 어렵게 하고 있다. 김주현과 이지연(2019b)은 이러한 필요에 따라 현재의 양적 연구의 한계를 보완할 수 있는 Q방법론을 통해 사이코드라마 전문가 발달 유형 연구를 진행하였다.

2 Q방법론

Q방법론은 주관성의 과학이며 자기(self)와 관련한 모든 영역에 적용이 가능하다(Brown, 1980). Q방법은 주어진 가설을 검증하는 것이 아니라 주로 '가설을 만드는', 또는 '가설을 발견해 가는' 가설 추론적 방법이다(이난복, 2011). Q의 요인 분석은 다른 요인 분석처럼 진술문이 요인으로 묶이는 것과 달리, 분석된 최종 유형이 연구에 참여한 연구 대상자들, 즉 '사람'을 요인으로 분석하여 유형으로 제시하는 특징이 있다. 즉 Q는 '사람'이 변수이며, Q표본 진술문 간 점수 차는 그 사람에게 진술문들이 갖는 중요도의 차이를 반영하는 '의미성에 있어서 개인 내의 차이'가 된다(김흥규, 1992).

이러한 방법론의 특징은 현재 사이코드라마 전문가를 대상으로 사이코드라마 전문가 발달에 대한 체계적 이론이 제시되지 못한 바, 발달적 변화를 경험한 참여자들의 주관적 인식을 드러내는 자아참조적(self-referent) 의견들을 기반으로 사이코드라마 전문가 발달에 대한 가설을 마련할 수 있다. 전문가의 경험에서 발달적 요소를 진술문으로 구성하였을 때, 평정에 참여한 전문가들을 발달 수준으로 유형화할 수 있다.

연구는 Q표본의 선정을 위해 먼저 Q모집단을 구축하였다. Q모집단은 사이코드라마 전문가의 발달 경험에 대한 자아참조적 진술문으로, 전문가의 발달 현상을 고루 반영할 수 있도록 전문가 경력을 1년 단위 17개 경력, 사이코드라마 전문가 2급, 1급, 수련감독가 3종의 자격을 모두 포함한 32명의 면담 대상을 선정하였다. 면담 질문은 지금-현재 전문가로 활동하는 동기, 사이코드라마 전문가로서 성장이 필요한 지점, 역할을 수행하면서 느끼는 한계와 어려움, 변화 과정에서 성장을 알아차렸던 순간과 인식된 변화, 좌절을 극복했던 요소와 방해했던 요소, 변화의 변곡점에서 경험한 정서, 인지, 실제적 기술의 변화 등을 포함하였다. 참여자들의 자아참조적 진술문은 '개별화된 드라마, 드라마 안목과 신념, 주인공에 대한 맥락적 이해 정도, 수퍼바이저 역할 자각, 수퍼비전의 자율과 의존성 정도, 진행 숙련도, 행위화 및 시각화 정도, 훈련 방법, 평가의 자기-타인 초점 정도, 피드백 내용과 수용의 정도, 대처 방법, 창조성, 전문가 정체성, 자기성장방법, 동료 및 집단 관계, 집단 운영, 자기 확신, 공감력과 접근 타이밍, 수퍼바이저와의 분리 및 개별화, 사이코드라마에 대한 철학과 다학문의 통합 정도' 등을 반영하고 있다. 최종 Q표본은 사이코드라마 전문가 발달 경험에서 초보, 중간, 숙련 경험이 잘 반영된 진술문인지 검토하고 수정을 거쳐 최종 43개를 선정하였다.

3 연구결과

Q방법론 설계에 따라 총 43개의 진술문을 32명을 대상으로 사이코드라마 전문가 발달에 대한 유형 분석을 실시하였다. 32명의 Q소트를 QUANL 프로그램으로 분석한 결과 5개의 유형이 확인되었다.

〈유형1〉 자기통합 숙련기

유형 1은 13명의 전문가로 요인 구성되었다. 구성된 요인의 인적 특성을 보면, 우선 32명의 P표본 중 사이코드라마 수퍼바이저인 수련감독가 8인이 전원 유형 1로 포함되었다. 또한 수퍼바이저가 아닌 나머지 5인의 전문가들 또한 평균 경력 11.1년으로 현재 수퍼바이저 과정을 준비 중이거나 수퍼바이저 자격 취득과 상관없이 오랜 기간 현장에서 사이코드라마를 실연해 온 전문가이다. 이들은 스스로 사이코드라마 전문가로서 갖추어야 할 숙련된 수준에 도달하였다고 느끼며, 자신이 가지고 있는 전문성을 타 전문가나 후배들에게 전달할 수 있고 가르치고 싶은 욕구가 있다. 사이코드라마에 대한 탄탄한 학문적 기반과 실제적 디렉팅 역량을 갖추었으며 주인공의 내면세계를 만나는 데 유능감을 느낀다. 또한 이들은 전문가로 성장해 나가는 과정에서 이론과 실연 역량의 성장뿐만 아니라 전문가 자신의 치유를 통한 실존적 성장 경험을 가지고 있다. 사이코드라마 전문가 성장 과정에서 만났던 많은 현장 집단이나 동료 전문가, 더 나아가 수퍼바이저와의 부정적 관계 경험을 극복하였고, 전문가로서의 정체성을 다져 Moreno의 철학이 담긴 사이코드라마를 구현하고 학문적 성과를 정리하고 싶은 욕구가 높다.

이와 같은 특징은 사이코드라마 실연의 실제적 역량이 숙련되고 자기 스스로 성장해 나가는 방식을 가진 사이코드라마 1세대로 현재 수퍼바이저 유무에 큰 영향 없이 자신의 삶과 전문가로서의 정체성이 통합된 안정기에 있다. 따라서 이러한 유형 1의 전문가들은 사이코드라마에 대한 이론과 구현할 수 있는 실제적 역량을 인격적 자기(self)로 통합한 숙련가로 사이코드라마 전문가 발달이 지향하는 전문가 상을 대표한다. 따라서 이러한 발달의 특징을 담아 유형 1은 '자기 통합 숙련기'라 명명하였다.

〈유형2〉 사이코드라마 실연 입문기

유형 2는 지금 현재 사이코드라마의 행위화와 관련한 성장 과업에 초점을 두고 있는 그룹이다. 사이코드라마 전문가로서 사이코드라마를 시연할 수 있는 디렉팅 역량은 가장 중요한 전문성 요소라 할 수 있다. 사이코드라마가 연극적 방식으로 주인공의 진실을 찾아가는 것이기 때문에 주인공의 이야기를 장면으로 만들고 행위로 움직이며 풀어나갈 수 있도록 디렉터의 연출 기법들이 필요하다. 그러나 사이코드라마는 가장된 연극이 아닌 주인공의 내면을 깊이 있게 만나기 위한 장면 연출과 행위화가 필요한 것으로, 장면이 진행되는 과정에 주인공의 내면으로 들어갈 수 있는 타이밍을 잘 포착해야 한다. 주인공의 이야기가 가상이 아닌 지금-여기 펼쳐지고 있다고 느끼는 몰입의 순간이 필요하고 그러한 몰입을 가능하도록 하는 확대와 과장의 촉진 방법을 쓰는데 이러한 여러 행위적 접근에 대해 디렉터로서 어려움을 느끼고 있다. 유형 2의 전형성을 가장 잘 보이는 전문가는 경력이 1년 미만으로 이제 막 전문가 활동을 시작하는 초보 전문가들이 분포되어 있기 때문에 안정적인 사이코드라마 실연에 대한 발달 과업을 가장 중요하게 느끼고 있다. 이들은 사이코드라마 주제가 사건이나 갈등하는 대상이 없는 드라마 실연을 어려워하고 감정이나 실존적 주제와 같은 추상적 주제일 경우 첫 장면 시작도 쉽지 않다. 사이코드라마 시연 과정에서 일어나는 저항을 처리하는 데도 어려움을 느끼고 있는데 이는 기본적인 사이코드라마 실연에 대한 절차적 지식이 안정적으로 형성되지 못한 것이며 또한 언어적 표현을 시각화하여 장면으로 만들어 가는 데 숙련되지 못한 것이다. 이 유형은 수퍼바이저나 집단의 동료 전문가들과의 관계 상처나 갈등으로 지금 현재 배워나가는 동기에 부정적 영향을 받고 있지 않는 부류로 관계에 집중하기보다 성장의 내용과 구체적인 실연 역량 발달에 관심이 있다. 따라서 이러한 특징은 전형적인 입문기 수련자로 유형 2는 '사이코드라마 실연 입문기'라 명명하였다.

〈유형3〉 정체성 성찰기

유형 3은 다양한 현장 프로그램을 경험하고 목적지향적인 드라마의 안전성, 목적성, 효과성을 충분히 고려한 디렉팅을 하는 데 부족함을 느끼고 있으나, 디렉팅을 못한다는 두려움에서 벗어나 과정의 미숙함을 받아들이고 여유가 생기면서 자신의 부족함에 대한 자책을 덜 한다. 또한 수퍼비전에서 수퍼바이저의 교육 내용이나 타인의 평가에 민감하던 시기에서 벗어나 피드백을 받아들일 때 자신이 할 수 있는 것, 중요한 것, 내 환경과 조건에 대한 이해와 수용을 동반하는 성장을 보인다. 또한 기본적으로 안정적인 실연 역량을 가지고 있으며 사이코드라마를 보거나 시연할 때 디렉터의 스타일이나 패턴, 주인공을 대하는 태도, 장면과 형상화 방식, 주인공을 대할 때 어떤 목적이나 방향성을 가지는지에 대한 자각이 있는 중견 전문가이다.

유형 3의 전형성을 가장 잘 보이는 전문가는 10년 이상의 경력을 가지고 있으며 이 유형에 속한 전문가들의 평균 경력은 5.1년이다. 이들은 수퍼바이저가 신적인 존재에서 내려와 나와 같은 한계와 모순을 지닌 인간으로 보고 자신이 해야 할 몫을 받아들이고 있다. 진술문 중 자신을 설명하는 우선 순위에서 가장 멀었던 문항은 사이코드라마의 무소불위한 힘을 믿고 열정으로 매진한다는 문항으로 전문가 초기 사이코드라마에 빠져 몰입하던 상태에서 변화를 보인다.

이러한 변화를 맞게 된 요인에는 관계 상처, 지향하던 사이코드라마의 이상과 실제적 현실의 괴리를 직면하여 자발성이 감소하고 정서적 고통과 전문가 역할에 대한 소진을 경험하였기 때문이다. 그러나 이러한 소진을 견디고 나아갈 수 있는 동력으로 타인의 평가나 인정보다는 자신이 부여하는 의미와 가치가 어떠한지가 더 중요하기 때문에 상호작용보다는 혼자 고립되는 경향을 보인다. 이들은 지금 현재 나아가야 할 방향으로 돌진하기보다 자신을 돌보고 전문가의 정체성, 관계 그리고 사이코드라마에 대해 사유하는 성찰기에 있으며 현상적으로는 사이코드라마 전문가로서 활동이 축소, 침체되고 전문가로서의 역할을 포기할지 아니면 이를 극복하고 나아갈지에 대한 자기 질문과 삶의 선택에 직면해있다. 결국 이 시기를 어떻게 보내느냐에 삶의 방향이 달라지며 그러므로 전문가의 이탈이 가장 많은 시기이기도 하다. 이러한 특징으로 유형 3은 사이코드라마 전문가로서의 정체성을 숙고하고 앞으로 자신의 역할을 어떻게 해 나갈지에 대한 자기 철학과 신념을 정립하기 위해 애쓰는 시기의 특징을 담아, 유형 3을 '정체성 성찰기'라 명명하였다.

〈유형4〉 실존 만남 수련기

유형 4는 디렉터 자신의 문제와 삶의 방식이 드라마에 영향을 끼치고 있음을 알고 주인공을 잘 돕기 위한 자기 이해와 수련에 집중하는 부류이다. 사이코드라마 실연 후 드라마 과정을 돌아보고 일상적 숙고를 하며 사이코드라마 전문가 역할을 곧 나의 실존적 삶으로 연결하여 성장하고자 한다. 그러나 유형 4에 속한 전문가는 디렉팅 과정에서 집단을 살필 여력이 없는 초보 전문가와 수퍼바이저를 모델로 배우는 것에서 벗어나 나의 색깔을 살리고 싶어 하는 전문가가 섞여 있다. 또 하나의 특징은 모두 주 수퍼바이저가 있어 주로 도제식 교육을 받은 전문가이다. 이들은 수퍼바이저나 집단의 동료 전문가들과의 관계에서 긍정적 영향과 부정적 영향을 모두 받고 있다. 현재 주 수퍼바이저와의 강한 애착과 동맹 상태로, 수퍼바이저의 모순된 모습을 보고 의구심을 가질 때 그런 자신을 오히려 탓하는 부정행동을 하거나 직면하여 정서적 고통에 이른 경험은 적은 편이다. 반면 집단 동료 전문가들과는 디렉팅 자발성이 촉진되는 것에 오히려 방해를 받았던 부정적 경험이 있다.

유형 4는 주 수퍼바이저의 철학적 지향에 동의하며 수퍼바이저가 보여주는 사이코드라마를 자신도 할 수 있게 되기를 기대하며 수련하는 전문가들이다. 이들은 실존적 존재로서 디렉터 자신의 성장이 중요하다고 생각하며 또한 집단구성원, 특히 주인공의 삶을 사이코드라마에서 존재 그 자체를 드러내어 존중하고 수용하는 만남이 사이코드라마를 통해 구현되기를 추구한다. 이러한 철학적 지향은 깊은 인간에 대한 이해와 만남을 할 수 있는 역량에 중점을 두기 때문에 일상에서 인격적인 성장과 실존적 역할확장을 꾀한다. 이러한 인식은 치료자가 환자를 치료하는 수직적 관점이 아닌 수평적 만남의 방식을 통해 진정성 있는 만남이 가능하도록 사이코드라마 전문가 자신의 인격 성숙과 일체화된 삶을 위해 노력하게 한다. 하지만 이러한 만남을 삶에서 구현하기는 쉽지 않다. 사람과 사람의 만남은 좀 더 복잡하고 현실적이기 때문에 때때로 관계에서 부정적 경험의 어려움을 겪을 가능성이 높다. 유형 4는 주인공과의 만남을 기술적 역량에 초점을 두기보다 전문가 자세에 좀 더 높은 가치를 느끼기 때문에 사이코드라마 실연이 잘되지 않았을 때 자신을 자책하는 모습이 크다. 따라서 유형 4는 Moreno의 실존적 철학에 동의하며 먼저 기법적 전문성 숙달보다 전문가로서 기여하는 역할을 인식하고, 그러한 역할을 잘 수행하기 위해 그 과정에 정성을 들이는 데 우선적 가치를 두는 전문가들이다. 이렇듯 유형 4의 전문가는 실존적 만남을 추구하며 그러한 만남을 가능하게 하는 자신의 존재에 집중하고 수련하는 부류로, 유형 4를 '실존 만남 수련기'라 명명하였다.

〈유형 5〉 실연 기법 확장기

유형 5는 디렉터로서 행위화와 장면 만들기 방법을 습득하고 주인공을 보호하면서 주인공의 감정을 끌어내는 구체적인 질문, 디렉터의 효과적인 접근법을 원한다. 또한 다양한 목적지향적 현장 프로그램에 대한 관심이 높아 프로그램이 안정적이고 목적을 잘 수행할 수 있으며 효과가 높은 프로그램을 기획하고 시연할 수 있는 역량을 기대하며 그 기대만큼 자신의 역량이 충분치 못하다고 생각하는 부류이다. 그러나 유형 5는 종교, 철학, 심리학, 생리학, 사회학 등 다학문적 공부와 영성, 상담, 자기 분석, 주인공 경험을 통해 자신의 문제를 많은 부분 극복한 경험을 가지고 있다. 또한 수퍼바이저로서 성장하는 데 관심이 있고 수퍼비전 자체에 궁금증이 생겨 수퍼비전에 대한 의미를 재발견하고 중요하게 여기고 있어, 사이코드라마에 입문한 이후 현장 경험이 있고 좀 더 전문적인 실연 기법의 확장으로 전문성이 성장하는 데 관심이 높다. 유형 5는 실존적으로 모델링된 사이코드라마와 현실 괴리에서 방향성을 잃거나 확신이 떨어져 자발성이 감소하는 경험은 크지 않다. 또한 수퍼바이저와의 강한 애착으로 겪는 감정적 혼란도 크지 않다. 이러한 특성은 유형 5의 전문가들이 사이코드라마를 좀 더 효과적이고 매력적인 접근 방법으로 사회 현장에서 사이코드라마의 강점을 활용하고 싶어 시작한 전문가들로, 사이코드라마에 맹목적으로 빠져들기보다 적절한 거리를 유지할 수 있는 현실성을 기반으로 하기 때문이다. 이들은 사이코드라마를 활용하는 현장이 있고 효과적인 개입과 구조화된 프로그램을 많이 활용하기 때문에, 사이코드라마를 통해 뭘 구현하려고 하는지, 사람과 세상을 어떻게 만나려고 하는지 자신의 철학과 생각을 드러내는 '나의 드라마'라는 실존적 가치보다 목적을 가진 접근의 효과성과 전문성에 방점이 있다. 또한 유형 5는 전문가 발달 과정에서 관계 경험은 부정적 경험보다 긍정적 경험을 보고하고 있다. 수퍼바이저와의 관계에서 정서적 고통이나 소진된 경험이 높지 않고, 사이코드라마만을 전부로 추구하거나 그 과정에서 수퍼바이저나 동료 전문가들에 대한 인간적 실망이나 관계 상처로 사이코드라마를 멀리하는 경험을 하진 않았다. 따라서 유형 5는 사이코드라마가 지향하는 존재의 실존이나 만남과 같은 가치에 집중하기보다 사이코드라마의 행위적 기법을 좀 더 숙련되고 깊이 있게 배워 전문성을 확장하는 시기에 있다 할 수 있다. 이러한 특징을 갖는 유형 5는 '실연 기법 확장기'로 명명하였다.

사이코드라마 전문가 발달 유형의 변화 단계

상담자는 일생 끊임없는 성장과 발달 과정을 경험하며(Borders & Usher, 1992), 오랜 수련 과정을 통해 전문가로서 상담 장면에 적절한 결정을 내리는 전문성을 함양하고(Skovholt & Ronnestad, 1992) 정체성을 확립하여(Ekstein & Wallerstein, 1972) 상담자 개인 성향과 인지 구조에 부합하는 전문적인 개별화를 이루어가는 것(Skovholt, 2001)이라 하였다(허재경, 신영주, 2015). 좀 더 정교하게 제시되고 있는 Skovholt와 Rønnestad(1992)의 8단계 발달 과정으로 본다면 사이코드라마 실연 입문기 유형은 인습적 단계, 전문적 훈련기로 이행 단계가 해당되며, 실존 만남 수련기와 실연 기법 확장기 유형은 대가모방 단계, 조건적 자율성 단계가 혼재되어 있고, 정체성 성찰기 유형에는 탐구 단계와 통합 단계의 특성, 마지막 자기 통합 숙련기 유형은 개별화 단계와 개별성 보존 단계의 발달적 특성을 담고 있다. 이러한 발달 단계는 사이코드라마 전문가의 발달이 일반 상담자 발달과 유사한 면이라 할 수 있다.

그러나 한편 사이코드라마 전문가의 발달은 존재의 성장과 함께 행위 정서 중심의 사이코드라마 실연에 대한 실재적 개입 기술의 체화라는 고유한 과업의 차이도 발견된다. 음악치료사의 학위과정 경험을 보면 음악에 대한 관심으로 자원하고 음악에 대한 기초학문 습득을 통한 치료적 기반 마련, 임상을 위한 음악기술처럼 음악치료의 고유한 발달 과업이 발견되고 실습과 인턴십 과정에 치료 철학에 대한 갈등과 '이론과 실제 차이'에 대한 혼란을 보이며 수퍼비전을 받고 개인적 성장과 치료개입능력, 치료사 정체성 확립과 같은 전문적 성장을 보인다(임지연, 소혜진, 2017). 사이코드라마 전문가들 또한 사이코드라마의 매력에 빠져 기본적인 실연 역량을 키우는 데 매진하는 입문기에서 좀 더 기법적 숙련과 철학적 지향을 좇아 수련하며 성장한다. 입문기를 지나 수련 단계에서 좀 더 실존 철학적 지향을 중심으로 수련하는 전문가와 현장에서 사이코드라마를 전문적으로 활용할 수 있는 디렉팅 기법 확장을 추구하는 그룹으로 나뉘는 특징을 보인다. 정체성 성찰기인 유형 3은 유형 4와 유형 5의 방향을 통합해야 하는 과업에 직면한다. 치유적 목적과 만남의 과정과 실존을 드러내는 자발적 사이코드라마에 대한 사유와 성찰을 통해 전문가 정체성을 확립해 나간다. 또한 자기성장 과정에서 수퍼바이저에 대한 의존도가 줄어들고 스스로 자기 내적 기준을 정립하여 전문가로서 사이코드라마의 실제나 철학에 대한 자기구성개념을 갖추어 나간다. 마지막으로 통합된 역량을 갖춘 숙련자로서 전문가를 양성하는 수퍼바이저의 역할 및 사이코드라마 전문가로서 사회에 기여하는 숙련가로 발달한다. 이와 같이 분석된 사이코드라마 전문가의 발달 유형을 단계적으로 표현하면 그림과 같다.

사이코드라마 전문가 발달 유형의 변화 단계

따라서 Q분석을 통한 사이코드라마 전문가 발달 유형은 인간의 심리 발달처럼 존재의 성장이라는 보편성을 드러냄과 동시에 사이코드라마 전문가로서 사이코드라마를 실연할 수 있는 실재적 역량에 있어 발달적 수준 차가 있음을 확인할 수 있다.

2 사이코드라마 전문가의 수퍼비전 요구 분석

김주현과 이지연(2019b)은 Q방법론을 통해 사이코드라마 전문가의 발달 수준을 유형 분석하여 발달 단계를 확인하였다. 전문가의 성장과 발달을 돕는 방법 중 수퍼비전은 상담자의 이론 지식과 실천 경험을 통합시키는 과정(Bernard & Goodyear, 2003)으로 사이코드라마 분야에서도 전문가 양성을 위한 교육 방법으로 활용되고 있으며 최근 그 중요성에 부응한 수퍼비전 연구가 이루어지고 있다(김주현 · 이지연, 2019a; 양혜진, 2015; 양혜진 · 성은옥 · 김주현, 2015; Baakman, 2002; Tabib, 2017).

수퍼비전 연구는 대부분 담화적 방식의 상담을 중심으로 하는 상담자를 대상으로 이루어진 연구로서 몸의 행위를 중심으로 하는 사이코드라마 전문가의 인식을 대표하는 데는 한계가 있다. 단적으로 사이코드라마는 담화 과정의 언어적 접근을 행위와, 장면화, 시각화로 구현해야 한다(김주현 · 이지연, 2019a). 언어의 상호작용을 매개로 접근하는 상담의 수퍼비전은 녹취록 분석을 필수 매체로 사용하지만 사이코드라마는 디렉팅 과정에서 구성원의 역할 시연, 장면의 구성, 비언어적인 사인들, 시공간의 활용, 집단의 상호작용 등 시연 과정에 일어나는 현상과 분석에 필요한 정보를 모두 녹취록에 담아내기 어렵다. 또한 수퍼비전 교육 내용에서 담화의 상호작용보다 행위 과정이 주요한 수퍼비전 교육 내용이 되기 때문에 사이코드라마 수퍼비전은 대부분 수퍼바이지의 디렉팅을 수퍼바이저가 참관하여 이루어지는 현장 수퍼비전이 주를 이룬다. 이는 평가되는 사이코드라마 전문가의 디렉팅 전문성이 '안다'는 지식과 수반 기술이 통합된 절차적 지식, 실천적 지식으로 체화되어 나타나기 때문에, 즉흥으로 이루어지는 사이코드라마의 실연 행위 과정에서 전문가의 역량 확인이 가능하다.

이상훈과 오헌석(2016)은 전문성 발달에서 전문가는 경험을 통해 자동성, 맥락적 사고 능력, 암묵적 지식, 경험적 지식을 얻는다고 하였다(Benner, 1982; Bloom,

1986; Dreyfus & Dreyfus, 1986; Norman, Eva & Hamstra, 2006; Wagner & Sterngerg, 1985). 암묵적 지식은 학습과 경험을 통하여 습득함으로써 개인에게 체화되어 있지만 언어나 문자로 표현하기 어렵고 겉으로 드러나지 않는 지식을 말하며(Polanyi, 1966), 또한 암묵적 기억에는 다른 사람과 함께 있는 것과 자기 자신과 함께 있는 것의 절차와 관련된 암묵적 관계 지식(implicit relational knowing)이 포함된다(Lyons-Ruth, 1998; Stern, Sander, Nahum, Harrison, Lyons-Ruth, & Morgan, 1998). 이러한 개념으로 설명될 수 있는 사이코드라마 전문가의 전문성과 디렉팅 역량은 곧 전문가 발달 과정에서 성장 정도를 드러내는 요소이며 따라서 전문가 발달 과정에서 전문가들이 성장을 이루고 싶은 초점이 된다. 또한 이러한 수퍼바이지의 욕구가 결국 현실과 실제에서 간극이 발생하기 때문에 이를 일치시키고 싶은 바람이 수퍼비전 요구로 잠재되어 있을 것이다.

　수퍼바이지는 전문가로서 발달 과정을 겪는다. 이론과 실제의 통합을 추구하는 수퍼비전에서 수퍼바이지가 인식하고 있는 현재의 요구는 그들이 현 발달 과정에서 겪는 교육 필요를 반영하게 된다. 김주현과 이지연(2019b)은 사이코드라마 전문가의 발달 유형을 Q분석하여 사이코드라마 전문가의 발달 수준을 반영한 전문가 유형과 그 특징을 제시하였다. 이에 사이코드라마 전문가의 발달 과업에서 그 필요를 해소할 수 있는 수퍼비전 개입을 위해 수퍼비전 요구 분석의 연구 참여자를 Q분석 방식을 이용한 전문가 유형 그룹으로 표집하였다.

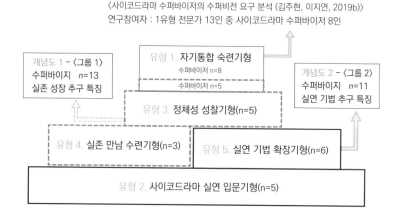

사이코드라마 수퍼바이지의 수퍼비전 요구 분석 연구 참여자 구성

선정된 연구 참여자가 경험한 사이코드라마 전문가의 발달 및 수퍼비전 경험을 질적으로 탐색하고, 그 과정에서 필요로 느꼈던 점들을 범주화하여 통계적 타당도를 갖춘 수퍼바이지의 수퍼비전 요구를 개념도를 도출하였다. 그룹1과 그룹2는 수퍼바이지 그룹으로 사이코드라마 전문가의 발달 과정 위에 있는 수련기 전문가이다. 각 그룹의 연구 참여자의 발달 정도와 유형의 특징을 반영한 연구는 수퍼비전 교육 수혜자들에게 좀 더 최적화된 교육 내용과 방법으로 접근할 수 있는 기초 자료가 된다. 수퍼바이지 그룹의 수퍼비전에 대한 교육 요구를 분석하여 도출한 개념도는 다음과 같다.

1 그룹1 수퍼바이지의 수퍼비전 요구 분석: 실존 철학 추구

　그룹 1의 사이코드라마 수퍼바이지들은 자기통합 숙련기(유형 1)의 수퍼바이지 5명, 정체성 성찰기(유형 3)의 5명, 실존 만남 수련기(유형 4)의 3명으로 총 13명이다. 이들은 사이코드라마의 '실존 철학'을 추구하는 공통 특성을 가진 수퍼바이지들로 1급 전문가 9명, 2급 전문가 4명으로 구성되어 있다.

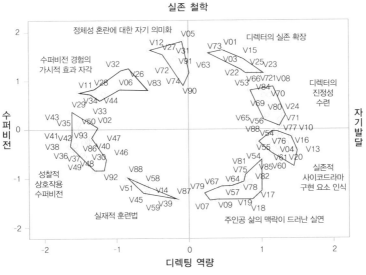

그룹1의 전문가 발달 경험에 기반한 수퍼비전 요구 개념도

차원의 수는 2개이며, 1차원 왼쪽은 '수퍼비전'에 대한 진술문이, 오른쪽에는 '자기발달'과 관련한 진술문이 분포하고 있다. 2차원 위쪽은 '실존 철학'이고 아래쪽은 '디렉팅 역량'으로 그룹1 수퍼바이지들의 잠재적 인식은 자기발달과 수퍼비전에 차원과 디렉팅 역량과 실존 철학이라는 인식의 축을 갖는다.

총 8개의 범주가 도출되었다.

첫째, 범주 1은 디렉터의 실존 확장이다. 사이코드라마는 '사람과 사람 사이의 역동을 노출한 것', '삶의 상황을 치료에 도입한 것', '정신의 내용들을 구체적인 역할과 행위로 구현한 것', '주관적 몰입이라는 실존의 경험을 포착한 것', '종합의 방법으로 창조한 것'이라는 의미를 갖는다(손창선, 2017). '다른 사람이 겪고 있는 심리적 어려움 속에서 그를 건져내고 자유롭게 하며 성장하는 것에 의미를 느끼고 그 열망으로 전문가로서 계속 나아간다', '내 삶의 형태를 사이코드라마로 살아가야 디렉터의 행위에서 발현될 수 있다고 생각하고 일상을 그렇게 살기 위해 애쓴다' 등 디렉터는 사이코드라마 전문가로서 사이코드라마의 실존 철학을 내재화하고 디렉터 역할 속에서 실존 행위를 통한 자기 확장을 꾀한다.

둘째, 범주 2는 디렉터의 진정성 수련이다. '기술적인 부분보다 내가 어떤 태도로 주인공을 만났느냐, 나의 자세와 마음가짐에 더 중점을 두고 애쓴다', '내가 가진 삶의 방식이 디렉팅에서 주인공과의 만남에 그대로 투영되어 반응하고 있는 나를 알아차렸다', '내가 현실의 삶에서 피하지 않고 직면해 넘어섰던 것들이 사이코드라마 디렉팅 과정에서 무의식적으로 올라와 주인공의 삶을 더 깊게 공감할 수 있게 하였다'와 같이 사이코드라마 전문가들은 자신의 삶이 곧 디렉팅 과정에 반영되는 것을 알아차리고 자신을 이해하고 수용하는 진실함을 갖기 위해 노력하며 수련한다. 사이코드라마는 기본적으로 긍정의 철학이며 근원적인 자발성을 긍정하고 실천과 변화, 생성의 존재로서의 인간을 신뢰한다(최헌진, 2003). 이러한 철학적 사유를 사이코드라마 전문가가 가지고 있지 않다면, 주인공을 만날 때 실존적 존재의 고통이나 고독, 삶의 본질적 문제를 만날 수 없을 것이다.

따라서 이러한 디렉터의 진실성을 갖추기 위해 꾸준히 수련하면서 자신에게 일어나는 감정들에 대한 이해, 자신의 철학적 관점, 있는 그대로 존재하는 것, 자기수용의 과업을 가지고 있다고 하겠다.

셋째, 범주 3은 실존적 사이코드라마 구현 요소 인식이다. '사이코드라마 또한 인간을 다루는 영역이기 때문에 맥락이 통하는 학문을 통해 그 깊이를 키우고, 잉여의 표현과 놀이 감정 해소만이 아닌 전체적 연결이 있는 이해를 필요로 한다', '과거가 아닌 지금-여기에 집중하는 것으로부터 주인공을 만나고 깊이 있는 탐색을 시도한다', '개방적인 태도, 열린 마음, 선입견 없이 판단하지 않는 자세와 무엇을 이야기해도 받아들여 줄 수 있는 포용력을 기른다' 등의 진술문은 실존적 사이코드라마의 요소를 인식하고 구현하는 것을 말한다. 사이코드라마를 실연하는 디렉터에게는 실존적 존재로서의 주인공과 관객을 이해할 수 있는 폭넓은 인간 이해, '지금-여기', '잉여현실', '주인공 중심', '즉흥성, 창조성, 자발성' 등의 요소를 발견할 수 있다. 허미경(2007)은 사이코드라마에서 주인공 중심의 지금-여기라고 하는 시공간의 해체가 이루어지고 주인공 내면에 잠재해 있는 자발성과 창조성이 실현되도록 하여 경험 세계를 재창조하고 재해석할 수 있도록 하는 데 주인공을 능동적 존재로 존중한다고 하였다. '진단을 내리지 않고 해결 중심, 목적 중심 드라마가 아닌 주인공의 실존을 찾아가는 드라마를 구현하려 한다', '디렉팅 과정에 나에게 일어나는 신체, 정서, 인지 반응을 알아차리고 내 문제에 걸렸구나를 자각한다', '나 자신이 주인공 경험을 많이 하면서 자신을 비워내고 이를 통해 주인공의 감정을 민감하게 수용하는 훈련이 필요하다', '주인공의 행위화 중에 얼굴표정과 감정의 변곡점을 살피고 표정이 진실한지 살핀다'와 같이 디렉터는 주인공의 실존과 상호작용하는 역할로서 사이코드라마의 실존적 요소를 인식하고 과정을 구현할 수 있어야 한다.

넷째, 범주 4는 주인공 삶의 맥락이 드러난 실연이다. '주인공의 행위 갈등을 찾아 행위화 장면으로 만든다', '주인공의 호흡, 불일치한 비언어적 표현을 세밀하게 보고 알아차려 중요한 단서로 디렉팅에 반영한다', '결핍된 자아, 그 사람이 그럴 수밖에 없었던 것을 공감해주면서, 그 결핍감을 해결하고픈 핵심 욕구를 살펴 그것으로부터 자유로워질 수 있도록 접근한다' 등 주인공이 단편적으로 이야기한 것들을 장면화하는 것에서 좀 더 깊은 내면의 흐름을 이해하는 맥락을 찾아 디렉팅으로 구현할 수 있는 전문성 발달로 나아가야 한다. 이것은 초보 디렉터와의 차이를 나타내기도 하는데 자신이 선택한 개입이나 접근이 주인공에 대한 온전한 이해로부터 선택되고 사이코드라마 전체가 주인공 삶의 본질을 맥락적으로 연결해 나가며 주인공의 잉여현실을 표현할 수 있도록 하는 것이다.

다섯째, 범주 5는 실제적 훈련법이다. 실존적 사이코드라마를 구현하고 싶은 전문가들의 욕구만큼 어떻게 가능하게 할지 디렉터의 역량을 향상시킬 수 있는 훈련법이 필요하다. '주인공이 정말 가지고 있는 핵심적인 문제, 그 감정의 근원을 찾아 들어갈 수 있는 기법이나 실제적인 기술을 배우고 싶다', '수퍼바이저의 드라마를 꼼꼼히 적어 장면과 연결지점이 어떤 흐름으로 가고 있는지 사례를 분석하면서 주인공의 맥락을 찾는 역량을 키웠다', '인터뷰를 통해 첫 장면 잡기, 표현하고자 하는 것, 핵심적인 것 찾아내기, 통찰하기까지 단계적으로 배울 수 있는 과정이 필요하다'와 같은 실제적 훈련을 원하고 있다. 디렉터가 경험한 주인공의 사이코드라마 경험 과정에서 확인되는 상호작용 전략을 보면 장면실연, 역할기법의 활용, 집단의 친밀감, 보조자의 상호작용, 디렉터의 알아차림, 디렉터의 집단 운영 능력, 디렉터의 촉진역할, 디렉터의 저항해결 노력 등을 하위 범주로 인식하고 있다(김주현 외, 2014). 이러한 전략들은 디렉터의 실제적 디렉팅에서 발현되어야 하는 것들로 디렉터에게 체화되어야 하기 때문에 실제적인 훈련 과정이 필요하다.

여섯째, 범주 6은 성찰적 상호작용 수퍼비전이다. '수퍼비전이 또 다른 디렉팅이라고 느껴지고 수퍼바이지가 진짜 원하는 것이 무엇인지 고려하면서 상호작용하는 수퍼비전을 기대한다', '디렉팅 과정에서 나에게 의미심장했던 장면을 떠올려 그 안에서 만난 정서와 접근 방식, 어떻게 해석했는지 등을 물어봐주는, 나 자신에게 일어나는 현상들을 정리할 수 있는 상호작용 수퍼비전을 원한다', '주인공과 디렉터의 상호역동성을 볼 수 있도록 도와주는 수퍼비전이 필요하다' 등 성찰할 수 있는 상호작용 수퍼비전을 원한다. Hogan(1964)은 상담자 발달 단계를 4수준으로 나누어 수퍼바이저의 개입방법을 제시하였다. 3수준에서 상담자는 수퍼바이저에게 조건적으로 의존하며, 전문가로서 고양되어 있는 특징을 가지며 자기 일에 대한 동기가 안정적이고 통찰력이 깊다고 하였다. 이런 3수준의 상담자에게는 수퍼바이저와 동료적인 관계가 되어 상담자로서 그리고 개인적으로 직면해야 할 것을 함께 나누고 직면한다고 하였다. 그룹 1은 실제적 디렉팅에 대한 기본적인 안정화가 되어 있는 그룹이다. 따라서 이러한 그룹에게 필요한 수퍼비전은 전문가들이 선택한 행위에 대한 이유를 묻고 나눌 수 있는 상호작용 접근이 필요하다. 또한 피드백 방식에서 일방적인 지시나 교육보다 자기 성찰을 도울 수 있는 핵심 질문들을 통한 접근이 필요하다.

일곱째, 범주 7은 수퍼비전 경험의 가시적 효과 자각이다. 그룹 1의 수퍼비전 경험에는 긍정과 부정 경험이 있다. 긍정적 경험은 '집단 수퍼비전에서 실연 후 과정을 복기할 때 나의 성장 과정을 아는 친밀한 동료와 솔직하고 명확하게 나누는 것이 도움이 된다', '수퍼비전 피드백이 공격한다는 느낌보다 성장했으면 좋겠다는 수퍼바이저의 애정과 진심이 전달되어 나 또한 그런 자세를 닮으려고 한다'가 그러하다. 반면 부정적인 경험은 '수퍼비전은 의무적으로 받아야 한다고 생각하는 정도이고, 내 성장은 내가 하는 것이라 생각하므로 의지적으로 더 찾거나 나의 성장 방법으로 비중 있는 의미를 두지 않았다', '자격수련과정과 자격유지와 관련한 의무로 수퍼비전을 접했고, 전문가 역량에 대한 일회적 평가로 느껴질 땐 도움이 되지 않았다'와 같은 진술문이 있다. 실제 수퍼비전 경험은 이후의 수퍼비전에 대한 동기나 태도에 영향을 준다. 수퍼비전을 받은 경험이 수퍼바이지에게 효과적으로 지각될 때 수퍼비전에 대한 계속적인 수행 동기를 얻을 것이다. 따라서 수퍼비전 경험이 수퍼바이지에게 가시적인 효과로 지각될 수 있는 바람직한 수퍼비전이 경험되어야 한다.

여덟째, 범주 8은 정체성 혼란에 대한 자기 의미화이다. 사이코드라마 전문가는 초보 전문가에서 중간, 숙련으로 나아가는 과정에 많은 발달적 변화를 겪는다. 그 경험 안에는 이론과 실제에 대한 숙련도가 성장하고 자기 성장도 있다. 수퍼바이저와의 의존적 관계에서 좀 더 자율성을 갖게 되고 정체성도 발달한다. 사이코드라마 전문가들이 개별적으로 성장하는 과정에는 관계 상처와 관련된 것과 사이코드라마 전문가의 자기 정체성 발달을 살펴볼 수 있었다. '나의 개입 방법에 다른 전문가들이 이게 답인데 왜 못했냐는 등의 예의 없는 부정적 피드백을 줄 때 감정적 상처를 받고 디렉터 역할에 회의감이 든다', '수퍼바이저의 말투, 행위, 특징을 닮아 있는 나를 발견하게 되었고, 나한테 맞지 않는 것들을 무리해서 모델링하는 모방학습에서 벗어나 나의 색깔을 살리고 싶다는 자각이 들었다', '사이코드라마 장에서 배운 것들을 현실에서 실천하려고 하나 현장 환경에서 만나는 사람들에게 이상적이라고 치부되고 소통되지 않는 좌절이 있었다'와 같은 성장통을 볼 수 있다. 이러한 성장통은 '전문가가 발달 단계를 거친다는 이해를 통해 나의 성장통을 좀 더 객관적으로 바라보게 되었고 수퍼비전을 받아들이는 힘이 더 커졌다', '수퍼비전 피드백을 나에게 맞는 것과 이해되는 것, 나에게 맞지 않는 것을 구분하고 걸러 듣는다'와 같이 성장 과정의 고통을 겪고 인내하고 역경 후 성장을 통해 좀 더 개별화된 숙련디렉터로 나아갈 수 있다. 따라서 수퍼바이지는 전문가로서 자신의 성장에 대한 이해를 통해 현재 자신이 겪고 있는 경험들을 수용하고 발달적 관점에서 자기 정체성을 점검하여 경험을 의미화할 필요가 있다.

그룹2의 수퍼바이지들은 도출된 8가지 변인에 대해 중요도와 실행 수준을 평정하였다. 중요도와 실행 수준의 평균 차는 교육 요구의 정도를 표현한다고 이해할 수 있으며 범주별 차이는 다음 표와 같다.

그룹 1의 수퍼비전 요구 범주별 중요도와 실행도 평균 차이

구분	사례수	평균	표준편차	평균차	t
디렉터의 실존 확장	13	3.966	0.454	**0.949**	5.285***
(n=9)	13	3.017	0.711		
디렉터의 진정성 수련	13	3.900	0.428	0.762	4.392**
(n=10)	13	3.138	0.525		
실존적 사이코드라마 구현 요소	13	4.195	0.278	0.864	5.587***
인식 (n=13)	13	3.331	0.559		
주인공 삶의 맥락이 드러난 실연	13	3.856	0.341	0.705	4.549**
(n=15)	13	3.151	0.482		
실제적 훈련법	13	3.897	0.514	0.700	5.517***
(n=8)	13	3.197	0.543		
성찰적 상호작용 수퍼비전	13	3.748	0.370	**0.930**	6.474***
(n=20)	13	2.818	0.512		
수퍼비전 경험의 가시적 효과 자각	13	3.171	0.400	0.427	2.704*
(n=9)	13	2.744	0.585		

정체성 혼란에 대한 자기 의미화	13	2.278	0.455	-0.626	-3.231**
(n=8)	13	2.904	0.918		
전체	13	3.626	0.301	0.589	4.625**
	13	3.038	0.513		

* $p < .05$, ** $p < .01$, *** $p < .001$

　　그룹1의 전문가 유형의 공통점은 실존 철학을 체화하는 것에 관심이 높은 그룹이었다. 이들은 기법에 대한 유능함에 앞서 사이코드라마의 철학을 구현하는 실연을 하고 싶어 한다. 그러기 위해서 자신이 사이코드라마의 철학을 내면화한 자기 수련이 중요하다고 생각하는 그룹이다. 범주별 평균 차이를 보면 가장 격차가 큰 범주는 '디렉터의 실존 확장' 범주이며, 두 번째는 '성찰적 상호작용 수퍼비전'이다. 그룹1의 전문가들은 어느 정도의 현장 경력을 가지고 있으며 사이코드라마에서 주인공이 잉여현실과 사이코드라마 황홀경의 실연을 꿈꾼다. 사이코드라마가 깊은 작업이 되기 위해선 주인공 삶의 맥락이 드러난 실연이 되어야 하고, 좀 더 심화된 디렉터 역량이 필요하다. 그러한 역량을 갖추기 위해 실제적 훈련법을 원하고 있지만 수퍼비전 과정은 일방적이거나 지시적 방식이 아닌 디렉터 자신의 선택과 의도를 수퍼바이저와 상호작용하면서 진행되는 형태를 원한다. 또한 자신이 디렉터로서 가져야 하는 전인격적인 자질에 대한 성장의 가치를 추구하는 그룹으로 외부의 교육보다 스스로 수련해 나가야 한다는 관점이 있어 수퍼비전 교육 내용으로서의 중요도가 다른 그룹의 중요도 평정보다 높지 않은 편이다. 그러나 사이코드라마 전문가로서 Moreno의 자발성을 발휘하여 창조적으로 나아가고자 하는 철학적 개념, 서로에게 치유적 대상이 되어주는 만남, 사람과 사람 사이의 진정성 있는 만남 등을 디렉터 자신이 그렇게 살아가는 인간이 되고자 한다. 그런 전인격적 발달과 성장을 도울 수 있는 수퍼비전은 자기 자신에 대한 작업을 빼놓을 수 없다. 또한 외부적 교육이 아닌 스스로의 의지에 대한 성장을 돕는 셀프 수퍼비전이나 성찰 중심 수퍼비전 등의 형태로 전문가 발달을 촉진할 수 있을 것이다.

그룹 2의 사이코드라마 수퍼바이지들은 사이코드라마 실연 입문기(유형 2)의 5명, 실연 기법 확장기(유형 5)의 6명, 총 11명이다. 이들은 사이코드라마의 실연 기법의 전문성을 추구하는 특성을 가진 수퍼바이지들로 1급 전문가 2명, 2급 전문가 9명으로 구성되어 있다.

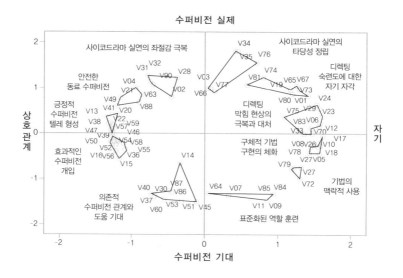

그룹 2의 전문가 발달 경험에 기반한 수퍼비전 요구 개념도

차원

차원의 수는 2개로 1차원 왼쪽은 '상호관계'에 대한 진술문이, 오른쪽에는 '자기'와 관련한 진술문이 분포하고 있다. 왼쪽 '상호관계'에는 집단과 참여구성원 및 수퍼바이저와의 상호작용에 대한 인식이며 오른편 자기 차원에는 자기 자신이 갖는 발달적 욕구와 관련한 진술문이 분포한다. 2차원 위쪽 '수퍼비전 실제'에는 사이코드라마 실제에 대한 경험에서 어려움을 겪거나 당면한 문제가 해결되는 수퍼비전 실제의 진술문이며, 아래쪽은 '수퍼비전 기대'로 수퍼비전에 대한 전문가들의 기대와 관련한 진술문이 분포되어 있다.

범주

총 11개의 범주가 도출되었다.

첫째, 범주 1은 사이코드라마 실연의 타당성 정립이다. '내 마음을 알아주는 진정성 있는 공감적 말 한마디가 몰입에 중요한 요소임을 체험했다', '내 안에서 직감적으로 하고 싶은 것이 떠오를 때가 있으나 나 자신에 대한 믿음 부족으로 그때그때 탄력적으로 나오지 않는다', '사이코드라마의 자발성, 창조성과 같은 것은 결국 동양철학과 연관이 되어 있고 내 안의 힘을 찾는 기회, 스스로 I-God을 체험해 볼 수 있는 경험을 제공하는 것임을 깨달았다'와 같이 사이코드라마 실연이 주인공의 변화와 만남에 의미 있는 접근이 된다는 타당성을 정립하는 것이다.

둘째, 범주 2는 디렉팅 숙련도에 대한 자기 자각이다. 상담자의 전문성 수준이 높아질수록 인지 수준이 복잡, 유연해지고 적응적으로 되어가지만 초심 상담자들의 경우는 동기는 높으나 자기 행동에 대한 통찰이 결여되어 있고 불안정, 혼란, 동요, 갈등을 경험한다(조유경, 2012). 이러한 상담자의 발달 수준처럼 사이코드라마 전문가들 또한 발달 경험 안에서 비슷한 현상을 확인할 수 있다. '디렉터로서 잘하고 싶다는 초점에서 벗어났을 때 주인공을 공감할 수 있었다', '주인공의 폭발적인 감정이 드러날 때 감당을 못해 이어 더 깊게 진행하지 못하고 겁이 나 물러날 때 부족함을 느낀다' 등 디렉터는 자신의 사이코드라마 실연의 정도가 적절하게 이루어지고 있는지 그런 결과에 자신의 행위가 어떠한 상호작용을 일으키는지 자각하고 숙련을 위해 노력해야 한다.

셋째, 범주 3은 디렉팅 막힘 현상의 극복과 대처이다. 사이코드라마 전문가에게는 사이코드라마의 진행이 원활하게 나아가지 못하는 '막힘 현상(blocking)'이 일어나는데, 막힘 현상은 자발성의 과잉, 왜곡, 감소, 소실을 의미한다(최헌진, 2003). '내가 가지고 있는 가치관과 주인공이 가지고 있는 가치관이 다르다고 느껴질 때 멍해지고, 내가 그리는 장면을 하고 싶은 마음을 다스리는 데 힘이 든다', '주인공으로 나올 때 저 사람은 나랑 좀 안 맞을 것 같다는 생각이 들거나 이성을 주로 쓰는 주인공을 만나면 드라마가 잘 안 된다'와 같이 디렉팅 과정에 막힘 현상이 있다. 사이코드라마 전문가는 이러한 상황에서도 자신의 자발성을 되살려 나아가는 숙련된 대처 행동이 필요하다.

넷째, 범주 4는 구체적 기법 구현의 체화이다. '기본적으로 풀드라마를 어느 상황에서나 안정적으로 해낼 수 있는 구조화된 연출 능력을 원한다', '주인공이 행위하고 싶은 갈증과 자발성에 맞닿는 정확한 타이밍, 현장감, 촉을 갖고 싶다' 등 사이코드라마 실연 과정의 구체적 기법 사용이 내 몸에 스며들어 어디서든 즉흥적으로 상호작용하여 만들어갈 수 있는 실천적 지식, 절차적 지식에 대한 욕구이다.

다섯째, 범주 5는 기법의 맥락적 사용이다. '말로 진행되는 것이 아니라 계속적인 행위화 장면으로 연결된 드라마를 하고 싶다'와 같은 단순 기법 활용에서 한발 더 나아가 맥락이 있는 접근 욕구가 생긴다. 또한 '사이코드라마 기술을 정교화하여 좀 더 진화된 개입 프로세스를 만들고 싶다', '주인공을 잘 따라가기 위해 정서나 심리적으로 파생될 수밖에 없는 이유와 그 결과에 오기까지의 과정을 이해할 수 있는 이론적 기반이 필요하다'와 같이 기법 사용이 주인공의 몰입을 촉진하고 주인공의 삶을 나무가 아니라 숲을 보는 관점에서 적용될 수 있어야 한다.

여섯째, 범주 6은 표준화된 역할 훈련 요구이다. 구체적 기법 구현의 체화를 위한 방법적 요구로서, 기본적으로 안정된 사이코드라마 디렉팅을 위해 표준화된 훈련 방식을 원하고 있다. '수퍼바이저에 따라 사이코드라마를 바라보는 생각이 달라 생기는 혼란을 줄이기 위해 초, 중, 고급의 기본 교육과정에서는 공통된 기본 틀이 있었으면 좋겠다', '주로 고정되어 있는 역할 넘기, 미개발된 성격적 요소까지 표현할 수 있도록 역할과 사이코드라마의 기법을 주제로 초점화된 집중 훈련 방식이 있었으면 좋겠다' 등 Ericsson(2008)의 의도된 연습(deliberate practice)이라는 개념처럼 일반적인 형태의 경험이 아닌 의도적 연습의 조건들을 갖춘 경험을 요구하고 있다.

일곱째, 범주 7은 의존적 수퍼비전 관계와 도움 기대이다. 요구는 특정 업무를 위해 중요하지는 않지만 수행능력이 떨어질 때 존재하는 것을 의미한다(Nowack, 1991). 동기화된 요구(derived needs)는 어떤 업무를 위해 중요하지만 부족한 수행능력을 적극적으로 개선하고자 하는 마음의 준비가 되어 있는 상태를 의미한다(Scissions, 1982). '내가 새로운 대상자를 만나 사이코드라마를 할 때 대상자들의 증상이나 현상에 대해 대비할 수 있도록 수퍼바이저의 노하우가 절실하게 필요하다'와 같은 동기화된 요구가 있고 의존적 수퍼비전 관계를 보인다. 또한 '수퍼바이지의 수준에 맞는 피드백이 필요하고 수퍼바이지의 디렉팅 의도와 과정에 대한 생각을 이해해주는 접근이 되었으면 좋겠다', '나는 수퍼바이저가 정신적 스승이 되어 줄 수 있는 인격적 성장을 갖춘 멘토로 나를 이끌어 주길 바란다'와 같은 수퍼바이저의 역할을 기대하고 있다. 그러나 '따뜻하고 배려적이고 지지적이고 진정성 있는 수퍼비전을 원하고, 수퍼바이지의 강점을 살린 비전 있는 수퍼비전을 원한다'와 달리 '이건 잘못했어와 같은 지시적 수퍼비전으로 고쳐야 하는 지점을 명확히 피드백해주길 원한다'처럼 피드백 방식에서도 수퍼바이지마다 지금 자신이 원하는 방식이 다르고 그런 자신의 욕구에 맞는 수퍼바이저의 도움을 기대한다.

여덟째, 범주 8은 효과적인 수퍼비전 개입이다. '비디오 수퍼비전은 나의 모습을 보면서 수퍼비전을 받을 수 있어서 가장 효과적이었다', '디렉팅의 시작과 끝까지 프로세스를 알려주신 게 도움이 되었다'와 같은 충족된 경험이 있다. 반면 '일방통행적인 피드백이 아니라 나의 의미에서는 이게 맞다고 생각했는데 정말 그런지, 더 가도 되는지, 새로운 방법은 없는지 많은 질문을 나눌 수 있는 방식의 수퍼비전이 안 되어 수퍼비전에 대한 효과를 잘 못 느낀다'처럼 수퍼비전에서 기대하는 바를 얻지 못한 경험도 있다. 따라서 수퍼비전에 대한 수퍼바이지의 숨겨진 욕구를 파악하고 좀 더 긍정적인 효과를 줄 수 있는 방식으로 개선해 나가야 한다.

아홉째, 범주 9는 긍정적인 수퍼비전 텔레 형성이다. Moreno는 의사와 환자 '사이'에 환상의 투사만 있는 것이 아니라 서로가 서로에게 보여주는 "실제들, 즉 신체적, 정신적 또는 그 밖의 것에 대한 느낌들"이 있음을 강조하였다. 그것은 한쪽에서만 생기는 것이 아니라 '양방향'으로 작동하며, 처음부터 있었고 전이가 끝난 후에도, 즉 환상이 걷히고도 관계를 지속시키는 유대나 끈 같은 것으로 Moreno는 이를 '텔레(tele)'라 하였다(손창선, 2017). '수퍼바이저가 전달하는 철학이나 삶의 태도가 언행에서 일치되지 않을 때 수퍼비전이 곧이곧대로 안 들린다'와 같이 사이코드라마 수퍼바이저에 대한 실제적 느낌을 갖고 있으며 이러한 관계에서 갖는 느낌을 포함하는 텔레-관계는 수퍼비전 효과에 영향을 준다. '교육과정

중에 수퍼바이저에게 부정적 감정을 포함한 다양한 생각과 감정을 표현할 수 있었던 안전한 경험이 수퍼바이저에 대한 신뢰를 갖도록 하였고 자기 권위를 내려놓고 인간 대 인간으로 만나는 모습이 나의 대인관계 방식에 긍정적인 모델이 되었다'와 같은 경험이 될 수 있도록 수퍼비전에서 긍정적 텔레를 형성해야 한다.

열째, 범주 10은 안전한 동료 수퍼비전이다. '교육집단에서 모두가 한마음으로 진심을 다해 만나고 애를 쓰면서 함께 이루어 온 성장이 서로에게 긍정적 에너지로 작용한다', '나에 대한 부정적인 피드백도 어떤 의미가 있을 것이라 생각하고 피드백을 청하고 곱씹는 편이다'처럼 동료와의 긍정적 수퍼비전이 이루어지기도 하지만 '관계 상처로 인해 사이코드라마에 대한 신뢰가 깨지고 치료적 관계에 대해 냉소적인 마음이 되었다', '수퍼바이저 없이 동료 전문가들이 주는 피드백에서 부족하다는 반복적인 말들로 상처가 되어 만남을 기피하게 된다'와 같은 부정적 영향도 공존한다. 사이코드라마 수퍼비전은 대부분 현장의 집단 수퍼비전이다. 집단 수퍼비전은 비밀 보장의 문제, 참여한 사람들 사이의 경쟁, 각 상담자들의 필요를 채우지 못할 수도 있다는 것 등의 제한점을 가지고 있지만(Corrol, 1996), 수퍼바이저의 적절한 개입에 따라 개인 수퍼비전에서 부족할 수 있는 피드백의 객관성, 간접 경험을 통한 대리 학습, 지지적 경험, 상호작용 능력 발달 등을 경험할 수 있다(Bernard & Goodyear, 2003). 따라서 동료 간의 수퍼비전이라 하더라도 긍정과 부정의 효과에 대한 양가적 부분이 있음을 고려하여 동료의 수퍼비전이 서로를 살리는 상생의 방향으로 안전하게 이루어져야 한다.

열한째, 범주 11은 사이코드라마 실연의 좌절감 극복이다. '사이코드라마가 진짜 치료라는 생각이 있었는데 현장에서 부딪히는 경험 안에서 이것만이 정답인가 하는 반문과 내가 사이코드라마 디렉터로서 능력이 있나라는 생각으로 방황하였다', '나 혼자 참여자들에게 떠들고 온 느낌과 동시에 소통이 되지 않았다는 생각이 들고, 처음 본 사이코드라마 형태가 모든 현실에 적용되는 것은 아니라는 것을 알게 되었다'와 같이 사이코드라마 세계와 현실적 세계의 삶이 다르다는 것을 경험하게 된다. 이러한 현장의 경험들은 사유의 시간, 성찰의 시간을 갖게 하고 그 안에서 사이코드라마가 무엇인지, 자신이 디렉터로서 어떠한 사이코드라마를 하고 싶은지에 대한 자기 물음을 갖게 된다. '수퍼비전 받은 내용이나 현장에서 새롭게 도전해서 드라마 진행에 적절함이 확인된 것들은 확고하게 습득하게 된다'처럼 사이코드라마 현장 경험 안에서 현실적 괴리를 자각하고 거기서 오는 좌절을 극복할 수 있어야 하겠다.

3 사이코드라마 전문가 실연 입문기형의 교육 요구

사이코드라마 전문가를 대상으로 한 Q유형 분석의 결과 현재 수련감독가 자격에 있지 않은 수련기 전문가들을 관심 초점에 따라 2개의 그룹으로 묶어 수퍼비전 요구 분석을 실시하였다.

그룹 2의 수퍼비전 요구 범주별 중요도와 실행도 평균 차이

구분		사례수	평균	표준편차	평균 차	t
사이코드라마 실연의 타당성 정립	중요도	11	3.485	0.550	0.788	5.680***
(*n*=6)	실행도	11	2.697	0.531		
디렉팅 숙련도에 대한 자기 자각	중요도	11	3.886	0.427	0.693	5.795***
(*n*=8)	실행도	11	3.193	0.389		
디렉팅 막힘 현상의 극복과 대처	중요도	11	3.899	0.563	0.737	5.750***
(*n*=9)	실행도	11	3.162	0.534		
구체적 기법 구현의 체화	중요도	11	4.264	0.335	**0.973**	5.165***
(*n*=10)	실행도	11	3.291	0.582		
기법의 맥락적 사용	중요도	11	4.136	0.479	**1.114**	5.555***
(*n*=4)	실행도	11	3.023	0.675		
표준화된 역할 훈련	중요도	11	4.045	0.628	**1.530**	6.651***
(*n*=6)	실행도	11	2.515	0.656		
의존적 수퍼비전 관계와 도움 기대	중요도	11	3.673	0.526	0.845	4.452**
(*n*=10)	실행도	11	2.827	0.480		
효과적인 수퍼비전 개입	중요도	11	3.455	0.433	0.521	3.590**
(*n*=15)	실행도	11	2.933	0.571		
긍정적 수퍼비전 텔레 형성	중요도	11	3.203	0.515	0.301	2.420*
(*n*=13)	실행도	11	2.902	0.541		
안전한 동료 수퍼비전	중요도	11	3.491	0.850	0.600	2.698*
(*n*=5)	실행도	11	2.891	0.547		

사이코드라마 실연의 좌절감 극복 (n=6)	중요도	11	3.291	0.817	0.618	3.850**
	실행도	11	2.673	0.728		
전체	중요도	11	3.712	0.446	0.793	6.182***
	실행도	11	2.919	0.448		

* $p < .05$, ** $p < .01$, *** $p < .001$

사이코드라마 전문가의 발달 수준 중 입문 수련기에 있는 전문가는 유형2로 그룹2에 포함되어 있다. 그룹2의 수퍼비전 요구 분석에서 중요도와 실행 수준의 평균 차이에서 '표준화된 역할 훈련, 기법의 맥락적 사용, 구체적 기법 구현의 체화' 순으로 평균 차이가 크게 나타났다. 사이코드라마 전문가가 담화적 상담자와 달리 전문성에서 기본적으로 갖추어야 할 역량은 사이코드라마 실연 역량일 것이다. 그럼에도 현장의 디렉터들은 자신의 기대보다 실제적 실연 역량에 이르지 못하고 있다고 지각하며 이에 대한 교육 욕구가 확인된다.

지금까지 사이코드라마 수퍼바이지의 발달 수준별 수퍼비전에 대한 요구 분석을 통해 전문가들이 요구하는 교육 내용을 확인하였다. 한 전문가의 성장은 한술 밥에 배부를 수 없고 전문가의 역할을 맡아 실행하는 한 그 생애에 걸쳐 진행된다. 그럼에도 성장 과정을 효과적으로 촉진하고자 함은 전문가의 비숙련으로 인해 참여 집단원의 치유적 경험이 지연되거나 오히려 해가 되는 일이 없도록 노력해야 하는 것은 전문가의 윤리적 책임이다. 따라서 3장에 제시된 연구를 기반으로 사이코드라마 전문가의 교육 효과성을 높이기 위한 프로그램이 마련되어야 한다.

이에 본 책의 마지막 장은 사이코드라마 실연 입문기형과 사이코드라마 전문가의 길에 들어선 초심자를 위한 훈련 워크북으로 구성하였다. 사이코드라마 디렉팅 역량은 절차적 지식이다. 몸으로 직접 체험하여 얻지 않으면 즉흥극으로 이루어지는 극적 방식의 과정에서 디렉터는 막힘을 경험하게 될 것이다. 사이코드라마의 기법은 너무 다양하다. 세대를 걸쳐 국내외 전문가들의 다양한 치유적 분야에서 변형, 응용, 확장, 재창조하는 과정에서 생산된 프로그램들이 축적되었다. 그 안에서 사용되는 기법들도 유사하면서 동시에 차별성을 띠어, 심리겸

사처럼 표준화된 매뉴얼로 존재하지 않는다. 또한 Moreno가 추구하는 자발성과 창조성을 디렉터 또한 발현하기 때문에 현장에 적절하게 변형되어 사용되는 것이 오히려 당연한 것인지 모른다.

다음 장은 사이코드라마를 배우고자 하는 상담자, 사이코드라마 전문가이며 실연 입문기인 초심자의 교육 집단을 대상으로 활용할 수 있는 목적으로 구성하였다. 사용된 용어 설명은 Dayton(2012)의 저서를 번역한 "상담 및 집단치료에 활용하는 사이코드라마 매뉴얼"의 부록에 실려있는 설명을 옮겨왔다. 사이코드라마가 초기 Moreno에 의해 만들어졌을 때 기존에 있던 심리치료 학계에서 사용하는 용어뿐만 아니라 Moreno에 의해 새롭게 제안된 개념이 많다. 학문적 차원에서 정확한 개념 정의를 제시하기엔 이제까지 연구된 방대한 연구의 주장들을 고찰해야 하는 바(학문적 개념 이해를 위해서는 관련 전문 서적을 찾아볼 것을 권한다), 본 책이 목적으로 삼는 초심 전문가의 훈련에 필요한 이해를 돕는 정도의 간단한 설명으로 한정하였다. 실습 과정은 교육생들이 직접 경험하는 워크숍 형태의 지시문으로 기술하였으며 실습에 더해 필자의 아이디어를 확장하여 현장에서 다양하게 활용할 수 있도록 제시하였다.

4장

―

사이코드라마 실연 입문기형
전문가 훈련 워크북

<워밍업>

1. 기초워밍업

(1) 집단 특징 파악하기
(2) 만남의 워밍업

2. 사회측정학적 만남

(1) 밀링과 로코그램
(2) 스펙트로그램
(3) 사회측정학적 스타

3. 심층워밍업

(1) 살아 있는 사회원자 도해
(2) 빈의자 기법

1 기초워밍업

1 집단의 특징 파악하기

워밍업의 정의

주인공이 탄생하기 이전까지의 모든 준비 작업 단계이며 개인과 집단의 자발성을 높이고 누구나 기꺼이 행위화를 통해 자신의 삶을 드라마화하고자 하는 의지 혹은 자발성을 갖도록 촉진시키는 단계 혹은 방법(최헌진, 2003)

목적

- 현실로부터 사이코드라마 세계로 의식 전환
- 일상적으로 타인에 대한 의식, 평가에 대한 걱정, 드라마 후에 대한 염려, 내일에 대한 걱정 등 지금 여기의 몰입을 방해하고 자발성을 저하하는 것들에서 벗어남
- 참여자의 자발성을 고취시켜 극에 참여하고자 하는 마음을 불러일으킴

방침

- 최대의 참여, 총체적 참여, 전체적 참여를 지향한다.
- 사이코드라마에 대한 충분한 이해가 이루어지도록 한다.
- 집단 특성에 맞게 이루어져야 한다.
- 지금-여기에 적절한 방법으로 진행되어야 한다.
- 집단응집력을 촉진하는 방향으로 나아가야 한다.
- 비판 없이 수용될 수 있는 안전한 분위기를 만들어야 한다.

기초 워밍업

집단이 처음 만나서 정식 워밍업 기법을 사용하기 직전까지의 워밍업 과정으로 처음 시작의 의미이며, 앞으로의 전반적 분위기와 자발성 정도를 점검할 수 있는 과정이다.

점검해야 할 점

- 집단 참여에 대한 특징(자발적인가 비자발적인가)은 무엇인가?
- 사이코드라마에 대한 이해는 어느 정도인가?
- 집단 구성원의 특징은 어떠한가?

  성별 비율, 나이 분포, 아픈 사람이나 몸이 불편한 사람 유무, 자발성 정도, 종교, 직업적 특징, 상호 친숙한 정도, 사이코드라마 경험과 이해에 대한 정도, 프로그램 참여 동기나 특수한 기대나 목적 여부 등

- 진행 방식과 시간 배부에 대해 참여자들은 모두 알고 있는가?
- 비밀 보장이 가능한가?

  구두 서약, 서면 약속 등 비밀 보장에 대한 장치, 기관 의뢰의 경우 참여자의 비밀이 어디까지 보장되는지 확인

▶ 집단 특징 파악하기 – 작업 기록지(예시)

점검 사항	상세 내용
집단원의 참여는 어떻게 이루어지는가?	(자발적, 비자발적, 기관 의뢰, 참여 선택권의 정도)
집단의 특수 목적이 있는가?	(일반 성장 집단, 특수집단-가정폭력, 학교폭력, 군인, 임상군 치료, 법적 소송 등 현실적 이득을 위한 참여 여부 등)
집단 구성원의 특징은 어떠한가?	(성별, 나이, 몸이 아픈 사람이나 신체 불편함의 정도, 참여 동기 등)
기타 고려할 사항은 무엇인가?	(그날의 현장 장소 상황, 날씨, 우연한 사건 등)

집단 운영 시 반영할 점
(1)
(2)
(3)
워밍업 프로그램 흐름 계획

(프로그램명)		
(척도 질문의 개입 포인트: 주제어)	▶	▶
(시간)		

▷ 교육 집단의 아이디어 모으기

1. 원으로 둘러앉는다.
2. 교육생이 모두 하나의 문장을 만든다.
   '사이코드라마는 ~다. 왜냐하면 ~이기 때문이다.'
3. 발표를 듣고 동의하는 문장의 핵심 키워드를 뽑는다.
4. 핵심 키워드가 들어가도록 5문장 내외로 사이코드라마가 무엇인지 독백한다.
5. 짝을 지어 자신이 정리한 말을 들려준다.
6. 상대방에게 궁금한 점을 질문 받는다.
7. 질문의 답을 넣어 사이코드라마에 대한 설명을 다시 종합한다.
8. 진행 방식과 시간 배부, 비밀 보장의 방식에 대해 집단의 규칙을 생각해본다.

▶ 실제 집단 운영 시 집단원끼리 설명해주기

1-1. (로코그램) 사이코드라마 경험에 따라 해당 공간에 서 주세요.

<난생 처음이다>	<듣기는 했는데 참여는 처음이다>
<많다>	<적당히 있다>

1-2. 처음 오신 분들에게 사이코드라마가 무엇인지 경험자의 설명을 들어보도록 하겠습니다.
1-3. '난생 처음이다', '듣기는 했는데 참여는 처음이다'에 서 계신 분들은 '많다', '적당히 있다'에 서 계신 분께 궁금한 점을 물어보도록 하겠습니다.
1-4. 상호 간 대화
1-5. (참여 경험이 많지 않은 집단원 중) 이해가 잘 되었다 하시는 분은 집단에게 자신이 들은 설명을 한 번 더 나누어 주실 분 계신가요?
1-6. 설명을 들은 집단원이 전체에게 한 번 더 소개하기

확장 1

▶ 내가 집단을 운영할 때 설명할 수 있는 집단구조화 안내문을 작성하기

(포함사항) 사이코드라마에 대한 설명, 진행 방식 시간 배부, 비밀 보장 등을 너무 어렵지 않게 쉬운 말로 작성한다. 집단의 눈높이에 맞추어 작성한다.

_____

_____

_____

_____

_____

용어와 기능

극적 활동을 중심으로 움직임이 많은 집단 활동이므로 몸을 움직여 풀고, 집단의 분위기를 이해하여 사람과 사람의 만남을 준비시킨다. 사이코드라마에서 인간과 인간의 만남, 집단의 형성, 텔레의 흐름 없이는 사이코드라마가 성립될 수 없을 만큼, 만남과 집단원의 상호작용은 중요하다. 대개의 경우, 집단이 처음 형성되었을 때 서로 아는 사람들끼리 모여 있는 경우가 많다. 모르는 사람들과도 어울릴 수 있기 위해서는 자리를 이동하거나 낯선 사람과 우연한 작업을 통해 만남을 유도할 수 있다.

▶ 집단의 분위기 관찰

실습 1

1. 처음 우리 집단에 들어왔을 때 보았던 집단 분위기는 어떠했는지 생각나는 것들을 가능한 많이 기록해 봅니다.
2. 자신의 기록에서 다음의 사항들이 관찰되었는지 살펴봅니다.
- 처음 공간에 들어갔을 때 사람들이 모여 앉아 있는 그룹
- 사람들의 모여있는 분포, 혼자 앉아 있는 사람, 쌍이나 소그룹으로 모여 앉아 있는 사람, 그룹과 그룹의 거리, 성별에 따른 그룹 형태, 신체적 움직임이 불편하거나 아프거나 컨디션 저조로 살펴야 하는 집단원
- 장소에 새로 들어오며 사람들과 인사를 하는지, 누구와 대화하러 이동하는지, 어느 위치의 자리를 정하는지
- 집단의 대화를 들으며 공간, 날씨, 개인적인 사건, 그룹의 사건, 관심사 등 집단이 상태에 대해 파악한 점
3. 이후에 워밍업 과정에 반영할 아이디어가 있으면 기록해봅니다.

실습 2

1. 하나의 원으로 서 보겠습니다. 놀이 활동을 하기 전에 간단히 몸을 풀어볼게 요. 스트레칭 동작을 하나씩 소개하고 따라 하도록 하겠습니다. 제가 먼저 시 작하겠습니다. 손을 뒤로 깍지를 껴서 어깨를 쭉 폅니다. (스트레칭 동작 보 여주기)
2. 집단원들 따라 하기
3. 제 옆으로 한 분씩 돌아가면서 할게요.
4. 두 번째 집단원 동작 보임 → 집단 따라 하기 → 세 번째 집단원 동작 보여주기 → 집단 따라 하기 → 처음 차례로 돌아올 때까지 반복

▶ 만남의 워밍업-자리 바꾸기 게임

실습 3

5. 둥그렇게 앉습니다. 술래가 중앙으로 나와 참여자들을 움직이게 할 지시문을 말합니다. 예를 들어 '안경 쓴 사람?/청바지를 입은 사람?' 등
6. 지시문에 해당하는 사람들은 자리에서 일어나 비어있는 다른 자리로 위치를 바꾸어 앉습니다. 이때 술래도 비어있는 자리에 재빠르게 앉습니다.
7. 자리에 앉지 못한 사람이 다음 술래가 됩니다.
8. 질문을 바꾸어 반복해서 실시합니다.

▶ 만남의 워밍업-샐러드 게임

실습 4

9. 둥그렇게 앉습니다. 여기서부터 숫자를 붙여가겠습니다. (집단원)1, (그 옆 집 단원)2, (옆 옆 집단원)3! 다시 1부터 세어주세요. 모든 집단원이 1~3 중의 하 나의 번호를 얻습니다. 자신이 몇 번인지 기억해주세요.
10. 일! (옆 사람)이! (옆 사람)삼! 다시 일! (옆 사람)이! (옆 사람)삼!
11. 자, 샐러드 게임입니다. 1번 선생님들 손들어주세요. 이 팀은 딸기입니다. 2 번 선생님들 손들어주세요. 포도입니다. 3번 선생님 손들어주세요. 수박입 니다. 술래는 과일을 선택합니다. 해당 과일의 선생님들은 자리를 바꾸어 주 세요. 그리고 집단 전체를 바꾸고 싶다면 '샐러드!'를 외치시면 됩니다.
12. 샐러드 놀이 진행

만남의 워밍업-이웃을 사랑하십니까?

실습 5

9. 둥그렇게 앉습니다. 술래가 중앙으로 나와 섭니다. 술래는 앉아 있는 집단원 중 한 명에게 가서 묻습니다. "이웃을 사랑하십니까?"
10. "예"라고 대답하면 좌우 사람이 자리를 바꾸어 앉고, "아니오"를 할 경우 술래는 다시 "어떤 이웃을 사랑하십니까?"라고 묻습니다. 그러면 질문을 받은 사람이 "안경 쓴 사람을 사랑합니다"라고 새로운 기준을 말하면 안경 쓴 사람들만 자리를 옮깁니다.
11. 술래는 집단원들이 자리를 옮길 때 비어있는 자리를 빨리 차지해 앉습니다.
12. 자리에 앉지 못한 사람이 다음 술래가 됩니다.
13. 술래를 바꾸어 반복해서 실시합니다.

만남의 워밍업-나무와 새 놀이

실습 6

14. 둥그렇게 서 주세요. 여기서부터 역할을 맡도록 하겠습니다.
15. 새! (옆 사람)나무! (옆 사람)나무! 다시 새! (옆 사람)나무! (옆 사람)나무!
16. (집단원 전체가 역할 이름을 부른 후) 나무라고 외치신 분들은 서로 마주 보며 손을 올려 손을 맞잡습니다. 새라고 외치신 분들은 나무 두 분이 만든 사이에 들어가 주세요. 술래는 중앙에 나와 주세요. 술래는 3가지 지시문을 말할 수 있습니다. "사냥꾼이 나타났다", "나무꾼이 나타났다", "태풍이 분다" 3가지입니다. '사냥꾼이 나타났다'일 땐 나무 안에 들어가 있는 새가 나와 다른 나무 사이로 옮겨 들어갑니다. '나무꾼이 나타났다'에선 나무 역할을 하는 분들이 맞잡은 손을 풀고 다른 새를 찾아가 2인 짝을 지어 나무를 만들어 줍니다. '태풍이 분다'일 땐 모두가 위치를 바꾸는 놀이입니다.
17. 공간에 나무님들 나와서 나무 둥지를 만들어 주시고요, 새는 나무 밑으로 들어가 섭니다. 술래는 중앙으로 나와주세요. 술래는 나무나 새가 자리를 옮겨갈 때 얼른 역할을 대신해 들어가시면 됩니다.
18. (술래) 나무!
19. 나무를 만들었던 집단원들은 보호하고 있던 새를 떠나 다른 새에게 이동해 새로 만난 짝과 나무를 만듭니다.
20. 술래는 움직이는 나무 역할에 섞여 들어가 재빨리 나무 역할이 되어 술래에서 벗어납니다.

- 만남의 워밍업은 다양한 연극 놀이 프로그램을 활용할 수 있다.
- 만남의 워밍업은 집단원이 서로 다양한 구성원과 즐겁게 만날 수 있도록 구성한다.
- 만남의 놀이에는 몸의 움직임이 들어가므로 안전에 주의한다.
- 만남에 소극적인 경우는 몇 번 술래가 되면 재미있는 벌칙을 받는 규칙을 정해 촉진할 수 있다. 그러나 벌칙은 '인디언밥'처럼 신체적으로 때리거나 수치심을 주는 벌칙은 삼간다. 벌칙조차 수행하는 사람의 자발성을 살리는 방향으로 사용되어야 한다.
- 워밍업 놀이는 집단의 수행 수준을 고려하여 수행 규칙의 복잡성을 고려한다.
- 워밍업은 집단의 상호작용 수준을 고려하여 현장에서 수정, 변형, 창조하여 사용한다.

◦ 워밍업 만들어 보기 ◦

- **비언어적 놀이:** 판토마임, 노래와 춤, 연상 그림 그리기, 눈싸움, 정지 동작, 조각 만들기, 보고 흉내 내기
- **역할 놀이:** 허풍쟁이 되기, 예언자 놀이, 쌍으로 연결된 역할 놀이(엄마-자녀, 콩쥐-팥쥐, 이별하고 싶은 연인-이별하고 싶지 않은 연인, 상사-직원, 악마-천사 등)
- **신체 놀이:** 술래잡기, 얼음 땡, 가라사대 놀이, 대장 놀이 등

목적: 워밍업 시키고 싶은 것
　　　(안전감, 개방성, 몸, 목소리, 사이코드라마 행위화 방법에 대한 친숙함, 상상력 등)

준비물: 필요 공간, 소품, 가능한 현장 상황에서 쉽게 구할 수 있는 것
　　　　(복잡하거나 준비물 양이 많은 방법은 지양함)

놀이 규칙: 집단원이 알아들을 수 있도록 쉽게, 변형이 용이한 방법
　　　　　집단원의 창조적 표현이 반영될 수 있는 구조

2 사회측정학적 만남

1 밀링과 로코그램

용어와 기능

밀링(milling): 작업 공간 주위를 걸어 보는 일
로코그램(locogram): '장소(locus)'를 의미하는 라틴어에서 유래한 말로, 특정 기준에 따른 자신의 상태를 바닥 위에 표현해 보는 기법
비네트(vignette): 짧은 형식의 사이코드라마. 장면 설정 과정을 거치지 않으며 아주 잠깐 동안 진행(필요한 경우 공연 시간을 늘리는 것도 가능)

▷ 밀링(milling)으로 사회집단원 만남 열기

실습 1

1. 반갑습니다. 모두 가운데로 나와 서 주십시오. 언제나 새로움은 약간의 긴장을 주지요. 우리가 만난 이 공간과 좀 친해져볼까요? 가볍게 이 공간을 걸어 다니도록 하겠습니다. 이 공간에 있는 여러 물건들, 출입문의 위치, 벽도 만나 보시고, '쉬는 시간엔 어디에서 쉬면 좋겠다'는 생각도 해 보시고 이 공간과 친숙해져보겠습니다.
2. 그리고 이 안에 인연을 맺게 된 사람들과 만나볼게요. 사람들 사이를 지나다니면서 간단한 목례와 눈 마주침으로 인사하겠습니다.
3. 좀 더 자발성을 올려 이번엔 걸어다니시면서 만나는 분과 하이파이브를 하며 '반갑습니다'로 마음을 전합니다.

확장 1

1-1. '산토끼' 노래를 부르며 토끼처럼 깡총깡총 이동합니다. 노래가 끝날 땐 두 사람씩 짝을 지어 섭니다.

1-2. "산토끼 토끼야 어디를 가느냐 깡총깡총 뛰면서 어디를 가느냐!" 만난 분과 가위바위보! 진 사람은 이긴 사람 뒤에 가서 어깨에 손을 얹습니다.

1-3. 2인 기차 다시 출발합니다. "산토끼 토끼야~" 다시 만난 팀과 가위바위보를 합니다. 마찬가지로 진 팀은 이긴 팀 뒤로 가서 서도록 합니다.

1-4. 이제 4인 기차입니다. 출발~ (집단원 전체가 하나의 기차가 될 때까지 반복)

1-5. 하나의 기차가 되었네요. 원 안을 보고 하나의 원으로 서 주세요.

▷ 로코그램

실습 2

4. 밀링 활동을 하면서 집단원을 만나 보았습니다. 다양한 분들이 함께하고 계시는데요, 사이코드라마 경험이 있으신지 궁금합니다. 바닥에 공간 4개가 있습니다. 여러분의 사이코드라마 경험에 해당하는 공간으로 이동해 보겠습니다.

<난생 처음이다>	<듣기는 했는데 참여는 처음이다>
<많다>	<적당히 있다>

5. 같은 공간에 모인 분들과 간단한 자기 소개를 하시고 이번 사이코드라마에 참여하게 된 동기나 기대에 대해 이야기를 나누어 보세요.

▷ 로코그램 공간 만들기

확장 2

2-1. 이야기를 나누셨지요? 그렇다면 우리의 기대를 달성하기 위해 집단원이 가져야 할 덕목? 또는 바라는 점은 무엇이 있을지 한 단어로 말씀해주세요.

2-2. (집단원들) "용기/비웃지 않기/열린 마음/호기심 등"

2-3. 자 그러면 로코그램 공간에 집단에게 필요한 덕목들 중 내가 가지고 있는 것 또는 발휘해볼 수 있는 것을 찾아 이동해 보겠습니다.

<용기>	<비웃지 않기, 열린 마음>
<기타>	<호기심>

2-4. 같은 공간에 모인 분들과 우리 팀의 실천 의지를 담은 구호를 간단한 리추 얼과 함께 만들어주세요.

2-5. 팀별 발표 진행

 원형 로코그램

6. (공간 한 가운데 빈의자를 가져다 놓음) 이 의자는 우리 집단입니다. 사이코 드라마 집단이 친밀하고 응집력이 높을수록 나 자신의 작업을 시도하고자 하 는 용기가 더 잘 발휘되지요. 여러분들은 집단으로연 얼마나 떨어져 있다 고 생각하십니까? 모두 각자의 거리 위치에 서 주세요.

7. 자신이 서 있는 곳에 대해 한두 문장으로 말씀해 주세요.

8. 현재의 거리에서 단 1cm라도 가까이 옮길 수 있다면 무엇이 필요할까요?

9. 필요한 것이 무엇인지 한두 문장으로 말씀해 주세요.

사회측정학적 선택-긍정의 텔레 관계

3-1. 집단원을 둘러봐 주세요. 좀 전에 자신이 1cm라도 가까이 옮겨가는 데 필 요한 것을 말씀하셨습니다. 이런 나를 잘 이해해 줄 것 같은 사람이 누구인 지 마음에 결정을 해 주세요.

3-2. 선택하셨으면 그분께 다가가 어깨에 손을 얹어주시기 바랍니다.

3-3. 내가 선택한 분이 선택을 위해 이동하시면 손을 얹은 상태로 같이 따라 움 직여주세요.

4-3. (디렉터가 구조를 보고 이야기 나눌 수 있는 소그룹으로 나누어 줍니다.) 지금 마음이 어떤지 그룹과 함께 이야기를 나눕니다.

로코그램 척도 질문 만들어보기

2 스펙트로그램

용
어
와

기
능

스펙트로그램(spectrogram):
구성원들이 바닥에 그려진 가상의 선 위에 가 서서 자신의 수치화된 답을 표현
하는 기법. 자신이 표현한 점수에 대한 설명을 통해 집단에서 자신을 표현할 수
있고 집단원 모두가 평정한 점수가 공간에 시각화되어 표현되므로 집단의 상태
를 파악하는 데 유용함.

▶ 스펙프로그램 경험

실
습

1

1. 바닥에 0점부터 100점까지, 가상의 선(따라 움직여 보여줌)이 있습니다.
2. 지금 현재 나의 컨디션은 0부터 100까지 중 몇 점인가요?
3. 자신의 점수대로 가상의 선 위로 이동해 서 주시기 바랍니다.
4. 나의 컨디션은 몇 점인지 왜 그런지 말씀해 주실 분 계신가요?
5. (나눔을 해 준 구성원의 마음을 공감하는 디렉터의 반응)
　　(예시) "종일 직장에서 일을 하고 저녁도 못 먹고 여기 서 있어서 30점입니다."
　　　　　 손 까딱하기도 힘든 상태일 것 같아요.
6-1. 몇 분의 이야기를 더 들어보겠습니다.
6-2. 비슷한 위치에 계신 분들끼리(2-3명) 서로 이야기를 나누어주세요.

▶ 척도 질문 만들기와 언어적 공감하기 실습

확
장

1

7. 서로에게 궁금한 질문을 1가지씩 생각해보겠습니다.
8. 집단에게 제가 보여드린 것처럼 '집단 네가 궁금하다' 척도 질문을 해 보도
　록 하겠습니다. 질문을 하신 분은 나눔을 해 주신 분의 이야기에 공감하며 말
　하기를 연습해보도록 하겠습니다. 먼저 준비가 되신 분은 손을 들어 주세요.
9. (집단원) 요즘 나의 행복 지수는 몇 점인지 서 주세요.
10. 집단이 이동하여 점수를 표시함 → 1인 나눔 → 나눔하는 집단원의 마음을 질
　　문자가 공감하기 → 질문자 변경하여 2-3회 정도 반복 실습

확장 2

11. 질문 만들기 놀이를 해 보도록 하겠습니다.
12. 지금 서 계신 위치에서 2-3명씩 소그룹을 지어주세요.
13. 집단 분위기를 올릴 수 있는 재미난 질문 1가지를 의논해서 만들어주세요.
   (예시) 내가 해 본 사랑 중 가장 찐한 사랑의 순도는?
          내가 느꼈던 가장 큰 화를 소리로 표현한다면 몇 데시벨?
14. 소그룹에서 만든 질문을 잘 듣고 어떤 질문을 실행해 볼지 결정해주세요.
15. 1번 그룹 질문 손들어주세요. 2번 그룹 질문 손들어주세요. 3번 그룹 등 가장 많은 표를 받은 집단의 질문 선정하기
16. 선택한 질문으로 집단의 스펙트로그램 실시하기
17. (척도 만들기 놀이가 끝난 후 마무리) 처음 만났을 때보다 지금 집단에 느껴지는 친밀함을 점수로 표현한다면?
18. 스펙트로그램 체험 소감 및 효과 경험 나누기

▶ 놀이와 게임으로 확장

확장 3

18-1. 집단에서 가장 높은 점수인데요, 궁금증이 생기네요. 선생님께 집단이 질문을 드릴 거예요. 그러면 그 질문을 듣고 Yes, No 또는 노코멘트 3가지 중의 대답을 하실 수 있습니다. '이 사랑은 첫사랑이다?'
19-1. Yes, No 또는 노코멘트 3가지 중 선택하여 대답
   (질문과 답변이 즐거운 놀이로 진행되는 경우)
20-1. 다른 분들의 질문도 들어볼까요? 대답은 같은 방법으로 할 수 있습니다.
21-1. 집단원이 만든 질문에 Yes, No 또는 노코멘트 3가지 중 대답, 집단의 분위기에 맞게 진행 횟수 조절

▶ 해소와 풍자의 역할놀이로 확장

확장 4

(부정적인 감정의 질문일 경우, 가장 낮은 점수의 집단원과 인터뷰 진행 시도)
18-2. '내가 느꼈던 화를 소리로 표현한다면 몇 데시벨?' 이 소리는 누구에게 가야 하는 것이었나요? (대상 찾기)
19-2. (빈의자를 집단원 앞에 가져다 놓음) 이 의자에 그 사람이 앉아 있습니다. 이 사람에게 하고 싶은 말 3가지만 떠올려 볼게요.
20-2. 말씀하신 소리의 데시벨만큼의 소리로 마음을 전달합니다.
21-2. 참여 집단원이 하는 말을 디렉터가 더블 기법으로 촉진함.

확장 5

22. (빈의자와 바타카를 스펙트로그램에서 낮은 점수 쪽으로 이동) 사람은 누구나 '화'라는 감정을 갖지요. 짜증, 분노, 격노, 신경질, 억울함, 불쾌함 등 여러 색채들이 '화'로 표현되고 있을지 모릅니다. 각자 서 계신 자리에서 감정의 '강도'만큼 빈의자에 도깨비 방망이(바타카)로 시원하게 내리치기! 이때 빈의자에 이 감정의 대상이 있다고 생각하고 '하고 싶은 말'도 뱉어봅니다.

23. 이그, 말 좀 들어라, 말 좀 들어~/네가 그렇게 잘났니?/네가 뭔데!!

23. 디렉터는 집단원 각각의 더블로 행위화 과정에 촉진 역할을 함.
    빈의자는 점점 더 높은 점수로 이동함.

척도 질문 만들어보기

---

3 사회측정학적 스타

용어와 기능

사회측정학적 선택(sociometric choosing):
집단구성원들이 선택을 통해 타인에 대한 이끌림이나 거부, 중립적 태도를 비롯한 특정 척도를 표현하는 작업, 사회측정학적 검사라 불리기도 함.

사회측정학적 스타(sociometric star):
특정 척도 질문에 대해 가장 많은 선택을 받은 사람

텔레(tele):
두 사람 간에 전달되는 감정의 최소 단위, 긍정적, 부정적, 중립적 성향 모두를 지닐 수 있는 무언의 연결 관계

텔레 범위(tele): 개인의 텔레가 미칠 수 있는 범위

사회측정학적 선택 - 텔레 관계

실습 1

1. 원을 만들어 서 주세요. 집단원들을 쭉 둘러봐 주세요.
2. 오늘 여러분에게 기분이 안 좋은 일이 있었다고 가정할게요. 잠시 커피타임을 여기 계신 집단원 중 한 분과 가질 수 있습니다. 그렇다면 어떤 분과 시간을 갖고 싶으신지 1명을 선정하셔서 그 사람 어깨에 손을 올려 주세요.
3. 서로를 선택하지 않아도 상관없습니다. 내가 선택한 사람이 다른 분에게 손을 얹으려 이동한다면 손을 얹은 상태로 함께 이동하시면 됩니다. 자 나는 이 사람과 시간을 보내고 싶다 한 분을 선택해주세요.
4. 집단원들 이동

사회측정학적 선택의 이유 나누기

실습 2

5. (디렉터는 사회측정학적 선택으로 드러난 집단의 구조를 살핀다.) 이분은 3명의 선택을 받으셨고, 여기는 서로 선택하셨네요. 선택하지 않은 분도 있습니다. 물론 그래도 괜찮습니다.
6. 자신은 왜 이분을 선택했는지 나누어 주실 분 계신가요?
7. (집단원 각자의 이유) 자발적으로 나눔.
   (예시) 제 말을 잘 들어주실 것 같아서요/제가 언니에게 고민을 자주 이야기하는데 언니랑 분위기가 비슷해서요/오늘 먼저 인사를 저에게 해 주셨어요 등

사회측정학적 선택으로 만들어진 집단 구조 알아차리기

실습 3

8. 우리의 선택이 어떤 구조를 만들고 있습니다. 서로에 대해 많은 것을 알지 못하는 상황임에도 상대에 대한 어떤 끌림의 주관적인 느낌으로 선택을 하셨습니다. Moreno는 이것을 텔레라고 하였습니다. 긍정적, 부정적, 중립적 성향 모두를 지닐 수 있는 무언의 연결 관계입니다.
9. 디렉터는 집단 구조에서 고립된 사람, 사회측정학적 스타, 쌍방 선택, 하위 그룹 등의 배치를 세심히 살핌.
10. 이후 집단 활동에서 일어날 수 있는 집단 역동에 대해 가설을 가져봄. 집단의 응집력의 정도를 파악하여 워밍업 프로그램이나 정도를 결정하는 데 반영함.

확장 1

11. 우리는 아이돌 제작사입니다. 스타를 만들어야 하는 아이템을 잘 만들어야 하겠지요. 집단의 선택을 가장 많이 받은 분이 다음 사회측정학 선택을 하는 질문을 해 보도록 하겠습니다.
12. 제가(디렉터) 먼저 시작하도록 할게요. 우리 집단에 있는 숨은 고수를 찾아 보도록 하겠습니다. 집단원 중 '숨어있는 가수일 것 같은' 사람의 어깨에 손을 얹어 보겠습니다.
13. (집단원 선택) 집단원의 가장 많은 선택을 받으셨네요. 노래 한 곡 청해 보겠습니다.
14. 어떤 노래든 노래하는 행위를 하면 인정
15. 자 숨어있는 가수님이 다음 스타를 찾아봐 주시겠습니다.
16. 디렉터는 집단의 자발성이 올라가는 정도를 보고 반복 시행 정도 결정

▶ 사회측정학적 스타 만들기 역할 놀이

확장 2

17. 이제까지는 무엇을 잘하는 사람을 찾았지요. 변형 스타 찾기 놀이입니다. 사람은 나고 자라는 동안 다양한 역할을 맡아 사회에 적응하며 생존해왔습니다. 이제부터는 어떤 역할을 잘해줄 것 같은 사람을 찾는 지시문으로 바꾸어 보겠습니다.
제가 먼저 시작하겠습니다.
(자동차 사고가 났습니다. 앞차에서 내린 운전자가 무작정 버럭버럭 화를 냅니다. 머리가 멍해집니다. 여기서 나 대신 앞 운전자와 시원스럽게 잘 싸워줄 것 같은, 백마 탄 기사 역할을 잘할 것 같은 사람은?
18. 집단원 선택
19. 가장 많은 선택을 받으셨네요. 자, 어떻게 그 역할을 해 주실지 궁금합니다.
버럭버럭 화내는 사고 운전자 역할을 해 주실 분?(집단 참여)
20. 역할 놀이 배역 선정(자발적 참여)
 - 사고자 1인, 멍해지는 주인공 1인, 지켜주는 역할의 백마 탄 기사님 1인
21. 자, 보여주세요~
22. 현실에서 사건을 잘 해결하는 모습이 아닌 사이코드라마적 잉여 세계의 판타지 놀이판으로 진행
23. 집단의 반응을 보며 같은 방법으로 다양한 스타 만들기 역할 놀이

사회측정학적 선택 지시문 만들어보기

3 심층워밍업

1 살아 있는 사회원자 도해

용어와 기능

심층 워밍업:
주인공을 선정하기 위한 마지막 단계로 때론 심층 워밍업 자체가 한 장면 사이코드라마 또는 미니 사이코드라마가 되기도 한다.

사회원자(social atom) 도해:
자신과 관계된 대상(사회원자)을 기호화하여 펜과 종이를 이용해 개인의 삶의 중요한 관계를 차트나 도표로 나타내는 기법.

▷ 자신의 사회원자 시각화

실습 1

1. 펜과 종이를 꺼냅니다.
2. 현재 나의 삶에서 느끼는 사회원자를 그립니다. 여자는 동그라미, 남자는 세모, 단체나 집단은 사각형으로 표시합니다.
3. 우선 나를 먼저 표시하세요.
4. 사회원자들을 그릴 때 도형의 크기와 거리는 나와의 관계를 반영하여 그립니다.
5. 그린 도형이 누구인지 도형 안에 이름이나 역할을 씁니다.

실습 2

7. 사회원자들 간의 관계를 선으로 표현합니다.
8. 표시된 사회원자에서 관계 에너지가 나에게서 밖으로 나가면 (나)→에게서 나가는 표시를 하세요. 상대의 사회원자에서 에너지가 나에게 들어오면 (나)←(상대) 상대에게서 들어오는 방향으로 그립니다.
9. 그 에너지가 나의 입장에서 긍정적이면 +, 부정적이면 -를 표시하세요.
10. 소그룹(2인 이상)에서 자신의 사회원자 도해를 풀어 설명해봅니다.

▶ 내가 원하는 관계망과 장애물 확인

확장 1

11. 내가 갖고 싶은 관계를 그린다면 무엇을 어떻게 바꾸고 싶은지 생각합니다.
12. 내가 원하는 사회원자 도해로 바꾸어 그려보세요.
13. 소그룹에서 바꾼 그림을 소개하며 이유를 함께 설명합니다.
14. 지금-현재 관계망을 바꾸는 데 방해하는 장애물은 무엇입니까?

▶ 장애물과의 역할놀이

확장 2

15. 역할 실습으로 참여해 보고 싶은 사람이 있나요?
16. 공간에 변화 전 자신의 사회원자를 집단에서 뽑아 배치해주세요.
17. 장애물 역할을 할 사람을 뽑아주세요.
18. 장애물을 공간에 배치해주세요.
19. 장애물에게 하고 싶은 말이 있다면 직접 화법으로 표현해주세요.
    (참여자의 자발성에 따라 장애물을 제거하는 행위화 과정으로 해소까지 목표한다면 한 장면 드라마, 미니 드라마로 확장시킬 수 있다.)
20. 활동 소감을 나눕니다. 진행 정도에 따라 집단의 나누기가 필요한 상황이면 안전하게 마무리될 수 있도록 나누기 단계를 갖는다.

빈의자 기법:
워밍업뿐 아니라 사이코드라마 전 과정에 광범위하게 사용함. 빈의자는 언제, 어떤 상황에서도 복잡한 절차 없이 집단원의 상상력으로 하나의 대상, 인물, 사물 등이 있다고 상상하고 자유롭게 표현할 수 있음. 보조자아의 반응에 의한 방해 없이 그대로 표현할 수 있는 장점. 보조자아 선정이 어렵거나 대인관계에 어려움을 겪는 경우는 빈의자가 좀 더 적절함. 대상의 반응보다 주인공 자신의 표현이 더 중요할 경우 더 안전하게 사용할 수 있음(차고 밀고 때리거나 던지는 등의 행위가 필요할 경우).

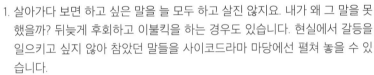 그때 그 사람

1. 살아가다 보면 하고 싶은 말을 늘 모두 하고 살진 않지요. 내가 왜 그 말을 못했을까? 뒤늦게 후회하고 이불킥을 하는 경우도 있습니다. 현실에서 갈등을 일으키고 싶지 않아 참았던 말들을 사이코드라마 마당에선 펼쳐 놓을 수 있습니다.
2. (빈의자를 가리키며) 이 의자엔 '그때 그 사람'이 있습니다.
3. 차마 말하진 못했으나 내 입에서 돌고 도는 그 말, 오늘은 그 말을 뱉어 저 멀리 흘려 보내버리는 것은 어떨까요?
4. 종이에 그 사람이 누군지 써 주세요. 이니셜을 써도 되고 자기만 알 수 있는 표시를 해도 좋습니다.
5. 한 사람씩 종이를 이 의자에 두고 그땐 못했지만 지금 여기 할 말은 한다! (안전한 신체 행위화를 할 수 있는 소품 준비-바타카, 갑티슈, 신문지, 천 등)
6. (집단원) 종이를 의자에 올려놓고 바타카를 치며 말한다. 종이에는 "헤어진 남친"이라고 쓰여 있다. "야, 이 자식아 넌 완전 나쁜 자식이야~"
7. 원 없이 표현하고 바타카를 다음 초대하고 싶은 집단원에게 드리도록 합니다. 바타카를 건네받은 사람은 자유롭게 와서 표현하면 됩니다. 만약 표현을 하고 싶지 않다면 빈의자에 종이만 가져다 올려놓고 가셔도 됩니다.
8. 한 집단원의 표현이 끝나면 디렉터는 의자에 있는 종이를 치운다.
9. 집단원 모두 돌아가면 마무리

▶ 유도된 환상

실습 2

10. (기초 워밍업 후) 자리에 편안하게 앉아 보겠습니다. 요즘 나는 어떻게 지냈는지요? 바쁘게 다람쥐 쳇바퀴 돌 듯 살아오진 않았을까요? 현실을 버텨내느라 내 마음 깊은 곳에 미뤄둔 숙제가 있습니다. 저 멀리 오두막집이 보이네요. 문을 열고 들어가니 커다란 거울이 있습니다. 그 거울은 외면하고 미뤄뒀던 내 마음의 상을 비춰줍니다. 가까이 다가가 들여다봅니다. 무엇이 보이나요? 자, 눈을 뜨고 여기 빈의자에 내가 만난 그 무엇이 놓여있습니다.
11. 한 사람씩 걸어 나와 자신의 거울이 되어보겠습니다. 거울이 나에게 무슨 말을 하는지 들려주세요.
12. 자발적으로 원하는 분들을 초대합니다. 거울이 되어 나에게 들려주는 말을 내 자리에 앉아 있을 나에게 건네 보도록 하겠습니다.

▶ 여러 개의 빈의자

실습 3

13. 여러 개의 빈의자를 다양하게 배치한다.
 ①-정면을 보고 있는 의자, ②-'①'의자 앞에 쓰러져있는 의자
 ③-쓰러져 있는 의자 '②' 위에 올려진 의자
 ④-멀리 떨어져 등을 돌리고 외면하는 의자
14. 여기 여러 개의 의자가 있습니다. 놓인 모습이 모두 다르지요. 이 의자들 중 나의 삶의 경험과 관련해서 연상되는 것이 있는 의자 하나를 선택해주세요.
15. 그 의자 뒤로 가서 서도록 합니다.
16. 나는 왜 그 의자를 선택했는지, 무엇이 떠올랐는지 자발적으로 나누어주세요.
17. "저는 ④의자를 선택했습니다. 직장에서 너무 복잡한 일이 있는데 지치고 힘들어서 외면하는 저인 것 같습니다."
18. "저는 ②의자인데요. 어렸을 때 저의 모습 같습니다."
19. (집단원 몇 명의 나눔을 들은 후) ①,②,③,④ 같은 의자를 선택한 사람들과 소그룹으로 이야기를 나눕니다. 한 분씩 1분 이내로 선택한 이야기를 간단히 들려주시기 바랍니다.
20. 소그룹 나눔이 끝난 후 전체 원으로 둘러 앉고 주인공 선정으로 들어간다.
21. (무대 위 주인공 의자 3개 정도 준비) 여러 의자 기법을 보고 자신의 삶과 관련된 연상이 떠올랐을 것입니다. Moreno가 이야기한 자발성과 창조성을 발휘하는 삶을 살아가는 데 나를 붙잡고 있는 미련, 미해결된 사건, 떠나지 않는 대상 등 나의 이야기를 실현하여 자유롭게 살아가고 싶은 분을 초대합니다.

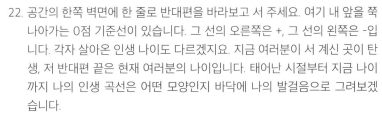

22. 공간의 한쪽 벽면에 한 줄로 반대편을 바라보고 서 주세요. 여기 내 앞을 쭉 나아가는 0점 기준선이 있습니다. 그 선의 오른쪽은 +, 그 선의 왼쪽은 -입니다. 각자 살아온 인생 나이도 다르겠지요. 지금 여러분이 서 계신 곳이 탄생, 저 반대편 끝은 현재 여러분의 나이입니다. 태어난 시절부터 지금 나이까지 나의 인생 곡선은 어떤 모양인지 바닥에 나의 발걸음으로 그려보겠습니다.

23. (집단원 동시에 자신의 삶을 생각하며 천천히 인생 곡선을 그리며 걷는다.)

24. 이렇게 우리 현재 나이까지 왔네요. 뒤돌아 걸어온 길을 바라보세요. 지금까지 가장 행복했던 순간은 언제인가요? 그 나이에 가서 서 주십시오.

25. 이 시절을 소개해주실 분? (집단원 몇 명의 나눔)

26. 반대로 다시는 만나고 싶지 않은 시절이 있나요? 그 위치에 가 서 주세요.

27. 이 시절의 나는 어떠했는지 나누어 주실 분? (집단원 몇 명의 나눔)

28. (전체 원으로 앉음) 삶의 굴곡진 순간 해결되지 않고 묻어둔 이야기, 그 상흔이 현재 나에게 어떤 영향을 주고 있는지요?

29. (무대에 의자 3개 정도 세팅) 여기 주인공 의자가 있습니다. Moreno가 이야기한 자발성과 창조성을 발휘하는 삶을 살아가는 데 나를 붙잡고 있는 미련, 미해결된 사건, 떠나지 않는 대상 등 나의 이야기를 사이코드라마 마당에서 실현해 보고 싶은 분을 초대합니다.

<실연>

1. 인터뷰

(1) 주인공 선정이 필요한 경우

(2) 선정된 주인공과의 인터뷰

2. 장면 만들기

(1) 상황 단서의 구체화

(2) 추상적 주제의 형상화

3. 정서 활성화

(1) 정서 활성화 단서 알아차리기

(2) 행위 기법

4. 3대 기법

(1) 역할 놀이와 역할교대

(2) 이중자아 기법

1 인터뷰

1 주인공 선정이 필요한 경우

용어와 기능

주인공을 희망하는 사람이 여러 명일 경우에 주인공 선정이 필요하다. 가장 기본적인 방법은 집단원 텔레로 주인공을 선정하는 방법이다. 주인공을 희망하는 사람들이 각자 자신이 하고 싶은 드라마 주제를 간단히 소개한 후 모두 의자를 뒤로 돌려 앉는다. 집단원은 주인공의 주제를 듣고 자신의 텔레에 따라 주인공이 되기를 바라는 사람 뒤에 가서 선다. 가장 많은 선택을 받은 사람이 주인공이 된다.

주인공 선정과 나누기

1. 주인공을 희망하며 나온 순서대로 인터뷰 순서를 갖는다.
2. '희망자①' 제일 먼저 나오셨는데 어떤 이야기를 하고 싶으신지요?
3. (희망자①) 가족 문제 / (희망자②) 자살 사고 / (희망자③) 직장 스트레스

면담 시 주의사항

- 본 면담은 주인공 선정을 위한 간략한 소개로 진행한다. 주인공으로 선정되지 않을 수 있기 때문에 너무 많은 정보를 노출하지 않도록 유의한다.
  "지금은 주인공 선정 과정이기 때문에 너무 많은 정보가 노출되지 않도록 핵심 키워드로 간단히 본인의 주제를 나누어 주세요."
- 주인공이 설명을 너무 길게 할 때: 디렉터가 적절히 개입하여 요약
  "부모님의 간섭, 특히 외출할 때 옷을 검열한다거나 통금 시간 등 오래 지속된 통제에 대한 답답함을 다루고 싶으시군요."

- 주인공 선정 자리에서 인터뷰는 디렉터가 시간을 골고루 분배하여 한두 명에게 편중(디렉터가 무의식적으로 주인공이 되길 기대하는 마음이 반영될 수 있음)되게 인터뷰가 진행되지 않도록 한다.

4. 앞에 나온 분들의 이야기를 들으셨지요? 소시오메트리로 주인공을 선정하고자 합니다. 주인공은 의자를 돌려 앉아 주세요. 집단원은 어떤 이야기를 실연했으면 좋겠는지 그 이야기의 뒤에 서 주시면 됩니다.

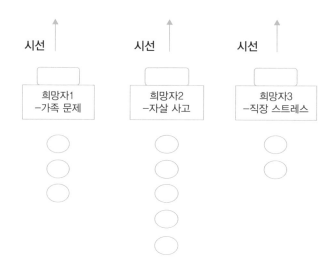

5. 네 그렇군요. 집단원 선생님들은 모두 자리로 돌아가셔도 됩니다. 이번 회기는 00선생님(희망자②)께서 주인공이 되셨습니다. 마음이 어떠신가요?
6. (희망자②) 얼떨떨합니다. 같이 나오신 선생님들께 미안하기도 하고요.
7. (희망자①, 희망자③) 용기 내어 이 주인공 자리에 나오셨는데 마음이 어떠신지요?
8. 디렉터는 희망자①과 희망자③의 현재 마음을 주의 깊게 잘 듣고 공감한다.
9. 대부분의 경우, 다음 회기의 주인공 기회가 있음을 안내하고 격려하면 주인공 선정 상황을 수용하고 회복한다. 그러나 반복적으로 주인공 선정에 떨어지는 경우(2박 3일 워크숍에서 7번 떨어진 경우도 있었다) 집단에게 외면받는 경험이 될 수 있다. 이럴 경우 짧은 시간이라도 마음을 함께 나누어 회

복할 수 있는 만남의 시간을 갖는다.

(1) 희망자를 선택했던 사람들과 둘러앉아 이야기 나누기

(2) 희망자의 주제에 관심있는 집단원이 자발적으로 모여 소그룹으로 이야기 나누기

(3) 신체적 리추얼로 위로와 격려 전하기

(4) 디렉터의 공감적 나누기 등

10. 주인공 선정이 되지 않는 참여자를 돌보는 동안 주인공으로 선정된 희망자②의 마음도 살핀다. 다른 주인공 희망자에게 미안함을 느끼게 되면 자발성이 떨어지고 사이코드라마 실연에 망설임이 생길 수 있다. 소그룹 활동으로 나누기가 진행되는 경우, 디렉터는 주인공과 간단히 현재의 상태에 대해 나누며 사이코드라마 실연에 대한 자발성을 촉진한다.

2 선정된 주인공과의 인터뷰

용어와 기능

사이코드라마 실연 단계의 주인공이 선정된 후 주인공의 드라마를 시작하기 위해 하는 인터뷰이다. 디렉터가 현재의 기분, 생각, 주인공이 되고자 했을 때의 느낌, 하고 싶은 주제 등을 물어보는 것으로 시작한다. 인터뷰 과정은 디렉터와 주인공의 1:1 첫 상호작용이다. 무대 위에 나란히 앉아 시작한다. 주인공은 대부분 디렉터에 대한 긍정적 텔레로 나왔기 때문에 기대 또한 크다. 인터뷰 과정에서 디렉터는 주인공의 이야기를 경청하고 공감하여 평가 없는 순수한 호기심으로 질문하는 태도를 갖는다.
주인공의 주제가 구체적(등장인물, 사건, 장소, 시간)일 경우 - 장면 연출 재연
주인공의 주제가 추상적일 경우 - 장면을 시각화, 추상성을 역할화함

인터뷰(예시)

1. 지금 기분은 어떠신가요? 몸 상태는?
   - 집단 시선에 대한 인식, 긴장도 등 주인공의 자발성이 떨어지는 요인을 점검하고 해소

- 주인공으로 선정된 것에 대한 후회나 미안함을 보일 때: 주인공이 되고자 했을 때의 느낌

2. 본인 소개 부탁드립니다.
  - 이름: 드라마 동안 뭐라고 불렀으면 좋겠는지 호칭도 디렉터와 합의
  - 나이, 직업, 살고 있는 가족 형태 등

주인공의 주제가 구체적(등장인물, 사건, 장소, 시간)일 경우

3. 주인공 선정 과정에서 '죽고 싶다는 생각이 자주 든다'라는 말씀을 하셨는데, 좀 더 구체적으로 말씀해주시겠습니까?
  - 주인공 선정 과정에서 들었던 이야기를 잘 기억하고 운을 뗀다. 디렉터가 당황하면 이야기가 잘 생각이 나지 않을 수 있지만 주인공에게는 이야기를 잘 듣지 않는 디렉터라는 인상을 줄 수 있고 작업동맹을 약화시킨다.
  - 상호작용 시 주인공이 했던 단어와 문장을 그대로 반영해주는 방식으로 대화를 진행한다. 주인공의 언어와 정서 도식의 의미 체계를 그대로 반영하는 방식은 디렉터가 주인공의 생각이나 경험을 왜곡하거나 잘못 이해했다는 정보가 되지 않을 수 있다.

4. 장면 설정으로 들어갈 수 있는 기본 정보인 시간, 장소, 등장인물, 사건(누가, 언제, 어디서, 무엇을)을 파악한다.
  -(예시) P: <u>엄마가</u>^(대상) <u>내가 너만 아니었으면 이렇게 살지 않았다고 말씀하실 때마다 창문으로 뛰어내리고 싶은 충동</u>^(사건)이 들어요.
      D: 최근에 기억나는 사건은 언제인가요?
      P: 바로 <u>어제요</u>^(시간). 일 끝나고 집에 들어갔더니 또 엄마가 술을 드시고 울고 계시더라고요. 들어오는 저를 보며 주사를 늘어 놓으시죠. 반복하고 반복하고...

5. 인터뷰 과정에서 바로 장면 설정을 할 수 있는 기본 정보가 나왔다. 여기서 인터뷰 진행에 대해 다음의 사항을 점검한다.

- 장면 실연으로 들어갈 수 있을만큼 주인공은 준비되었는가?

- 충분한 정보가 나왔는가?

- 이 장면의 의미는 무엇인가? (이 질문은 장면 실연 중에 발견할 수도 있다)

6. 인터뷰 중 동시에 여러 주제가 나오는 경우는 상징으로 구체화하여 우선
  순위를 선택하도록 한다.

- (예시) D: 창문으로 뛰어 내리고 싶은 충동이 생겼던 다른 순간들이 있나요?

　　　 P: 대학교 때 남자친구가 헤어지자고 했을 때요.

　　　 D: 또 있을까요? 생각나는 사건을 다 이야기해 보세요.

　　　　 (주인공이 연상하는 사건들을 이야기할 때 몸의 반응과 비언어적 표현을 세
　　　　 밀하게 관찰, 각 사건에 얽혀 있는 정서 도식과 의미 체계의 단서 알아차림)

　　　 P: 고등학교 때 가고 싶은 대학에 떨어졌을 때, 중학교 때 친한 친구
　　　　 가 남자친구를 빼앗아 갔을 때, 초등학교 2학년 때 아빠가 집 나가
　　　　 신 날 엄마가 술을 마시고 어제처럼 '너만 아니었으면~' 하면서 주
　　　　 사를 부리던 날

　　　 D: (주인공의 여러 사건을 천으로 바닥에 놓으며 시각화)

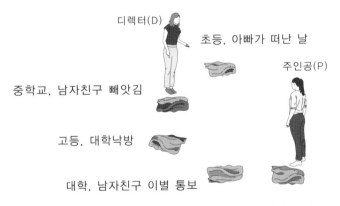

디렉터(D)
초등, 아빠가 떠난 날
주인공(P)
중학교, 남자친구 빼앗김
고등, 대학낙방
대학, 남자친구 이별 통보
어제, 어머니의 주사

　　　 D: 어느 장면으로 먼저 가 볼까요? 가까운 현실에서 하나씩 만나보
　　　　 며 갈까요?

　　　 P: (장면을 선택한다)

D: (주인공의 장면 선택 시 주인공의 실연할 수 있는 자발성 상태를 확인하고 디렉터와 협의할 필요가 있다면 협의하여 선택할 수 있으나 대부분 주인공의 선택에 따르며 첫 기억인 경우 강렬한 정서가 동반되는 경우가 많으므로 주인공의 워밍업 정도를 고려하여 실시)

- 듣기보다 계속적으로 질문만 하고 있지 않은가?(디렉터는 잘 듣는 자)
- 행위화만 고집하거나 급하게 장면을 만들진 않는가?(디렉터 불안의 증거)
- 주인공을 단정 짓고, 해석하고 판단하고 있지는 않은가?
- 어렵고 심리학적 이론 등 현학적이거나 전문용어를 쓰고 있지 않은가?

주인공의 주제가 추상적일 경우: 이 순간의 느낌, 생각, 주제가 나올 때

(예시) 요즘 자꾸 이유 없이 눈물이 나요.
　　　남편과의 문제를 다루고 싶어요.
　　　제 감정이 뭔지 모르겠고 혼란스러워요.
　　　사람들과 같이 있으면 더 혼자인 느낌이 들어요.

1. 인터뷰 장면 대신 주제 자체만으로 장면을 만들 수 있다.
2. 디렉터의 장면화하는 역량이 요구된다.
  - 요즘 자꾸 이유 없이 눈물이 나요. → 눈물을 역할화하여 눈물과 대화하기
  - 남편과의 문제를 다루고 싶어요. → 남편을 역할로 뽑아 상호작용하기
  - 제 감정이 뭔지 모르겠고 혼란스러워요.
→ 이 감정이 떠올랐던 시간, 장소를 떠올려 걸으며(밀링) 독백기법
  - 사람들과 같이 있으면 더 혼자인 느낌이 들어요.
→ 이 감정이 떠올랐던 시간, 장소 이미지화 장면 연출, 거울 기법
3. 주인공이 표현하는 장면 안에서 다음 장면의 단서를 찾는다.
4. 단서를 찾는다면 주인공과 인터뷰를 진행한다.
5. 새롭게 진행하는 장면은, '언제, 어디서, 누가, 무엇을'의 기본 정보를 찾아내는 인터뷰를 진행하고 다음 장면을 시연한다.

2 장면 만들기

1 상황 단서의 구체화

주인공 주제가 구체적 상황 단서가 있는 장면 만들기 훈련

1. 교육 집단원을 3명으로 소그룹화한다.
2. 디렉터, 주인공, 관객으로 역할을 돌아가며 실습한다.
3. 그룹은 3가지 방법으로 인터뷰 실습을 진행한다.
   (1) 주인공을 맡은 구성원은 옛이야기의 주인공을 떠올려 그 역할로 참여한다.
   (2) 구성원 본인의 이야기로 주인공 역할에 참여한다.
   (3) 내가 만난 사람(지인, 내담자 또는 주인공, 가족 등) 중 한 사람이 되어 참여한다.

D: 디렉터
P: 주인공
A: 관객

4. 3번의 소그룹 활동은 각 실습이 끝날 때마다 집단원끼리 자신이 맡은 역할 (디렉터, 주인공, 관객)에 느꼈던 점을 이야기 나눈다.
- **디렉터:** 주인공과 인터뷰하면서 무엇이 어려웠는가?
  주인공에 대해 알게 된 것은 무엇인가?

첫 장면은 설정되었는가?

- **주인공:** 디렉터의 질문에 대해 답변을 할 때 어떤 어려움을 느꼈는가?

  디렉터에게 질문을 받을 때 어떤 느낌이 들었고 그 이유는 무엇인가?

- **관객:** 디렉터가 점검해야 할 질문을 다 하고 있는가?

  인터뷰 과정에서 디렉터와 주인공에게 관찰된 비언어적 반응은 무엇이었는가?

○ **동료 피드백 주의사항** ○

- '당신이 이렇게 했다'가 아니라 '나는 이렇게 경험되었다'의 아이메시지 언어로 전달하기
- 훈련 집단의 활동에서 배울 만한 점을 나누기
- 당위적 표현, 평가적 기준, 비교의 관점 내려놓기
- 경험에서 배우기

---

5. 3종류의 주인공 실습의 경험 나누기

   동화의 주인공이 되어 주인공 역할을 할 때, 내 이야기로 주인공 인터뷰를 할 때, 내가 아는 지인이 되어 주인공 인터뷰를 할 때 주인공 역할을 수행하면서 체험된 점 나누기

2 추상적 주제의 형상화

주인공의 추상적 주제를 형상화하여 장면 만들기 실습

1. 내가 영화 감독이라면 장면을 어떻게 만들 것인가?
2. 추상적 정서 단어 장면 연상하기
   - 외로움, 우울함, 두려움, 수치심 등
3. 영화에서 외로움, 우울함, 두려움, 수치심 등을 잘 드러낸 인상적인 장면이 있나요?

(과제) 각 단어를 잘 드러내는 영화 장면 1컷 사진 출력하여 가져오기

	주인공에게 하는 질문으로 변경	예시 대답
등장인물은 누구인가? – 장면의 어느 위치에 있는가? – 어떤 자세로 존재하는가? – 표정은 어떠한가? – 어떤 행위를 하고 있는가?	이런 느낌이 들 때 당신은 어디에 있나요? 당신의 방을 꾸며주세요.	제 방이요
	이 공간에 당신은 어떤 자세로 있나요? 보여주세요.	침대에 누워요
사진 (외로움의 장면)	주인공의 표정을 잘 관찰한다.	멍한 표정
	인형을 만지고 있다. 지금 경험되는 것을 독백으로 말씀해주세요.	바보 같아
그 감정이 느껴지게 만드는 연출적 장치? – 조명은 어떠한가? – 감정을 연상시키는 소품은 무엇인가? – 주변 공간의 특징은 무엇인가? – 주인공의 시선 처리, 은유적 표현	공간의 조명 조절(불 끄기)	
	인형, 바람 소리	
	인형의 귀를 뜯고 있다. 이 인형은 누구인가요? 떠오르는 사람이 있나요? 인형에게 내 마음을 전한다면?	남자 친구요 어떻게 나에게 이럴 수 있어?

4. 구체성이 없는 주제에 대해 장면을 만들기 위해서는 디렉터가 주인공의 경험을 이미지화할 수 있어야 한다. 또한 다양한 감정, 정서를 느끼는 상황들을 영화의 한 장면처럼 상징화하고 은유적으로 표현하는 연습을 할 필요가 있다.

5. 장면은 디렉터가 그린 이미지가 아니라 주인공의 경험한 이미지를 표현하는 것이다. 인상 깊은 한 컷 장면을 분석하며 스스로에게 했던 질문을 주인공에게 한다. 주인공의 그린 이미지를 밖으로 형상화할 수 있도록 장면을 만들 때 주인공이 직접 그 장면을 드러내 보일 수 있도록 디렉터는 촉진자 역할을 한다.

6. 장면에 필요한 소품과 장소의 구성을 주인공이 직접 움직여 드러내는 것은 주인공이 자신의 드라마를 하기 위한 자발성을 높이는 데 도움이 된다.

7. 또 다른 연습 방법은 나의 것을 창조해보는 연습이다.

　음악을 듣고, 이야기를 읽고, 영화를 보며 우리는 어떤 감정과 매 순간 닿는다. 일상생활을 하면서도 사소한 자극에 자동적, 의식적, 무의식적 반응을 하며 산다. 일상적으로 마주하는 감정, 느낌, 정서들을 이미지화하는 연습이 도움이 된다.

8. 교육 집단을 소그룹으로 나누어 주인공이 호소할 수 있는 추상적 주제 목록을 쓴다. 동사나 명사가 아닌 형용사와 같이 행위로 표현하기 어려운 추상적인 단어(다양한 감정이나 정서 단어)를 찾고, 그룹원이 하나씩 나누어 맡아 그림으로 표현한다. 연상 그림을 소개한다.

9. (예시) '수치심'을 그림으로 나타낸다. 수치심을 느낄 때 몸의 감각은 어떠한가? 상호작용하는 대상이 있는가? 있다면 상대는 어떤 모습을 하고 있는가? 꿈속 장면처럼 그림으로 표현하고 자신의 그림을 그리는 과정에서 연상되는 단어나 문장을 기록한다.

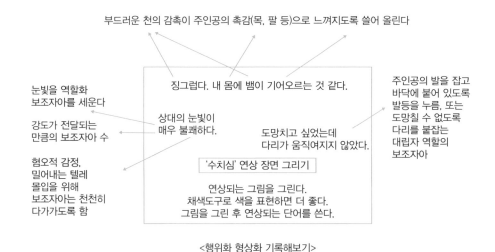

<행위화 형상화 기록해보기>

9. 기록된 문구를 보면서 사이코드라마 장면으로 형상화한다면 어떻게 그 느낌을 잘 살려 촉진할 수 있을지 훈련한다.
   - 장면의 분위기를 어떻게 살릴 것인가?
   - 주인공을 어떻게 (안전하게) 감각적으로 경험할 수 있도록 구조화할 것인가?
   - 사용할 수 있는 소품은 무엇인가?
   - 추상적인 것들을 역할화할 수 있는 것들은 무엇인가?
   - 보조자아가 어떻게 행위하도록 어떤 정보를 제공하고 촉진할 것인가?

10. 그룹원이 그린 그림을 장면으로 연출해보는 연습을 한다.

11. 활동 소감을 나눈다.

3 정서 활성화

1 정서 활성화 단서 알아차리기

정서 활성화의 중요성

1. 사이코드라마를 하다 보면 사람의 마음이 양파 껍질을 까듯, 하나의 행위를 마무리하면 또 다른 진실을 마주하게 된다. 때론 주인공 스스로도 인식하지 못했던 잉여현실을 마주하여 자신의 새로운 모습을 만나고 더 자발적 삶으로 나아가게 된다.

2. 사이코드라마 실연 과정에서는 양파 껍질이 한 꺼풀 벗겨지고 새로운 모습이 드러날 때, 한 세계를 마무리 짓고 새로운 세계를 만나는 것처럼 새로운 장면으로 전환된다.

3. 전환의 순간은 정서가 변하고 자발성이 성장하며 더욱 잉여의 세계에 몰입한다. 따라서 디렉터는 이 전환의 순간을 잘 알아차려야 한다.

4. 수퍼비전 요구 분석에서 전문성의 발달 수준 차이를 나타내는 진술문 중 주인공의 내면에 더 깊게 들어갈 수 있는 타이밍을 알아차리기 어렵다는 경험이 있다. 그렇다면 장면 전환의 타이밍을 어떻게 알 수 있을까?

5. 장면 전환의 타이밍은 한 장면 한 장면이 주인공에게 남는 마음 없이 깔끔하게 마무리될 때이다. 그 시점이 빠르면 앞 장면의 정서가 충분히 정리되지 못했다는 것이며 그 시점이 느리면 장면이 지리멸렬해지고 무의미해지거나 주인공에게 막힘 현상이 온다.

6. 장면의 마무리가 깔끔하게 된다는 것은 그 장면과 관련한 정서가 온전히 활성화되어 충분히 다루어졌다는 것으로, 극적 표현을 효과적으로 촉진하

는 여러 기법을 적절히 사용하는 것이다.

8. 정서의 활성화는 주인공이 실연 과정이 디렉터와 충분히 교감하면서 실연
되고 있을 때 일어난다. 즉 주인공의 표현을 오롯이 디렉터가 공감하고 이
해했을 때 일치도 높은 장면을 연출할 수 있다. 또한 일치된 장면 안에 섰을
때 주인공도 그 자신을 오롯이 드러내어 행위를 완료할 수 있다.

9. 정서가 활성화되면 행위 완료의 갈망으로 자발성이 향상된다.

10. 정서의 변화 지점을 민감하게 알아차리고 그에 맞춘 장면 실연이 되어야
정서의 활성화 상태가 유지된다.

정서 활성화 단서와 알아차리기

- 주인공의 일반적 정보: 키, 외모, 몸의 상태, 직업, 성별, 나이, 결혼 유무, 지
위, 계층 등
- 주인공의 개인 내적 특성: 말투, 목소리, 시선, 성격, 가치관, 인생관, 가족
및 대인관계 등
- 주인공의 비언어적 단서: 무의식적으로 흘리는 신체 반응, 표정, 자세, 버
릇, 미표현 감정들
- 실연 과정의 중요 단서: 막힘 현상, 텔레의 흐름, 행위 갈증, 잉여현실, 꿈 등

(사례) 〈장면3〉 성폭행 트라우마 직면하고 빠져나오기
> D: 아까 남편과 앉아 있을 때, <u>떠오른 장면</u>소스라치게 놀라는 몸의 반응이 있었죠.<u>(바
> 타카가 몸에 닿을 때의 몸의 반응과 얼굴 표정</u>비언어적 변화에서 성폭행 장면이 떠올
> 랐을 것으로 추측함)
>
> P: 네...
>
> D: 이제 그 장면으로 들어가 볼 거예요.

(사례) 〈장면4〉 보호받고 싶었던 잉여현실 펼치기
> 딸(A): 엄마, 나 저 아저씨 싫어

엄마(P): 왜? 왜 무슨 일인데? 아저씨가 너 이뻐해서^{가족, 가치관} 그런 거잖아.

왜 말을 안 해!^{인생관, 분노정서로 전환} (화가 느껴짐-주인공이 역할교대로 엄마

역할을 하고 있으나 주인공 스스로 말하지 못한 자기 자신에 대한 비난^{표정변화},

인터뷰에서 주인공이 저 아저씨 싫다는 말 이외의 정보를 엄마에게 말하지

못한^{말하고 싶은 잉여현실} 사실)

정서 활성화 예시
본 책에 제시된 사례 풀이 3장 '치료 요인의 활성화' 풀이 부분 참고

정서 활성화 실습
- 사례 비디오 영상 분석, 집단원 동의 후 촬영: 〈실연 과정 정리 기록지〉 흐름
  정리
- 실연 흐름을 정리하고 장면 전환 과정에서 맥락적 흐름과 중심이 있는지 분석
- 장면 전화에 중요한 정서 변화 시점에 마크, ( ) 영상 재생 부분 시간 기록
- 녹취록 분석 기록: 녹취록을 작성하고 줄 간격을 200으로 하여 밑줄 긋기 후
  분석 내용 기록

〈기록 포인트〉
- 워밍업에서 집단의 분위기 및 집단이 이완되는 포인트
- 워밍업에서 디렉터의 말투, 반응, 만남의 태도 등에서 집단원의 자발성에
  미쳤던 특성
- 집단원의 참여 자발성과 안전하고 이완이 되는 부분과 그런 변화를 가져
  온 요인
- 인터뷰 내용에서 사이코드라마 실연 과정에 막힘 현상이 올 가능성에 대
  한 가설
- 주인공의 자발성의 변화가 오는 지점 마크 및 요인 파악하기
- 막힘의 지점 마크 및 디렉터의 개입 방법 기록하기, 그 개입 방법을 선택한
  이유 듣기

- 주인공의 대사에서 주인공의 행위 갈망을 알아차려 행위화 장면을 구성한 부분
- 장면 전환의 제안한 부분에서 디렉터의 판단 기준 묻고 기록하기
- 정서 활성화 단서에 비언어적 표현의 변화를 보인 지점 마크
- 디렉터가 주인공 더블이 되어 장면 몰입에 기여했을 때 개입 방법
- 디렉터의 막힘 현상 지점
- 행위화 과정의 안전성을 담보하는 연출 포인트
- 몰입에 도움이 되는 신체 감각, 조명과 같은 주변 환경, 보조자아 행위 방법의 연출 포인트
- 주인공의 전체 사이코드라마 실연 과정에서 장면 전환에 연결 맥락이 있는지
- 나누기 과정에서 집단원이 공감을 전하고 싶었던 주제나 정서가 무엇인지 분석하기
- 집단원의 나눔 과정에서 주인공의 표정이나 반응이 어떠했는지 그중 주인공의 반응의 강도가 큰 부분 기록하기
- 기타 진행 과정의 궁금증
- 새롭게 개입해 보고 싶은 장면의 아이디어

〈실연 과정 정리 기록지〉

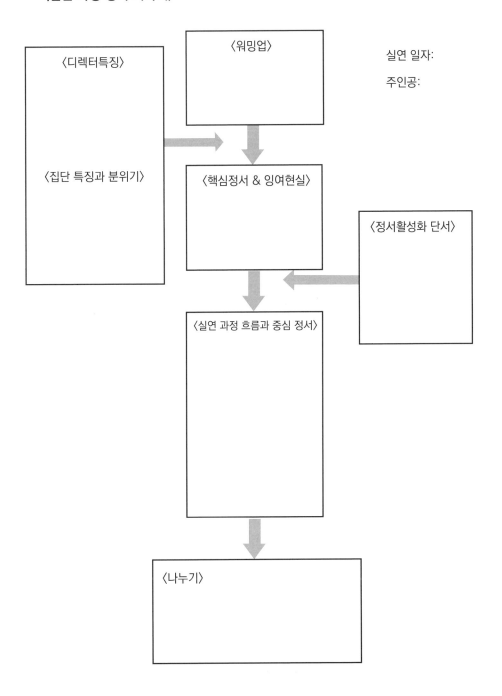

〈디렉터특징〉

〈워밍업〉

실연 일자:

주인공:

〈집단 특징과 분위기〉

〈핵심정서 & 잉여현실〉

〈정서활성화 단서〉

〈실연 과정 흐름과 중심 정서〉

〈나누기〉

용어와 기능

행위 기법: 행위화의 의미
- 직접 화법 사용
- 지금-여기 실현, 모든 표현은 현재형으로 진행
- 모든 감정은 몸으로 직접 표현되는 것, '기쁠 것이다'와 같은 생각의 표현 아님.
- 감정뿐만 아니라 모든 정신 상태를 가능한 한 몸으로 실연하는 것, 대상이 아닌 사물, 가치, 감정 등도 역할화하여 실제 상호작용 역할 놀이로 표현
- 동사를 행위로 표현하는 것
- 인간과 인간, 인간과 사물, 인간과 생물, 무생물 등 모든 것들과의 관계를 역할로 상호작용하는 것
- 인간의 꿈, 공상, 환상, 정신 세계를 장면화하여 행위로 표현하는 것

▶ 기본기법-확대법

실습 1

1. 등장인물의 생각, 느낌, 행위를 확대, 과장, 증폭시키는 방법으로 일상적 사고방식이나 행위로부터 벗어나도록 하여 극적 역할 행위에 몰입할 수 있도록 함.
- 목소리의 확대: '누가 누가 이기나' 팀으로 나누어 서로 번갈아가면서 목소리를 앞의 소리보다 조금 크게(높여) 내기 게임
- 자세나 거리의 확대: 상대방이 말할 때 돌아앉거나 귀를 막거나 외면하면서 차츰 멀어져가도록 하는 것, 둘 사이의 거리를 점점 가까워지거나 멀어지게 하는 방법, 높낮이를 활용해 권력 관계 힘의 불균형을 표현함
- 감정의 확대: 감정을 점점 더 진하게 표현
  (예시) '야!' 분노의 소리와 몸짓을 점점 크게 내기, '행복해~'의 표현을 점점 더 과장해서 표현하기

기본기법-강화법

2. 반복법: 압축된 문장을 반복해서 말하기, 같은 단어를 반복해서 표현하기, 장면을 앞의 장면보다 더 힘있게 표현하기 등
3. 힘 실어주기: 이중자아를 활용하여 분신술처럼 필요한 자원을 복제 수를 많게 해 나가는 것
4. 물질 이용하기: 상상력을 발휘해 '뽀빠이의 시금치 먹기', '변신 약물' 등 취하는 동작을 하거나 물질을 천이나 소품을 활용해 몸에 장착하기

기본기법-구체화법

5. 의인화: 느낌, 성격, 몸의 일부분, 사물 무엇이든 역할화하여 대상이 없이 상호작용이 어려울 때 활용할 수 있음.
6. 상징화: 고통의 강도, 답답함의 크기, 짐, 무게감 등 물건이나 사람을 주인공의 몸에 걸치거나 매달거나 올려놓음. 은유적으로 표현하거나 빗대어 표현함. 찢긴 종이(상처 난 마음), 날아다니는 새(자유) 등
7. 감정이동: 감정의 상태와 정도를 주먹, 베개, 바타카, 신문지, 종이 등을 통해 표현하는 것

개입기법

8. 집단 참여자(디렉터, 주인공, 보조자아, 관객 등)들이 자발적으로 장면에 개입하는 방법
- 접촉법: 다가가 안아주거나, 등을 토닥여주거나, 어깨에 손을 얹거나 등 지지적인 신체 접촉으로 주인공의 감정 상태를 격려, 상황에 적절하게 사용해야 하며 성별이 다를 경우 오해가 생기지 않도록 디렉터가 적절성을 평가하여 모두를 안전하게 돌볼 필요가 있음.
- 행위중단: 집단원의 안전이 위협받을 경우 "그만! 정지! 스톱!" 등을 외침.
- 유머: 몸이 긴장되고 굳어있거나 반전이 필요할 때
- 암전: 주인공의 깊은 감정 상태로 빠져들 때, 죽음과 같은 분위기, 밤이나 두려운 분위기 형성이 필요할 때

실습 5

9. 미래투사기법: 미래의 특정한 순간을 현재화해서 만듦. 두려운 결과나 현실에 대해 예기 불안이 일어날 때, 미래 사건을 사전에 대처해 보는 테스트, 주인공의 미래 계획이 현실적으로 구체화된 생각인지 확인하기 위해, 미래에 중요한 상황 만나기(시한부, 이별 등)

10. 시간 퇴행: 슬로우 모션, 잘못 진행된 장면을 취소하기

11. 시간 압축: 주인공의 너무 세세한 사건과 경험을 나열할 때, 만남의 과정이 너무 불필요하게 길 때, 대상과의 상호작용이 지리멸렬해지고 초점이 흐려질 때

12. 시간여행: 살아온 삶이나 진행 과정을 시간대별로 정리하고자 할 때, 가상의 시간으로 시간여행을 떠남.

▷ 공간 기법

실습 6

13. 장애물 극복: 탈출법, 돌파법, 제거법

주인공을 감싸 안는 것으로부터 탈출(탈출법), 장벽으로 가로막고 있을 때 뚫고 나가거나 스크렘을 빠져 나가기, 내부로 파고들기(돌파법), 장애물을 상징하는 것을 던지기, 빼서 버리기, 폭발시키기, 불태우기, 땅에 묻기 등

▷ 상황 기법

실습 7

14. 거울기법: 자신의 모습을 거울에 비추어 보거나 비디오 촬영을 보거나 이중자아가 나를 재연하는 것을 보거나 하는 등의 기법, 잘 사용하면 저항을 극복할 수 있으나 잘못 사용하면 비난의 메시지가 전달될 수 있음.

- (적용) 주인공이 위축되거나 충분히 워밍업이 안 된 경우, 학대와 같은 트라우마 상황을 재연할 때 재트라우마 상황이 될 수 있는 경우, 이중자아를 활용하고 주인공은 바라보는 경우, 다른 사람과 적절한 상호작용이 안 될 때, 새로운 시각이 필요할 때, 자신이 한 행위가 타인에게 미치는 영향을 이해하지 못할 때

- (미적용) 지나치게 방어적이고 예민한 주인공, 낮은 자존감을 갖거나 자살 위험성이 있거나 의심이나 편집증적 경향이 강한 주인공의 경우, 내 모습을 잘 알고 있을 때 등

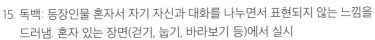

> 15. 독백: 등장인물 혼자서 자기 자신과 대화를 나누면서 표현되지 않는 느낌을
>   드러냄. 혼자 있는 장면(걷기, 눕기, 바라보기 등)에서 실시
>   (적용) 감정 표현이 충분히 되지 않았을 때
>   장면 후 남아 있는 감정이 있을 때
>   중요한 단서가 결여되었다고 느껴질 때
> 16. 방백: 주인공의 생각이나 느낌을 개방하는 것으로 혼잣말이지만 두 사람 이
>   상의 관계 도중에 사용, 상대방이 듣지 않는 것으로 가정
>   (적용) 말한 내용과 비언어적 메시지가 모순될 때
>   같이 있으나 상호 관계가 아닌 일방적이거나 겉도는 관계
>   내면의 느낌이 아니라 피상적 말놀이가 될 때
>   어떤 정보도 내놓지 않으려고 할 때
> 17. 분리기법: 주인공의 몸과 마음을 나누거나 분화시켜 행위화하는 기법
>   (적용) 미안해서 내 마음을 표현하지 못할 때, 미안함만 잠시 분리시킴
>   대상을 좋음-나쁨, 현재-과거, 몸-마음, 현실-이상 등으로 나눔
>   주인공의 성격, 역할, 신체의 일부분 등으로 나누어 만날 수 있음
> 18. 그네기법: 양가적 감정을 경험할 때, 양팔 좌우로 상황이나 감정의 역할을
>   부여해서 양쪽으로 그네처럼 잡아 흔드는 기법, 마음이 더 가는 쪽을 선택

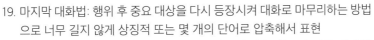

> 19. 마지막 대화법: 행위 후 중요 대상을 다시 등장시켜 대화로 마무리하는 방법
>   으로 너무 길지 않게 상징적 또는 몇 개의 단어로 압축해서 표현
> 20. 마지막 빈의자법: 보조자 대신 빈의자에 마무리 말을 하는 것, 지금 이 순간
>   의 감정이나 생각을 표현, 역할 교대를 하여 상대의 마음을 마지막으로 만
>   나보게 할 수도 있음.
> 21. 마지막 이별법: 죽은 자를 만나거나, 현실에 존재하지 않는 신을 만나고 헤
>   어질 때, 등장한 주요 인물들과 이별할 때
> 22. 마무리 교정장면: 첫 장면이나 중요 장면 중에 다르게 장면을 재연하는 방
>   법, 부모에게 도움을 요청하지 못했던 사람이 실연 후 첫 장면을 다시 재연,
>   이때 새롭게 확장된 모습이 드러나 새롭게 마무리될 수 있음

| | **소그룹별로 동화 속 인물을 주인공으로 정해 인터뷰를 하고 첫 장면 실연**
훈련 | – 여러 가지 행위화 기법을 적용해보기 실습
(예시) 주인공 <콩쥐> 새어머니의 구박으로 괴롭고 힘듦. 어머니를 만나고 싶음.
(장면) 새어머니의 구박(확대법, 강화법)
　　　　콩쥐의 힘든 마음(독백)
　　　　어머니를 그리워함(반복법) 하늘을 향해 어머니를 부르고 어머니를 만남
　　　　먼저 돌아가신 엄마에 대한 원망(분리기법) – 콩쥐의 여러 가지 마음
　　　　어머니 품에 안겨 쉬는 장면(접촉법)
　　　　하늘로 돌아가는 어머니(마지막 이별법), 내 자신에 대한 다짐(빈의자 기법)

3대 기법

1 역할 놀이와 역할교대

용어와 기능

역할 놀이(role playing):
사이코드라마의 실제적 토대로 사이코드라마 과정은 역할 놀이의 연속이다. 역할극에서의 역할 연기가 아닌 역할의 중심 곧 자기(self) 자신의 삶 자체를 역할화해서 놀이하는 것이다. 사이코드라마는 인간의 삶 자체, 역할을 사는 것이며 '연기'하는 것이 아니다.

역할교대(role reverse):
역할 놀이 다음으로 중요한 기법으로 내 입장에서 너의 생각, 느낌을 이해하는 것이 아니라 상대방이 되어 너의 자세, 태도, 말투, 느낌 등 너로 들어가 너의 역할이 되어 놀이하는 것이다. 또한 너의 시각에서 나를 보고 느끼는 행위이기도 하다.

▶ 너의 역할 맡기-역할교대 기법

실습 1

1. 이해가 참 안 간다 하는 사람이 주변이 있나요? 한 명을 떠올려 보세요.
2. 누구를 떠올리셨나요? (딸요.) 딸 역할을 하실 분을 뽑아주세요.
3. (주인공) 텔레로 딸의 역할을 할 보조자아를 뽑는다.
4. 딸과 주인공은 마주 보고 선다.
5. 딸에게 하고 싶은 말이 있으시면 해 주세요.
6. (주인공): 00야, 10시가 좀 넘어가면 연락 좀 해. 엄마가 걱정되잖아.
7. 딸의 반응을 볼까요? 엄마와 딸 자리를 바꾸어 주세요.
   (보조자아): 00야, 10시가 좀 넘어가면 연락 좀 해. 엄마가 걱정되잖아.
   (딸-역할을 바꾼 주인공): 엄마 진짜 고리타분하게. 오빠는 안 그러면서
   　　　　　　　　　　　　　　 왜 나한테만 전화하래. 그것도 남녀차별이거든.
8. (딸 역할로 간 주인공에게) 안녕하세요? 몇 살이지요?
   　　　　　　　　　　　 엄마는 우리 딸에게 어떤 사람이에요?

9. (딸 역할을 하고 있는 주인공):

우리 엄마요, 너무 걱정이 많고 뭘 못하게 해요. (뭘 못하게 하던가요?) 남자친구도 만나지 말라 하고, 옷차림 간섭도 심하고, 핸드폰 검사도 해요. 초딩도 아닌데~ (그럴 때 어때요?) 짜증나요.

10. (디렉터): 다시 원래 자리로 돌아갈게요. (보조자아에게) 딸의 반응을 보셨죠? 목소리 톤, 크기, 감정 등 딸의 모습대로 반응해 주시면 됩니다.

11. 주인공(엄마): ○○야, 10시가 좀 넘어가면 연락 좀 해. 엄마가 걱정되잖아.

보조자아(딸): 엄마 진짜 고리타분하게. 오빠는 안 그러면서 왜 나한테만 전화하래. 그것도 남녀차별이거든. 남자친구도 만나지 말라 하고, 옷차림 간섭도 심하고, 핸드폰 검사도 해요. 초딩도 아닌데~ 짜증나

주인공(엄마): 뭐? 그럼 너 그런 옷차림으로 나가고 밤늦게 남자 만나고 다니고 그러는데 걱정이 어떻게 안 되니? 뭐 고리타분? 세상 무서운 줄 모르고!!!

디렉터: 어머니~ 잠깐만요. 어머니에겐 세상이 무서운 곳이군요. 세상이 무서웠던 순간이 있으셨을까요?

12. 역할교대로 딸 역할에 대한 정보를 드러내 보여준다. 보조자아는 드러난 그 역할(딸)을 맡아 역할 놀이에 참여한다.

▶ 참만남-역할교대 기법

13. 주인공(엄마): 사실 제가 고등학교 때 성추행을 당할 뻔한 사건이 있었어요. 딸이 늦어지면 그때 장면이 자꾸 떠올라서 민감해지고 불안해지고 그래요.

14. 디렉터: 주인공의 성추행 장면 재연 연출 (중략)

방으로 돌아가서 많은 생각을 했겠네요. (네)

그 시절 방에서 내 머릿속의 목소리, 나 자신을 뽑아주세요.

주인공: 자신의 역할을 뽑습니다.

디렉터: 역할을 바꿔주세요. 내 목소리가 나에게 뭐라고 하는지 보여주세요.

(내 목소리): 그러게 너 왜 그렇게 밤늦게 다녀! 치마는 왜 입고 가서.

남자친구한테 데려다 달라고 하지.

괜찮다고 큰소리치더니, 혼자 왔다가 어쩔 뻔했어?

다시 역할교대해 주세요. (주인공과 주인공의 목소리 상호작용)

- 성추행 경험에서 자기 탓을 했던 정서 도식 교정

- 성추행 가해자에 대한 잉여현실 장면 실연 및 정서 해소

15. 디렉터: 딸과의 만남 장면으로 다시 돌아가 보겠습니다. 딸 나와주세요.
　　　　딸에게 엄마의 마음을 담아 전달해 보세요.
　　주인공(엄마): 딸~ 엄마가 고등학교 때 남자친구 만나고 돌아오는 길에 성추
　　　　　　　행당한 경험이 있어. 그래서 네가 엄마처럼 그런 경험을 하게
　　　　　　　될까 봐 자꾸 걱정이 됐었네. 미안하다. 엄마 탓은 아니었지만
　　　　　　　엄마 탓을 했던 그 시절이 너무 힘들었었거든. 우리 딸은 그런
　　　　　　　일 겪지 않았으면 좋겠어.
　　디렉터: 역할 교대합니다.
　　(딸-주인공): (디렉터) 엄마의 말을 듣고 지금-여기 떠오르는 마음을 전해주세
　　　　　　　요. 엄마가 그래서 그랬구나. 그래도 그게 엄마 탓은 아니잖아. 그
　　　　　　　놈이 나쁜 놈이지. 힘들었겠다. (주인공 역의 보조자아)를 안아 다
　　　　　　　독임. (떨어져 바라보며) 그래도 나는 나니까 엄마 늦게 들어올 땐
　　　　　　　연락하고 걱정하지 않게 노력할게.
　　디렉터: 다시 역할교대합니다.
　　(주인공): 딸 미안해. 엄마가 예민했어. (디렉터 - 딸과 엄마를 꺼안도록 한다)
　　(딸-보조자아): 엄마 나도 미안해. 고마워.

16. 참만남의 역할교대는 주인공의 잉여현실을 모두 끝내고 자신을 비워내어야
　　온전히 타인의 입장을 이해할 수 있는 상태가 된다. 따라서 상대의 역할 맡
　　기를 돕기 위한 정보를 주는 역할교대가 아닌 때에는, 주인공의 온전한 표
　　현이 끝난 뒤에 자연스럽게 찾아오는 만남이 되어야 한다. '상대방의 입장
　　이 어떤지 좀 알아라'라는 의도된 교육을 위한 개입이 아니다. 자신이 비워
　　져야 타인의 입장이 될 수 있으며 그럴 때에야 진정한 타인과의 만남이 이
　　루어진다.

★ 확장 부분의 실습은 개인 내적 역할을 나누어 자신을 만나는 역할 놀이는 위의 역
　　할교대에서 역할의 정보를 주인공에게 얻는 방법을 적용하여 실습한다.
★ 집단원의 자발성 훈련을 위한 역할 놀이일 경우는 개인의 자발성으로 역할을 표
　　현한다.

 역할 분리와 역할 놀이

확장 1

1. 지금-여기 내 안에서 일어나는 생각, 느낌, 감각, 관계를 떠올려 봅니다.
2. 역할을 분리합니다. 역할을 맡아 줄 분을 뽑아주세요.
3. 보조자아에서 생각, 느낌, 감각 역할을 할 집단원을 뽑는다.
4. 역할들끼리 상호작용한다.
(예시)
　생각: 역할 놀이라니 뭐 하는 거지? 어떻게 해야 하는 건가?
　느낌: 흠... 모호하고 어렵군. 낯설고 어색해. 숨고 싶다.
　감각: 쿵쾅거린다
　느낌: 역할 놀이 꼭 해야 하니? 나 도망가고 싶어
　생각: 공부하러 왔는데 무슨 소리 하는 거야? 야 심장! 그만 좀 쿵쾅거려. 남들에게 들리겠다!
　감각: 생각 네가 너무 일을 많이 하니까 내가 더 뛰는 거 아니야. 좀 쉬어. 뭐 그렇게 공부하고 그래? 나 좀 쉬자.
　느낌: 불안해, 불안해. 심장아 소리 좀 낮춰~

▶ 과거-현재-미래의 나와 역할 놀이

확장 2

1. 나의 과거, 현재, 미래의 어느 시점의 나의 역할을 만든다.
2. 13세, 45세, 85세의 나의 역할을 뽑아 나누어 맡고 상호작용한다.
3. (85세의 나): 이제 얼마 안 남았네. 나는 잘 살아온 걸까? (45세 역할을 보며) 네 나이 때 정말 바쁘게 살았다 그치?
　(45세의 나): 그래, 그런데 넌 지금 내가 하고 있는 것이 못마땅한 거야?
　(13세의 나): 공부 열심히 해야 한다고 그렇게 잔소리를 들었는데 (85세를 보며) 뭐 특별하지도 않네. 내가 앞으로 어떤 걸 겪게 되는 거예요?

확장 3

1. 눈을 감고 머리부터 천천히 신체 구석구석의 감각에 집중해봅니다.
2. 삶을 살아가다 보면 내 몸의 변화를 잘 알아차리지 못할 때가 있지요. 내가 특히 스트레스를 받을 때 해결하지 못하고 미뤄둔 마음들을 나의 몸 어디에 담아 두시나요? 뭉치고 막혀 있는 부분을 찾아보세요.
3. 선생님은 어떤 부분이 떠오르셨나요? (목이요) 나의 목 역할을 뽑아 주세요.
4. (집단원 중 보조자아 선택) 나의 몸에게 하고 싶은 말을 전해보겠습니다.
5. (주인공): (나의 목-보조자아 손을 잡으며) 내가 너를 너무 혹사했다. 학교에서 쉴 틈 없이 아이들과 이야기하느라 결절이 생길 때까지 네가 아픈 줄도 몰랐네.
   (나의 목-보조자아 스스로의 자발성으로 대처함) 그래, 나 너무 힘들었어. 요즘 아이들이 교사 말을 듣나. 너무 많이 해서도 힘들었지만 진짜 하고 싶은 말을 참는 것이 더 힘들었어.
   (디렉터) 보조자아의 자발적인 상호작용이 주인공의 몰입에 도움이 되는지 방해가 되는지 잘 살펴, 행위화 기법, 역할교대 등 적절한 개입 방법과 시점을 택한다.

2 이중자아 기법

용어와 기능

이중자아(double) 기법:
또 다른 자아를 의미한다. 분신, 내적 목소리, 마음의 쌍둥이 등으로 설명되는데 이중자아는 행간의 빈 공간을 채우는 것과 같이 감추어진 의미를 드러낼 때 쓰는 기법이다. 내면의 느낌, 의식적, 무의식적으로 숨겨지거나 억눌려 있거나 펼치지 못하고 접혀 있는 진실을 드러내는 기법이다. 어머니와 아기의 관계, 즉 어머니는 아기의 분신이고 아기는 어머니의 분신 상태로 서로에게 뗄 수 없는 것처럼 함께 행위하는 것이다.

1. 4명 소그룹을 만든다. 엄마-아이, 교사-학생, 남편-아내, 상사-부하직원 등 대립적 상호작용을 선정한다.
2. 엄마와 엄마 이중자아 & 아이와 아이 이중자아가 서로 마주 본다. 이중자아는 본 자아의 어깨에 손을 올려 연결되어 있음을 표시한다.
3. 첫 대사를 정한다.

엄마/아이 (아이 대사) 나 학교 안 다닐래 → 이후 즉흥 상호작용

아이: (핸드폰 게임 20분째) 엄마, 나 학교 안 다닐래.

엄마: 뭐? 무슨 뚱딴지같은 소리야?

아이: 왜 우리 선생님이 공부하기 싫으면 억지로 학교 오지 말라던데?

엄마: 아니 선생님이 공부 열심히 하란 소리를 그렇게 말씀하신거지.

(장면 다시 시연 – 더블 개입)

아이: (핸드폰 게임 20분째) 엄마, 나 학교 안 다닐래.

아이 더블: 엄마는 말도 안 되는 소리라고 하겠지?

엄마: 뭐? 무슨 뚱딴지같은 소리야?

엄마 더블: 이그 저걸~ 또 핸드폰이네, 또 핸드폰. 확 정지시켜 버릴까 보다.

아이: 왜 우리 선생님이 공부하기 싫으면 억지로 학교 오지 말라던데?

엄마: 너 핸드폰 끄고 엄마 똑바로 봐. 20분 넘었어. 또 약속 어기는 거야?

아이: 뭐! 엄마는 맨날 핸드폰 보면서 왜 나는 뭐라고 하는 거야?
　　　(핸드폰을 소파에 던지고 방문을 쾅 닫고 들어감)

엄마: 야! 너 다시 나와! 무슨 버릇이야!!!

4. 역할의 즉흥 대사가 바뀌거나 더블이 들어가면서 진행 흐름이 바뀐다. 만약 엄마의 대사가 '그럴까?'였다면 더블은 '엄마가 교사인가?'라는 상상력을 발휘해서 또 다른 행간의 대사를 넣을 수 있다. '(엄마 더블): 엄마야말로 쉬고 싶다. 확 그만둬?' 여기다 놀이 정신을 발휘하면 엄마와 아이가 집 팔고 차 팔고 일정 기간 동안 하고 싶었던 것 모두 다 해 보며 사는 판타지로 넘어갈 수 있다.

실습 1

이중자아의 변형

실습
2

〈양가적 이중자아〉
- 주인공의 양가적 갈등에 처한 상황에 드러난다.
- 이성과 감성, 포기하고 싶은 마음과 계속하고 싶은 마음, 수용과 거절, 고립과 소통 등, 양가적 이중자아의 상호작용에서 결정을 주인공이 한다.

〈집단적 이중자아〉
- 집단 전체가 이중자아로 참여하는 방법으로 갈등하거나 다툼이 있는 경우 집단을 양 그룹으로 나누어 한쪽 편을 지지하는 이중자아 역할을 하는 방법
- 훈육에 대한 교사와 학부모의 갈등, 명절 문화에 대한 세대 갈등, 재판 상황의 유죄-무죄, 사회적 갈등(노동자-기업, 의사 정원 확대) 주제(의사, 간호사, 일 반인 집단) 등 다양한 상황에서 활용

〈다중자〉
- 한 주인공에 대해 여러 명의 이중자아가 등장하는 기법
- 주인공의 다양한 면을 공평하게 나누어 역할을 맡는 것으로 성격상의 여러 측 면들, 몸의 여러 부분들, 복합적인 감정 등에 활용할 수 있음.

 실습 놀이

확
장
1

1. 무대 앞에 의자를 놓는다.
2. '내 마음이 뭔지 모르겠다'는 주제(복잡하고 혼란스러운 주제, 고민거리)를 소 개할 주인공을 초대한다.
3. 디렉터는 상호작용 대상을 역할화하고 주인공과 즉흥 역할극을 진행한다.
   교사: 학급에 저를 너무 힘들게 하는 학생이 있습니다.
   디렉터: (빈의자를 가져다 놓음) 여기 그 학생이 있습니다. 마음속에서 하고 싶었던 이야기를 해 주세요.
   교사: 너를 어째야 하니? 진짜 너 때문에 아침에 학교에 오는 것이 무섭다. 욕설하고 지시에 불응하고 친구들 때리고 거짓말하고, 부모님은 방어 적이고.
   디렉터: 자, 이분의 속마음을 더블로 표현해보고자 합니다. 어떤 마음일지 이 분의 어깨에 손을 얹고 이중자아가 되어 직접 화법으로 표현해주세요.
   집단원1: 내가 이런 꼴을 당하려고 교사가 됐나? 정말 그만두고 싶다.

집단원2: 부모들은 뭐하나, 자기 자식이 어떤 꼴인지 알지도 못하면서 따지기나 하고 (디렉터가 다른 의자를 앞에 가져다 놓으며 - 학부모입니다) 야! 네 자식이 얼마나 힘들게 하는지 알어? 아이가 힘들면 상담을 시키든가 뭐든 해야 할 거 아니야!

집단원3: 내 능력이 이것밖에 안 되나? 도대체 이 아이를 어떻게 해야 할지 모르겠어. (디렉터가 또 다른 의자를 가져다 놓는다. 내 자신입니다.) 야, 무슨 교사가 이렇게 무능력하니? 이것밖에 못해?

집단원4: 아니 교사가 무슨 슈퍼맨이야? 정신과 의사, 상담사들도 못하는 아이들을 교사가 무슨 재주로 가르쳐? 나도 어쩔 수 없는 학생들도 있다고!

디렉터: (다양한 이중자아의 목소리를 들은 뒤) OO님의 마음은 어느 목소리를 담고 있을까요? 직접 보여주세요.

<실연 입문기형 전문가 필수 수련 과제 >

1. 주인공 경험

1 사이코드라마 실연 입문기형 전문가 필수 수련 과제

1 주인공 경험

사이코드라마 전문가의 주인공 경험 정리

◆ 일시:　　　　　◆장소:　　　　　◆디렉터:

〈주인공으로서〉

(1) 나의 드라마 주제는 무엇인가요?

(2) 사이코드라마를 통해 내가 체험한 것은 무엇인가요? 생각, 느낌, 감각, 정서, 관계 등 체험된 것들을 떠오르는 대로 기록해봅니다.

(3) 사이코드라마를 통해 나 자신이 새롭게 알게 된 점, 통합된 생각과 느낌, 변화된 관점 등이 있다면 무엇인가요?

〈전문가로서〉

나의 사이코드라마 과정을 본 책에 안내된 방법을 적용해 디렉터 역량을 키우는 셀프 수퍼비전 사례로 활용해봅니다. 사이코드라마 실연이 긍정적이었는지에 대한 답은 주인공에게 있습니다. 디렉터와 함께 체험했던 사이코드라마 과정을 주인공이 되어 답하면서, 디렉터 역할에 대한 상을 그려나가는 데 도움이 될 것입니다.

참고문헌

강희숙, 조성희, 김희숙, 김은영, 이순섭, 이옥진, 성은옥 (2013). 사이코드라마전문
　　가의 디렉팅 경험에 관한 현상학적 연구. 한국사이코드라마학회지, 16(2), 1-22.

강희숙, 김희숙, 성은옥, 이순섭, 이옥진, 조성희 (2014). 사이코드라마전문가의 성장
　　경험에 관한 질적 연구. 한국사이코드라마학회지, 17(1), 1-14.

고강호(1996). 심리극에서의 상담효과 요인에 관한 연구. 계명대학교 석사학위논문.

고강호(1999). 카타르시스. 한국사이코드라마학회지, 2(1). 40-57.

김계현(1992). 상담교육방법으로서의 개인수퍼비전 모델에 관한 복수사례연구. 한국
　　심리학회지: 상담 및 심리치료, 4, 19-53.

김민정, 조화진 (2015). 교육수준, 실무, 수퍼비전 경험과 교육 분석 경험에 따른 상담
　　자 발달수준 비교연구. 상담학연구, 16(3), 67-84.

김상희(2011). 사이코드라마에서 디렉터의 저항. 한국사이코드라마학회지, 14(2),
　　1-19.

김수동, 이우경 (2003). 사이코드라마의 이론과 적용. 서울. 학지사.

김주현, 이지연 (2012a). 주인공이 지각하는 사이코드라마 치료 요인에 대한 개념도
　　연구. 한국사이코드라마학회지. 15(1), 17-45.

김주현, 이지연 (2012b). 디렉터가 지각하는 사이코드라마 치료 요인에 대한 개념도
　　연구. 한국사이코드라마학회지. 15(2), 31-50.

김주현, 이지연 (2014a). 주인공의 사이코드라마 경험 과정에 관한 근거이론 연구. 예
　　술심리치료연구. 10(2), 287-309.

김주현, 이지연 (2014b). 디렉터가 경험한 주인공의 사이코드라마 과정에 관한 근거
　　이론 연구. 한국사이코드라마학회지. 17(2), 31-50.

김주현, 이지연 (2019a). Q방법을 적용한 사이코드라마 전문가 발달 유형 분석. 한국

심리학회지: 상담 및 심리치료, 31(3), 871-879.

김주현, 이지연 (2019b). 사이코드라마 수퍼바이저의 수퍼비전 요구 분석. 한국사이코드라마학회지. 22(1), 15-39.

김주현, 이지연 (2019c). 사이코드라마 수퍼바이지의 수퍼비전 요구 분석. 한국사이코드라마학회지. 22(2), 15-46.

김진숙(2001). 상담자발달모형과 청소년상담자발달연구의 필요성. 한국심리학회지: 상담 및 심리치료, 13(3), 19-37.

김진형(2016). 주인공과 보조자아 및 관객이 지각하는 사이코드라마 치료 요인에 대한 개념도 연구. 전북대학교 일반대학원 석사학위논문.

김창대, 권경인, 한영주, 손난희 (2008). 상담 전공 내담자가 지각한 효과적인 상담자 요인. 상담학연구, 10(1), 83-107.

김흥규 (1992). 주관성 연구를 위한 Q방법론의 이해. 간호학논문집, 6(1), 1-11.

나현미, 정남운 (2016). 상담자의 성인애착, 상담자 발달수준 및 공감과 상담 초기 내담자가 지각한 작업동맹 및 상담성과의 관계. 한국심리학회지: 상담 및 심리치료, 28(2), 339-369.

민경숙(2008). 자기성장 집단상담이 중학생의 자기이해, 자기수용, 자기개방에 미치는 효과의 지속성 탐색. 계명대학교 석사학위논문.

박승민, 김광수, 방기연, 오영희, 임은미 (2012). 근거이론 접근을 활용한 상담연구과정. 학지사.

소수연(2012). 수퍼바이저의 효과적인 수퍼비전 요소 탐색과 수퍼비전 수행 척도 개발에 관한 연구. 가톨릭대학교 박사학위논문.

손창선(2014). 가다머의 놀이의 존재론과 놀이로서의 사이코드라마의 연관성에 대한 고찰. 18, 35-66.

손창선(2017). Moreno의 원저를 근거로 한 사이코드라마의 이해 - '다섯 가지 주제로 본 Moreno의 사이코드라마'. 한국사이코드라마학회지. 20(2), 61-78.

손창선(2019). 문화 치료로서의 사이코드라마 -J. L. Moreno의 문화론과 문화 치료의 이해-. 철학사상문화, 31, 223-246.

손창선(2021). 개인 간 치료로서의 모네로의 사이코드라마의 의의-Moreno 이후의 사이코드라마와의 비교를 중심으로-. 철학사상문화. 36, 286-310.

심흥섭(1998). 상담자 발달수준 평가에 관한 연구. 숙명여자대학교 박사학위논문.

양혜진(2015). 사이코드라마 전문가의 수퍼비전 경험에 관한 연구. 한국사이코드라마학회지, 18(1), 15-32.

양혜진 · 성은옥 · 김주현 (2015). 사이코드라마 수퍼비전에 관한 질적 연구-연구과제 제안을 중심으로. 한국사이코드라마학회지, 18(2), 31-47.

유다솜(2017). 상담자발달과 역전이, 상담성과의 관계에 관한 메타분석. 한국상담대학원대학교 석사학위논문.

유성경, 이문희, 조은향 (2010). 상담자 교육분석 경험 및 태도 분석. 청소년상담연구, 18(2), 17-35.

이난복(2011). 심상유도음악치료(GIM) 과정에서 나타나는 내담자의 주관적 인식 유형과 특성요인에 관한 연구. 숙명여자대학교 박사학위논문.

이문희(2011). 상담자의 심리치료와 전문성 발달. 사회과학연구논총, 25, 27-59.

이상훈 · 오헌석 (2016). 전문성 발달에서 경험의 역할과 쟁점. 아시아교육연구, 17(3), 461-489.

이재창(1992). 우리나라 청소년의 의식구조를 뜯어본다. 한국교육신문사.

이정숙, 안윤영, 최영, 소성인, 박경진, 최정연, 임효연, 이교림 (2021). 사이코드라마의 이해와 적용. 교문사.

임지연, 소혜진 (2017). 음악치료사들의 음악적 학위과정 경험에 관한 합의적 질적 연구. 예술심리치료연구, 13(3), 197-222.

장세미(2016). 수퍼바이저 발달 요소 탐색 및 수퍼바이저 발달 척도 개발. 가톨릭대학교 박사학위논문.

장재홍, 권희경 (2002). 상담자 개입의 적절성과 상담자 태도가 상담과정 및 상담성과에 미치는 영향. 한국심리학회지: 상담 및 심리치료, 14(3), 487-509.

정문주, 조한익 (2016). 상담자 발달과 관련 요인에 대한 국내 연구동향 및 상관관계 메타분석. 상담학연구, 16(1), 1-29.

정윤애(2002). Winnicott 이론을 통해서 본 상담자의 상담능력. 한국심리학회 연차학술발표대회 논문집. 137-145.

정은주, 김정훈 (2015). 색채심리. 학지사.

최한나(2005). 상담자 발달 연구의 동향과 과제. 상담학 연구, 6(3), 713-727.

최한나, 김창대 (2008). 좋은 수퍼비전 관계에 대한 수퍼바이지의 인식 차원. 한국심리학회지: 상담 및 심리치료, 20(1), 1-21.

최헌진(2003). 사이코드라마 이론과 실제. 서울: 학지사.

허미경(2011). 사이코드라마 치료 요인 척도 개발 및 타당화. 경성대학교 박사학위 논문.

허미경(2007). 사이코드라마에서의 포스트모더니즘적 의미 고찰. 한국사이코드라마 학회지, 10(2), 33-48.

허재경, 신영주 (2015). 여성상담자의 상담자 전문직 정체성 발달경험에 관한 연구. 한국심리학회지: 여성, 20(4), 615-639.

Baakman, P. (2002). Principles of supervision. *ANZPA Journal, 11*, 38-47.

Benner, P. (1982). From novice to expert. *American Journal of Nursion, 82*(3), 402-407.

Bernard, J. M., & Goodyear, R. K. (2003). *Fundamentals of Clinical Supervision* (3rd ed). Allyn & Bacon.

Bloch, S., Courch, E., & Reibstein, S. (1981). Therapeutic factors in group psycho-therapy. Archivers of General Psychiatry 38 : 519-526.

Bloom, B. S. (1986). Automaticity: The hands and feet of genius. *Educational leadership, 43*(5), 70-77.

Borders, L. D., & Usher, C. H. (1992). Post-degree supervision: *Existing and pre-ferred practices. Journal of Counseling & Development*, 70(5), 594-599.

Brown, S. R. (1980). *Political Subjectivity*. Yale Univ. Press.

Corey, M. S., & Corey, G. (2007). 집단상담 과정과 실제 제7판. 김진숙, 김창대, 박애선, 유동수, 전종국, 천성문 공역. 시스마프레스.

Dayton, T. (2012). 상담 및 집단치료에 활용하는 사이코드라마 매뉴얼. 김세준 역, 시그마프레스.

Dreyfus, H. L., & Dreyfus, S. E. (1986). *Mind over machine: The power of human intuition and expertise in the era of the computer.* New York: Basil Blackwell.

Ekstein, R., & Wallerstein, R. (1972). *The teaching and learning of psychotherapy (2nd ed.)*. New York: International Universities Press.

Ellis. M. V. (2001). Harmful Supervison, a Cause for Alarm: Comment on Gray et al. (2001) and Nelson and Friedlander (2001). *Journal of Counseling Psychology, 48*(4), 401-406.

Ericsson, K. A. (2008). Deliberate practice and acquisition of expert performance: A general overview. *Academic Emergency Medicine, 15*, 988-994.

Grant, J., & Schofield, M. J. (2012). Managing difficulties in supervision: supervisors' perspectives. *Journal of counseling psychology*, 39(4), 528-541.

Greenberg, L. S., & Pavio, S. C. (2008). 심리치료에서 정서를 어떻게 다룰 것인가. 이흥표 역, 학지사.

Hogan, R. A. (1964). Issues and approaches in supervision. *Psychotherapy: Theory, research, and practice, 1(3)*, 139-141.

Hollander, C. (1969). *A process for psychodrama training: The Hollander psychorama curve*. Evergreen Ins.

Huppert, F. D., Bufka, L. F., Barlow, D. H., Gorman, J. M., Shear, M. K., & Woods, S. W. (2001). Therapists, therapist variables, and cognitive-behavioral therapy outcomes in a multicenter trial for panic disorder. *Journal of Counseling and Clinical Psychology, 69*(6), 747-755.

Kagan, J. (2009). 정서란 무엇인가? 노승영 역, 아카넷.

Kellermann, P. F. (1992). Focus on psycho drama: Therapectic aspects of psycho drama. London: Cromwell Press.

Loganbill, C., Hardy, E., & Delworth, U. (1982). Supervision: A conceptual model. *The Counseling Psychologist, 10*(1), 3-42.

Lyons-Ruth, K. (1998). Implicit relational knowing: Its role in development and psychoanalytic treatment. *Infant Mental-Health Journal, 19*(3), 282-289.

Moreno, J. L. (1946). 사이코드라마 제 1권. 손창선, 이옥진 공역, 아카데미아.

Moreno, J. L. (1959). 사이코드라마 제 2권. 손창선, 이옥진 공역, 아카데미아.

Moreno, J. L. (1934). *Who Shall Survive?*, New York, Beacon House. 1978.

Moreno, J. L. (1946). Psychodrama vol.1, New York, Beacon House, 1980.

Moreno, J. L. (1959). Psychodrama vol.2, North-West Psychodrama Association, 2011.

Moreno, J. L. (1964). Psychodrama vol.1, New York, Beacon House.

Moreno, J. L. (1969). Psychodrama vol.3, New York, Beacon House, 1975.

Moreno, J. L. (1983). The Theatre of Spontaneity, New York, Beacon House.

Norman, G., Eva, K., Brooks, L., & Hamstra, S. (2006). Expertise in medicine and surgery. *The Cambridge handbook of expertise and expert performance*, 339-353.

Nowack, K. M. (1991, Apr). A True Training Needs Analysis. *Traing & Development*, 67-73.

Polanyi, M. (1966). The logic of tacit inference. *Philosophy, 41*(155), 1-18.

Scissons, E. H. (1982). A typology of needs assessment definition. Adult Education, 33(1), 20-28.

Skovholt, T. M. (2001). *The Resilient Practitioner*. Allyn and Bacon. 유성경, 유정이, 이윤주, 김선경 공역. (2003). 건강한 상담자만이 남을 도울 수 있다. 서울: 학지사.

Skovholt, T. M., & Rønnestad, M, H. (1992). Themes in therapist and counselor development. *Journal of Counseling and Develpment, 70(4)*, 505-515. (1998). Non-interpretive mechanisms in pschoanalytic psychotherapy: The "something more" than interpretation. *International Journal of Psychoanalysis, 4*, 317-346.

Smith, A., & Koltz, R. L. (2015). Supervision of School Counseling Students: A Focus on Personal Growth, Wellness, and Development. *Journal of Sohool Counseling, 13*(2), 1-34.

Stern, D. N., Sander, L. W., Nahum, J. P., Harrison, A. M., Lyons-Ruth, K., & Morgan, A. C. (1998). Non-interpretive mechanism in psychoanalytic psychotherapy: The "something more" than interpretation. *International Journal of Psychoanalysis, 4*, 317-346.

Stoltenberg, C. D. (1981). Approaching supervision form a developmental perspective: *The Counselor complexity model. Journal of Counseling Psychology*, 28(1), 59-65.

Stoltenberg, C. D., & Delworth, U. (1987). *Supervising counselors and therapists.* San Francisco, CA, US: Jossey-Bass.

Strauss, A., & Corbin, J. (1998). *Basics of qualitative research: Grounded theory procedures and techniques* (2nd ed.). Thousand Oaks, CA: Sage.

Tabib, S. L. (2017). Effective Psychodrama Supervision: A Grounded Theory Study on Senior Supervisors' Perspectives. Expressive Therapies Dissertations 4. Lesley University.

Wagner, R. K., & Sternberg, R. J. (1985). Practical intelligence in real-world pursuits: The role of tacit knowledge. *Journal of Personality & Social Psychology, 49*(2), 436-458.

Wampold, B. E. (2001). *The great psychotherapy debate: models, methods, and findings. Mahwah,* NJ: Lawrence Erlbaum Associates.

Yalom, I. D. (1993). 최해림, 장성숙 역. 집단정신치료의 이론과 실제. 서울:하나의학사.

Yalom, I. D., & Molyn Leszcz (2008). 최해림, 장성숙 역. 최신 집단정신치료의 이론과 실제. 서울: 하나의학사.

Zerka T. Moreno, Leif Dag Blomkvist, & Thomas Rutzel(2005). 사이코드라마와 잉여현실 드라마치료의 기원과 실제. 서울: 학지사.

저자 약력

▷ 이지연

이화여자대학교 문학박사(상담심리 전공)
서강대 상담교수·이화여대 전임강사 역임
현) 인천대학교 창의인재개발학과 교수
상담심리전문가 1급
청소년상담사 1급
한국 상담심리학회 인천대분회장

▷ 김주현

인천대학교 교육학박사(상담심리 전공)
현) 인천대학교 교육대학원 상담심리 전공 및 아동예술치료 전공 강사
사이코드라마전문가 1급
임상심리사 1급
청소년상담사 1급
전문상담교사 1급

사례로 읽는 사이코드라마

초판발행	2023년 4월 10일
지은이	이지연 · 김주현
펴낸이	노 현
편 집	김다혜
표지디자인	이소연
제 작	고철민 · 조영환
펴낸곳	㈜ 피와이메이트
	서울특별시 금천구 가산디지털2로 53, 한라시그마밸리 210호(가산동)
	등록 2014. 2. 12. 제2018-000080호
전 화	02)733-6771
f a x	02)736-4818
e-mail	pys@pybook.co.kr
homepage	www.pybook.co.kr
I S B N	979-11-6519-390-4 93180

정 가   18,000원

박영스토리는 박영사와 함께하는 브랜드입니다.